Maurer/Sauer/Fleischhauer/
Himmelein/Klein

Geschichte Württembergs in Bildern 1083–1918

Hans-Martin Maurer
Paul Sauer
Werner Fleischhauer
Volker Himmelein
Ulrich Klein

Geschichte Württembergs in Bildern 1083–1918

Verlag W. Kohlhammer
Stuttgart Berlin Köln

Die Deutsche Bibliothek – CIP-Einheitsaufnahme

Geschichte Württembergs in Bildern: 1083–1918 /
Hans-Martin Maurer . . . –
Stuttgart; Berlin; Köln; Kohlhammer, 1992
ISBN 3-17-010960-X
NE: Maurer, Hans-Martin

Umschlagbild: Das Alte Schloß in Stuttgart.
Kolorierte Aquatinta von Christian von Martens um 1840
nach einer Zeichnung von C. F. Keller
(Original und Foto: Stadtarchiv Stuttgart)

Stuttgart Berlin Köln
Verlagsort: Stuttgart
Umschlag: Studio 23
Gesamtherstellung:
W. Kohlhammer Druckerei GmbH + Co, Stuttgart
Printed in Germany

Vorwort

Als im Jahre 1984 der von Robert Uhland herausgegebene Band »900 Jahre Haus Württemberg« erschienen war, tauchte bald der Gedanke auf, ihm einen Bildband zur Geschichte von Haus und Land Württemberg an die Seite zu stellen. Denn seit Eugen Schneiders »Bildatlas zur Württembergischen Geschichte« aus dem Jahre 1913 war kein derartiges Buch mehr erschienen.

Vielerlei Umstände, vor allem aber der Tod von Robert Uhland 1987, dessen Konzeption sich auch die späteren Bearbeiter verpflichtet fühlten, haben das Erscheinen des Bandes immer wieder verzögert. Es ist der Beharrlichkeit des Verlages zu verdanken, wenn schließlich eine Arbeitsgruppe, bestehend aus Hans-Martin Maurer, Paul Sauer, Werner Fleischhauer, Volker Himmelein und Ulrich Klein die Arbeit wieder aufnahm. Dieses Autorenteam wählte gemeinsam die in den Band aufzunehmenden Bilder und Dokumente aus. Die zu verfassenden Legendentexte wurden jeweils demjenigen Mitglied der Arbeitsgruppe übertragen, das hierfür die speziellen fachlichen Voraussetzungen hatte.

Die ausführlichen Einführungstexte zu den jeweiligen Hauptkapiteln, die – zusammen mit den Legendentexten – die einzelnen Bilder in den historischen Kontext stellen, verfaßten Hans-Martin Maurer und Paul Sauer. Ulrich Klein übernahm die numismatische Auswahl und die jeweils nötigen Texte.

Zweifellos sind Bilder eine eigene Quellengattung, und man hat sich deshalb auf zeitgenössische – oder wenigstens »zeitnahe« – Bilder und Dokumente beschränkt und auf »Historienbilder«, also spätere »Illustrationen« zu Ereignissen der Vergangenheit konsequent verzichtet. Porträts und Grabmäler, alte Ansichten und Karten, Urkunden, Siegel und Münzen suggerieren besondere Nähe zu Personen und Ereignissen, versprechen einen direkteren Zugang zu historischen Einsichten und Erfahrungen als die Lektüre dicker Bücher. Manche Informationen sind tatsächlich nur aus diesen Quellen zu gewinnen – nämlich wie die Dinge, die Orte und die Personen aussahen und beschaffen waren, von denen wir in den Büchern lesen. Und dies ist mehr als bloße Illustration, oder es ist Illustration in des Wortes ursprünglicher Bedeutung, die ja »Erhellung« meint oder einfach »anschauliche Darstellung«, wenn man dem Konversationslexikon folgt.

Jedoch: Der Slogan »Bilder erzählen Geschichte« und der Glaube, mit Bildern allein lasse sich Geschichte darstellen und vermitteln, ist allzu optimistisch. Denn einerseits fehlen unter den »Bildquellen« solche fast ganz, die sich direkt auf das Geschehen beziehen, Ereignisbilder, die eine Aktion oder einen Vorgang darstellen. Man ist vielmehr darauf angewiesen, sich auf Porträts der beteiligten Personen, aus Bildern der Örtlichkeiten, aus historischen Erinnerungsstücken mosaikartig ein »Bild« der Ereignisse und Entwicklungen zusammenzusetzen.

Daraus erhellt andererseits, daß sich mit Bildern nur vermitteln und darstellen läßt, was wir schon wissen, oder umgekehrt, sich nur etwas lernen und erfahren läßt, wenn man gesagt bekommt, was es mit dem abgebildeten Gegenstand auf sich hat, wenn man Namen und Daten erfährt und einen Hinweis darauf erhält, in welchem Kontext das Bilddokument zu sehen ist.

In dieser Kombination allerdings, in der Wechselwirkung von Text und Bild, vermag ein Band wie der vorliegende einen Beitrag zum Geschichtsverständnis zu leisten, wenn sich Anschauung und Information zu einem farbigen und plastischen »Geschichtsbild« verdichten. Autoren und Verlag haben ihrem Buch jedenfalls diese Aufgabe zugedacht und hoffen, daß es sie zu erfüllen vermag.

Bei der Beschaffung der Bildvorlagen haben uns die Mitarbeiter zahlreicher Archive, Museen, Institutionen und Fotoarchive hilfreich zur Seite gestanden. Ihnen allen sei an dieser Stelle herzlich gedankt.

Hans-Martin Maurer Paul Sauer Werner Fleischhauer Volker Himmelein Ulrich Klein

Inhalt

Vorwort 7

WÜRTTEMBERG IM MITTELALTER 9

Textteil von Hans-Martin Maurer

Die ersten Württemberger 9

Die Grafen von Württemberg und die Staufer 10

Ulrich von Württemberg nach 1246 – Grundlegung eines Territoriums 13

Graf Hartmann und die Linie Württemberg-Grüningen-Landau: Sozialer Abstieg einer Familie 14

Graf Eberhard der Erlauchte – Widerpart von fünf Königen 16

Graf Ulrich III. – Ausgriff nach Westen 18

Graf Eberhard der Greiner – im Hegemonialkampf mit den Städten 20

Von Graf Eberhard dem Milden bis zur Landesteilung – Höhepunkt und Krisen 22

Graf Eberhard im Bart – ein Landesherr zwischen Mittelalter und Neuzeit 25

Abbildungsteil 29

DIE FRÜHE NEUZEIT BIS ZUM DREISSIGJÄHRIGEN KRIEG 84

Textteil von Hans-Martin Maurer

Herzog Ulrich — umstrittener Renaissancefürst in Kriegen und Krisen 84

Herzog Christoph – Gestalter des neuzeitlichen Württemberg 89

Die Herzöge Ludwig und Friedrich – vom Landesvater zum Frühabsolutisten 92

Die Herzöge Johann Friedrich und Eberhard III. – Württemberg im Dreißigjährigen Krieg . 95

Abbildungsteil 100

Württemberg vom Ende des Dreissigjährigen Kriegs bis zum Ausgang des 18. Jahrhunderts . . . 167

Textteil von Paul Sauer

Der Wiederaufbau des Landes unter Herzog Eberhard III. (1648–1674) . . . 167

Die kurze Regierungszeit Herzog Wilhelm Ludwigs (1674–1677) und die Herrschaft des Herzogs-Administrators Friedrich Karl (1677–1693) . . . 168

Herzog Eberhard Ludwig (1693–1733) . . . 170

Herzog Carl Alexander (1733–1737) . . . 172

Die Regentschaft für den noch minderjährigen Carl Eugen: Karl Rudolf von Württemberg-Neuenstadt (1737–1738) und Karl Friedrich von Württemberg-Oels (1738–1744) . . . 175

Herzog Carl Eugen (1744–1793) . . . 175

Die Herzöge Ludwig Eugen (1793–1795) und Friedrich Eugen (1795–1797) . . . 179

Abbildungsteil . . . 180

Die Könige von Württemberg . . . 222

Textteil von Paul Sauer

Herzog, Kurfürst und König Friedrich (1797–1816) . . . 222

König Wilhelm I. (1816–1864) . . . 225

König Karl (1864–1891) . . . 230

König Wilhelm II. (1891–1918) . . . 233

Abbildungsteil . . . 236

Anmerkungen, Bild- und Quellennachweis . . . 309

Literaturhinweise . . . 318

Die Autoren dieses Werkes . . . 318

Die Aufteilung der Legendentexte . . . 319

Personenregister . . . 320

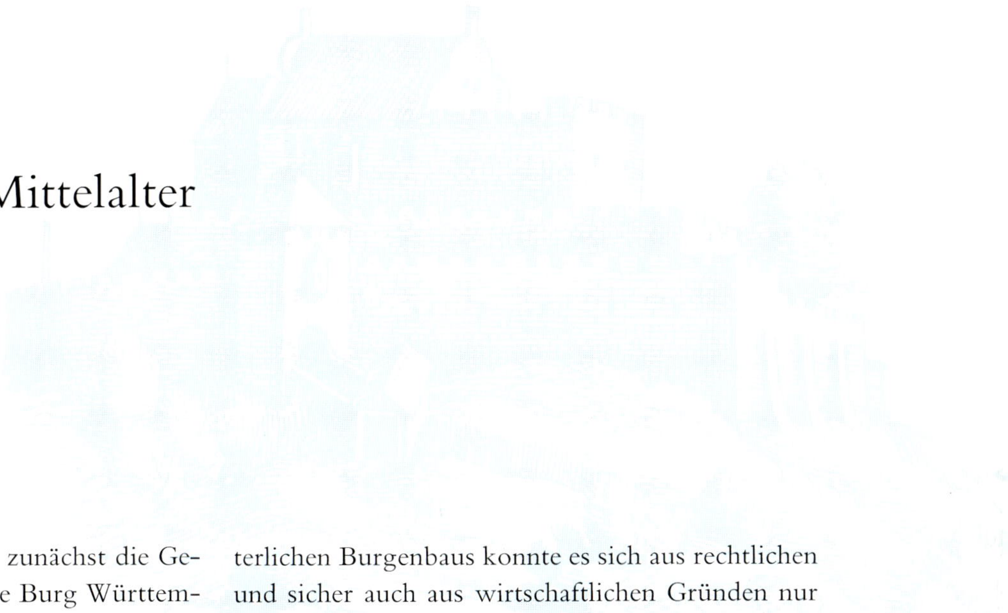

Württemberg im Mittelalter

Hans-Martin Maurer

Die ersten Württemberger

Die Geschichte Württembergs ist zunächst die Geschichte einer Adelsfamilie, die die Burg Württemberg erbaute, auf ihr einen Wohnsitz einrichtete, sich nach ihr als ihrer Stammburg benannte und von hier aus ihre Aktivitäten entfaltete. Seit der 900-Jahr-Feier der Burg und des Hauses Württemberg im Jahre 1983 stehen die Anfänge, die Herkunft und die Bedeutung der frühen Württemberger wieder im Blickpunkt des Interesses – der Öffentlichkeit wie der Forschung.

Das älteste sichere Datum, das sich auf die Burg bezieht, steht nicht auf einem Blatt Pergament wie andere Nachrichten aus jener Zeit, sondern ist in einen Stein gemeißelt. Es ist die älteste erhaltene Inschrift von einer Burg in unserem Land überhaupt, vermutlich im ganzen deutschen Sprachgebiet. Sie besagt, daß am 7. Februar 1083 die Kapelle der Burg von Bischof Adalbert von Worms geweiht wurde. Daraus ist zu schließen, daß die Burg auf dem Rotenberg über Untertürkheim zu diesem Zeitpunkt bestanden hat und bewohnbar war, daß sie aber vermutlich erst in den Jahren zuvor gegründet und erbaut worden ist.

Der Erbauer und erste Besitzer der Burg ist aus einer Reihe urkundlicher und chronikalischer Erwähnungen bekannt: Konrad von Württemberg. Er wird für die Zeit um 1080 noch nach Beutelsbach genannt, hatte also seinen namengebenden Hauptsitz zunächst im Remstal, ehe er sich entschloß, in kühner Höhenlage eine fest ummauerte Burg zu erbauen. Schon das spricht für seine gehobene Stellung, denn in jener ersten Phase des hochmittelalterlichen Burgenbaus konnte es sich aus rechtlichen und sicher auch aus wirtschaftlichen Gründen nur die oberste Schicht des Adels leisten, ein so herausforderndes und aufwendiges Bauvorhaben wie das einer Höhenburg durchzuführen. Konrad von Württemberg wird denn auch in einer zeitgenössischen Quelle als »ein mächtiger Mann unter den Schwaben« genannt, und er trat mehrfach zusammen mit führenden Adligen wie den Grafen von Achalm, den Grafen von Tübingen oder Diemar von Trifels auf. Besondere Beziehungen hatte er zu dem damals hochangesehenen Reformkloster Hirsau, in das sein Bruder Bruno, der vorher Domkanoniker in Speyer gewesen war, als Mönch eintrat. Beide Brüder machten dem Kloster große Schenkungen, und in einer Zeit der Auseinandersetzungen und Bedrohung, im Jahre 1105, wurde Bruno Abt, während Konrad als Beschützer Hirsaus galt. Aber auch für andere bekannte Reformklöster wurde Konrad von Württemberg tätig, so für Zwiefalten und für Allerheiligen in Schaffhausen, und zuletzt schenkte er dem zweiten großen Reformzentrum des Mönchtums, St. Blasien im Schwarzwald, seine besondere Gunst. Seine Aktivitäten reichten also weit über das Remstal und den mittleren Neckar hinaus.

In dem großen Konflikt zwischen Kaiser Heinrich IV. und dem Papsttum, der Deutschland erschütterte und den Adel spaltete, gehörte Konrad von Württemberg zur kaiserkritischen Adelsopposition. Dafür sprechen alle seine Beziehungen und zudem die Förderung der Reformklöster. So be-

suchte er auch im Mai 1092 den großen schwäbischen Landtag in Ulm, in dem der oppositionelle Adel Berthold von Zähringen zum Herzog – gegen den kaisertreuen Friedrich von Staufen – wählte.
Erbe des offenbar kinderlosen ersten Württembergers war sein gleichnamiger Neffe, Sohn einer Schwester, der sich ebenfalls Konrad von Württemberg nannte. Er förderte 1110 das Kloster Blaubeuren und begünstigte, wie schon sein Onkel, besonders das Kloster St. Blasien, dem er Schenkungen, aber auch Schutz und Hilfe angedeihen ließ. Obwohl er nicht das Amt eines Grafen hatte, galt er als so vornehm, daß er in einer Urkunde Kaiser Heinrichs V. von 1122 mitten unter Grafen, und zwar an vorderer Stelle, genannt wird. Eine Verwandte von ihm, die reich begüterte Richinsa von Spitzenberg und Sigmaringen, war nach neuerer Forschung vermutlich eine Schwester Herzog Bertholds I. von Zähringen.
Soweit Besitz der beiden ersten Württemberger bekannt ist, lag er außer im unteren Remstal und um Cannstatt-Untertürkheim auch im Filstal, im Strohgäu, Kraichgau, Pfinzgau (östlich von Durlach) und vereinzelt bei Tübingen und im Schwarzwald.
Es ist klar: Diese Familie mit ihren weiten Beziehungen und Besitzungen ist ihrer Herkunft nach nicht allein auf den Ort Beutelsbach und das untere Remstal festzulegen. Man suchte daher seit langem nach ihren Wurzeln in anderen Landschaften. Im 16. Jahrhundert vermutete man sie im fränkisch–merowingisch–karolingischen Bereich (Gabelkover, Crusius) im 19. in Oberschwaben (Stälin), zu Beginn des 20. im rheinisch–pfälzischen Raum (Schneider). 1929 kam die These auf, die Württemberger stammten aus Luxemburg, vom »Wirdenberg« an der Syr, dessen Namen sie in den Neckarraum mitgebracht hätten. Diese Herleitung wurde 1983/84 von Hansmartin Decker–Hauff wieder aufgenommen, verdichtet und konkretisiert. Zuletzt hat sich Dieter Mertens mit der frühen Geschichte der Herren von Württemberg befaßt und beachtenswerte neue Bezüge aufgezeigt. Er weist darauf hin, daß die Vornamen Konrad-Bruno-Luitgard (Bruno jeweils für Träger kirchlicher Ämter) für das Wormser Herzogshaus bezeichnend sind, das von Konrad dem Roten, Schwiegersohn Kaiser Ottos I., abstammte. Aus einer Linie dieses Hauses ging das Kaisergeschlecht der Salier hervor. Aus der anderen Linie stammte Konrad »der Jüngere«, der 1024 mit seinem Vetter, Konrad »dem Älteren« um den Königsthron rivalisierte und dabei unterlag. Ein Nachkomme von ihm in der übernächsten Generation könnte jener Konrad von Beutelsbach sein, der um 1075–1080 die Burg Württemberg erbaute. Weitere Hinweise in dieser Richtung sind die Berufung Brunos, des Bruders, in das Speyrer Domkapitel, die Weihehandlung des Wormser Bischofs auf der Burg Württemberg und die Nachbarschaft von Besitzungen der Salier und der ersten Württemberger im unteren Remstal und im Kraichgau. Treffen die Überlegungen von Dieter Mertens zu – und sie fügen sich wohl in die historische Situation –, dann stammen die ersten Württemberger vom höchsten Adel des Reiches ab, über die Mutter Konrads »des Jüngeren« auch von Herzog Hermann II. von Schwaben – jedoch von einer Linie, die von den Saliern, ihren Verwandten und Rivalen, in ihrer Bedeutung und ihrem Besitz zurückgedrängt worden war. In der Zeit des Investiturstreits finden wir Konrad von Württemberg denn auch in den Reihen des oppositionellen rebellischen schwäbischen Adels.

Die Grafen von Württemberg und die Staufer

Die folgenden Generationen des Hauses Württemberg standen in engem Verhältnis zu den Staufern, und in deren Urkunden werden die Württemberger auch fast ausschließlich – meist als Zeugen von Rechtsbestätigungen – genannt. So besuchte Graf

Ludwig von Württemberg (um 1136–1158) zwischen 1135 und 1137 einen schwäbischen Landtag, den Herzog Friedrich II., der Vater Friedrich Barbarossas, einberufen hatte, und 1141 einen weiteren Landtag, bei dem auch König Konrad III. zugegen war. 1146 begleitete er an der Spitze einer Ritterschar den König auf einem Feldzug nach Sachsen und Polen, zwischen 1152 und 1158 war er mehrfach am Hofe Friedrich Barbarossas, nicht nur in Schwaben, auch im elsäßischen Hagenau und im sächsischen Quedlinburg. Ludwig war der erste Württemberger, der den Grafentitel führte, den er vermutlich von den Staufern erhalten hatte, jedoch nur für sich persönlich, als Träger eines Amtes oder Lehens, nicht für seine Familie – denn sein Bruder Emicho (1139–1154) hatte den Titel nicht. Ludwig war noch immer nach Westen, in den ehemals salischen Raum hinein, orientiert, dafür sprechen Beziehungen zu den Bischöfen von Worms und Speyer, zum Pfalzgrafen und zum Kloster Hirsau. Der Name des Bruders Emicho deutet auf verwandtschaftliche Verbindungen zu den Grafen von Leiningen in der Pfalz.

Im 12. Jahrhundert, in dem die Adligen danach strebten, ihre Güter zu geschlossenen Herrschaften zu verdichten und diese möglichst zu erweitern, hatten es die Württemberger schwer, denn ihre verstreuten Besitzungen im mittleren Neckarraum und im Kraichgau waren umgeben und durchsetzt von denen mächtiger Dynastengeschlechter mit alten Grafenrechten wie der Staufer, der Pfalzgrafen von Tübingen, der Markgrafen von Baden und der Grafen von Calw-Vaihingen. Konnten die Württemberger hier offensichtlich nicht mithalten, so eröffneten sich ihnen in einer anderen Landschaft neue Chancen, als Ludwigs Nachfolger, Ludwig II. (1166–1181), eine Tochter des Grafen Hartmann von Kirchberg heiratete. Ein Sohn aus dieser Ehe – er trug bereits den »Kirchberger« Namen Hartmann – beerbte 1198 seinen Großvater und übernahm den Herrschaftsbesitz einer der beiden Kirchberger Linien mit reichen Gütern an der Iller und im Allgäu mit den Burgen Balzheim und Eglofs. Derselbe Hartmann heiratete seinerseits eine Frau aus dem mächtigen oberschwäbischen Grafengeschlecht Altshausen-Veringen und erbte dadurch nach 1210 auch den Besitz einer der beiden Linien dieses Hauses mit umfangreichen Gütern und Herrschaftsrechten an der oberen Donau und in Oberschwaben.

Der Schwerpunkt des württembergischen Gesamtbesitzes und der territorialen Tätigkeit verlagerte sich damit entscheidend in den Süden des Landes, und hier verfügten die Württemberger nun über wirkliche Grafenrechte, so daß der Grafentitel wie in den alten Grafenhäusern auf alle Familienmitglieder überging. Wieder eine Generation später verband sich Graf Heinrich von Württemberg – er hatte einen »Veringer«-Namen – mit einer Tochter aus dem Hause der Markgrafen von Ronsberg und erwarb dadurch weitere Güter im Iller-Lech-Gebiet und im oberen Inntal. Und noch einmal eine Generation darauf – um dies hier schon vorwegzunehmen – sollte es Graf Ulrich gelingen, auf Grund einer Verwandtschaft ein beträchtliches Erbe aus dem ausgestorbenen Haus der Grafen von Dillingen zu erhalten.

Graf Hartmann von Württemberg (1194–1239) gehörte nun als Erbe umfangreicher Kirchberger, Veringer und altwürttembergischer Besitzungen zu den mächtigsten Grafen Schwabens. Mit ihm erreichte das Haus Württemberg einen ersten Höhepunkt seiner Geschichte. Sein Ansehen und seine Wirkungsmöglichkeiten wuchsen aber noch durch seine enge Verbundenheit mit dem Kaiserhaus der Staufer. Als junger Mann war er schon 1194 im Gefolge Herzog Konrads von Schwaben, und für die Zeit von 1201 bis 1237 wird er nicht weniger als 84 mal in Urkunden der staufischen Könige (und Kaiser Otto IV.) namentlich genannt. Mehrfach besuchte er königliche Hoftage, so 1214 in Augsburg und 1217 in Ulm. 1209 zog er mit König Otto nach Italien, erlebte im Oktober die Kaiserkrönung und kehrte erst im Frühjahr 1212 mit Otto nach Deutschland zurück – das war weit mehr an Einsatz, als die Lehenspflichten erforderten. Nach der Königswahl Friedrich II. begleitete er den neuen König, wenn er in Süddeutschland war, häufig von Stadt zu Stadt und von Pfalz zu Pfalz. Hartmanns jüngerer Bruder Graf Ludwig III. von Württemberg (1194–1226) war 1194 bei Kaiser Heinrich VI. in Salerno in Unteritalien und wird von 1201 bis zu seinem Tod im Jahre 1226 noch 53 mal in königlichen Urkunden genannt, besonders unter den Königen Philipp, Friedrich II. und Heinrich (VII.), darunter auch in norddeutschen Städten wie in Altenburg in Thüringen und in Aachen. Nach dem Mord an König Philipp im Jahre 1208 nahm er sich der verlassenen Königin Irene, einer griechischen Kaisertochter, an und half ihr auf dem Hohenstaufen bei der Regelung ihrer Angelegenheiten. Hartmanns Sohn Konrad von Württemberg und Grüningen beteiligte sich 1228 am Kreuzzug Kaiser Friedrich II., bei dem er vermutlich ums Leben kam.

Gegen Ende seines Lebens aber hielt sich Graf Hartmann gegenüber den Staufern zurück: nach 1234 wird er nur noch einmal im Heerlager des Kaisers erwähnt (1237). Nach seinem Tod im Jahre 1239 oder 1240 – er hatte seine Söhne überlebt – erscheinen seine Enkel, Eberhard und Ulrich von Württemberg sowie Hartmann von Grüningen, überhaupt nicht mehr in staufischen Urkunden. Diese Distanzierung ist bezeichnend für einen folgenreichen Wandel im Verhältnis der Württemberger zu den Staufern, eine Reaktion auf die expansive Hausmachtpolitik der Staufer in Schwaben. Besonders auf die südlichen Besitzungen und Rechtsansprüche der Württemberger übte der Kaiser Druck aus, vermutlich in der Absicht, den Weg von Italien nach Deutschland durch eigene Besitzungen abzusichern. So erwarb er Teile aus dem Erbe Ulten–Ronsberg, auf das die Württemberger Ansprüche hatten, handelte den Württembergern 1243 die Grafschaft im Alpgau mit der Burg Eglofs ab, und 1246 ging Altshausen, von den Veringern ererbter Besitz, an staufische Minsteriale über. Auch in Innerschwaben baute der Kaiser nach dem Aufstand von 1234/35 seine Position aus, indem er etwa die Burg Achalm an sich zog und zu einem Zentrum bestimmte. Die Württemberger sahen sich – wie andere schwäbische Adlige – bedroht, zurückgedrängt, um die Chanchen eigener territorialer Aktivitäten gebracht. Kaiser Friedrich regierte in dieser Zeit nicht mehr *mit* dem Adel wie seine Vorfahren, sondern rivalisierte mit ihm in der Territorialbildung. Und er bediente sich zur Verwaltung von Territorial- und Hoheitsangelegenheiten fast ausschließlich der aus unteren Schichten emporgekommenen Dienstmannen, von denen einige reicher und mächtiger als alte Adlige wurden. Der Kaiser zog dem alten Lehensverhältnis, das den Adel an ihn band, ein moderneres Dienstverhältnis vor, in das der Adel nicht eintreten konnte. Es ist jedenfalls offensichtlich, daß die Württemberger von etwa 1235 an den staufischen Höfen fernblieben, daß sie hier keine Aufgaben, die sie reizten und förderten, mehr erwarteten. Das Lehens- und Vertrauensverhältnis war lose und brüchig geworden.

Auf diesem Hintergrund ist das aufsehenerregende und schicksalhafte Ereignis von 1246 zu sehen. Der Papst hatte 1245 auf dem Konzil von Lyon den bereits 1239 gebannten Kaiser aller Ämter entsetzt, zum Abfall aufgerufen und deutsche Bischöfe zur Wahl eines anderen Königs aufgefordert, worauf der Landgraf Heinrich Raspe von Thüringen zum König erhoben worden war. Am 13. August 1246 standen sich König Konrad IV. – in seinen Reihen die Grafen von Württemberg – und der Gegenkönig bei Frankfurt zur Schlacht gegenüber. Als es bereits zum ersten Zusammenstoß gekommen war, zogen die Grafen Ulrich von Württemberg und Hartmann von (Württemberg-)Grüningen ihre Fahnen ein und verließen mit ihren 2000 Reitern das Heer – womit die Niederlage des Staufers besiegelt war. Bereits Zeitgenossen nannten das Verrat und erklärten es mit einer Bestechung der Württemberger durch den Papst, angeblich mit 7000 Mark Silber, und mit dessen Versprechen, ihnen das Herzogtum Schwaben zu verschaffen. Ein Abfall von den Staufern in dieser wirren Zeit war indessen an sich nichts Ungewöhnliches und konnte plausible Gründe haben; ihn aber in dieser spektakulären, überrumpelnden Weise zu vollziehen, widersprach den gängigen Verhaltensnormen und bedeutete in der Tat einen Eklat, einen Affront.

Ulrich von Württemberg nach 1246 – Grundlegung eines Territoriums

Die 1246 bei Frankfurt so kraß vollzogene Wende hin zu den Staufergegnern bestimmte das weitere Handeln der Grafen Ulrich I. von Württemberg (1238–1265), und Hartmann von Grüningen (1237–1280), die, soweit bekannt ist, erst von jetzt an in das politische Geschehen eingriffen, dies aber um so wirkungsvoller.

Die Vorhaltungen ihrer Gegner, sie hätten im Auftrag des Papstes gehandelt, treffen jedenfalls insofern zu, als sie in den nächsten Jahren tatsächlich in enger Verbindung zu dem nach Lyon geflüchteten Papst Innocenz IV. standen. Auf ihre Verwendung hin erhielten eine ganze Reihe südwestdeutscher Klöster päpstliche Gunsterweise. Der Papst bestellte eine Verwandte der Württemberger zur Äbtissin (1249) und setzte schon 1246 – ein Jahr nach Frankfurt – einen Familienangehörigen, Heinrich von Württemberg, zum Bischof von Eichstätt ein. Im März 1251 erschien Graf Ulrich sogar persönlich in Lyon, um eine Botschaft schwäbischer Adliger zu überbringen, und wurde vom Papst empfangen – in einer Zeit, in der auch der Gegenkönig Wilhelm von Holland am päpstlichen Hofe weilte. Graf Hartmann ging in seiner Parteinahme so weit, sich in einem Schreiben an den Papst selbst als einen »Grafen der römischen Kirche« zu bezeichnen (1256).

Entscheidend für die weiteren Beziehungen der beiden Vettern aber wurde die Unterstützung für die Gegenkönige Heinrich Raspe (1246) und Wilhelm von Holland (1247–1256). Beide beteiligten sich auch persönlich an weiteren militärischen Auseinandersetzungen der rivalisierenden Könige, so Ulrich zum Beispiel an der vierzigtägigen Belagerung und Einnahme der staufischen Pfalz Ingelheim im Jahre 1249. Schon auf dem Frankfurter Hoftag König Heinrichs vom August 1246 wurde beschlossen, dem Staufer Konrad IV. auch das Herzogtum Schwaben abzuerkennen und ihm alle seine Güter zu entziehen, ein Rechtsspruch, der 1252 von König Wilhelm bestätigt und 1253 vom Papst noch einmal bekräftigt wurde. Damit war das staufische Hausgut gleichsam herrenlos und für die Gegenkönige eine Rechtsgrundlage geschaffen, neu darüber zu verfügen. Was lag näher, als ihre Parteigänger, deren Dienste entlohnt werden mußten, damit auszustatten? Graf Ulrich empfing sowohl von Heinrich Raspe wie von Wilhelm und später (1260) auch von König Richard von Cornwall Reichslehen.

Damit war für die Württemberger endlich die Gelegenheit gegeben, im mittleren Neckarraum, von der Burg Württemberg, dem alten Zentrum des Hauses aus, aktive Territorialpolitik zu entwickeln und erhebliche Landgewinne zu erzielen. Östlich vom Stuttgarter Raum lag der altstaufische Besitz um den Hohenstaufen, und darauf zielte vor allem das Interesse des Grafen Ulrich. Besonders im Remstal hatte er Erfolg, wo er bis in die Gegend von Lorch vorzustoßen vermochte, die Burg Waldhausen an sich brachte, staufische Ministeriale an sich band und selbst auf das staufische Hauskloster Lorch Einfluß gewann. Er erhob die ehemals staufischen Orte Waiblingen und Schorndorf zu Städten und sicherte damit das untere Remstal auch fortifikatorisch ab. Sein Vorstoß ins Filstal nach Göppingen stieß offenbar auf Widerstand von Reichsministerialen, doch scheint Ulrich bereits die Hand auf den Hohenstaufen, die Stammburg der Staufer, gelegt zu haben. Im Westen gründete Ulrich die Stadt Leonberg und ließ sie sofort mit Mauern umgeben,

eine Sicherung seines Kernbereichs auch gegen das staufische Weil der Stadt. Im Norden erwarb Ulrichs Vetter Hartmann von Grüningen die staufische Burg und Stadt Markgröningen als Reichslehen, so daß die Familie auch in dieser Richtung über einen gut befestigten Platz verfügte.
Mitentscheidend für die endgültige Etablierung im Stuttgarter Raum aber wurde die Heirat Ulrichs um 1245 mit Mechthild, der Tochter des Markgrafen Hermann V. von Baden. Durch diese Ehe kamen die badischen Besitzungen um Stuttgart, auch eine Reihe von Burgen und Ministerialen, vor allem aber die Stadt selbst – die nach den Forschungen von Hansmartin Decker-Hauff der Markgraf nicht lange zuvor gegründet hatte – an Württemberg. Ulrich verfügte nun über ein gut abgesichertes, von fremden Einflüssen im wesentlichen freies Zentrum im mittleren Neckarraum, Grundlage für die spätere Ausdehnungspolitik, für die Entstehung einer wirklichen »Grafschaft« Württemberg.
Ulrich selbst machte bereits den Anfang mit weiteren Erwerbungen, vor allem in südlicher Richtung. 1251 gelang es ihm, die Burg Wittlingen bei Urach an sich zu bringen, und 1254 erhielt er eine Hälfte der Burg und Herrschaft Urach selbst, einige Jahre später auch die andere Hälfte. Er gebot damit am Rande der Schwäbischen Alb über eine starke Stellung, die gleichzeitig als Brückenschlag zu den oberschwäbischen Besitzungen der Familie dienen konnte.
Wie flexibel Ulrich auf verschiedene Situationen zu reagieren vermochte, wird daraus ersichtlich, daß er einige Jahre nach dem Tod König Konrads IV., den er so entschieden bekämpft hatte, bereit war, dessen (noch unmündigen) Sohn Konradin als Herzog von Schwaben wieder anzuerkennen. Konradin war viel zu schwach, um entfremdete staufische Güter zurückfordern zu können. Im Gegenteil, er bedurfte der Anerkennung und Unterstützung des Württembergers, und seine Vormünder zeigten sich erkenntlich: Ulrich erhielt 1259 – vermutlich auf Grund von Erbansprüchen aus dem Haus Dillingen – das Marschallamt in Schwaben und die Vogteigewalt in Ulm mit der hohen Gerichtsbarkeit über die Stadt. Schließlich gelang es ihm, als Pfandbesitz die staufische Burg Achalm mit Hoheitsrechten in Reutlingen zu erwerben – noch einmal wichtige Positionen zwischen den Besitzungen im Neckarraum und denen an der oberen Donau.
Ulrich, den spätere Historiographen »mit dem Daumen« oder als »den Stifter« bezeichneten, hat den Grund zum späteren Aufstieg des Hauses gelegt. Kühn, zupackend und gleichzeitig überlegt hat er die Chancen, die ihm die politische Entwicklung bot, zur Festigung und zum Ausbau der Stellung seines Hauses wahrgenommen. Daß er als Graf sich in zweiter Ehe mit einer Fürstentochter, der Herzogin Agnes von Schlesien-Liegnitz, vermählen konnte, ist ein zusätzliches Zeichen seines hohen Ansehens. Der päpstliche Legat Albertus Bohemus schrieb über ihn: »Er glänzt durch kampferprobte Verwandte und kriegerische Stärke und dominiert Schwaben mit Hilfe dieser Verwandten.«

Graf Hartmann und die Linie Württemberg-Grüningen-Landau: Sozialer Abstieg einer Familie

Einer dieser kriegstüchtigen Verwandten war der Vetter Ulrichs, Graf Hartmann von Grüningen (1237–1280). Er selbst schrieb 1256 in einem Brief an den Papst, im Krieg der Heiligen Kirche (gegen die Staufer) sei sein Schild niemals ausgewichen und seine Lanze nicht abgelenkt worden. Freilich, so risikofreudig Hartmann im Krieg war, politisch hatte er nicht dieselben Erfolge wie Ulrich.
Beide, Ulrich und Hartmann, waren Enkel des um 1240 verstorbenen Grafen Hartmann von Württemberg und einer Veringer Grafentochter. Vielleicht schon zu Lebzeiten des Großvaters, der seine Söhne

überlebte, sicher aber bald nach seinem Tod wurden die ausgedehnten Besitzungen und Herrschaftsrechte geteilt. Der Schwerpunkt des Erbteils von Ulrich und seinem früh verstorbenen Bruder Eberhard (1236–1243) lag im Neckarraum, aber sie erhielten auch Güter an der oberen Donau, vor allem in der Gegend des Hausklosters Heiligkreuztal. Umgekehrt befand sich der Hauptteil Hartmanns an der Donau, in Oberschwaben und an der Iller, doch verfügte er andererseits auch noch über Güter im Neckarraum. Er nannte sich, wie schon sein Vater Konrad, nach der Burg Grüningen bei Riedlingen, zog aber seit der Zeit um 1250 die einige Kilometer südlich gelegene Burg Landau über der Donau als Hauptwohnsitz vor. Hartmann heiratete wiederum eine Tochter aus dem Grafenhaus der Veringer und konnte so noch einmal Veringer Besitz an sich bringen und zugleich alte Erbstreitigkeiten zwischen beiden Häusern beilegen.

In politischen Fragen verfolgten die beiden Vettern, trotz der Güterteilung, dieselben Ziele, handelten gemeinsam und sprachen ihre Aktionen gegenseitig ab, so besonders deutlich bei der Abkehr von den Staufern im Jahre 1246, aber auch bei späteren militärischen und politischen Unternehmungen. So konnten sie in der spätstaufischen Krisenzeit noch immer ihren Gesamtbesitz in die Waagschale werfen. Selbst ihre Söhne standen sich, zum Beispiel in Auseinandersetzungen mit König Rudolf von Habsburg im Jahre 1286, noch gegenseitig bei. Andererseits schlossen Ulrich und Hartmann bei der Güterteilung keinen Familienvertrag mit gegenseitigem Erbrecht, mit Vorkaufsrecht bei Besitzverkäufen und mit Wahrung gemeinsamer Interessen – aber das war in jener Zeit auch in anderen Adelshäusern noch nicht üblich.

Hartmann erhielt vom Gegenkönig Wilhelm 1252 die ehemals staufische Stadt und Burg Markgröningen, die an einer wichtigen Straße lag, als Reichslehen und versuchte, von hier aus auch im Neckarraum eine Position aufzubauen. Stolz nannte er sich »des heiligen Reiches Fahnenträger«, ein Ehrenamt, das offenbar mit dem Besitz von Markgröningen zusammenhing. Nach der Wahl König Rudolfs aber geriet er in die Zielrichtung der Revindikationspolitik des Königs, der er sich nicht beugen mochte. In längeren Auseinandersetzungen konnte er 1277 dem Landvogt des Königs, Graf Albrecht von Hohenberg, noch siegreich widerstehen. Aber 1280 verließ ihn das Kriegsglück, er geriet in Gefangenschaft und wurde als Häftling auf den Hohenasperg gebracht. Dort starb er noch in demselben Jahr und wurde in Markgröningen, das durch seine Niederlage wieder zur Reichsstadt geworden war, begraben.

Hartmann war es nicht wie seinem Vetter Ulrich gelungen, seinen weit auseinanderliegenden Besitzungen ein festes Zentrum zu geben und seine territoriale Tätigkeit zu konzentrieren. Er mußte, um seine vielen Aktionen zu finanzieren, sogar Güterverkäufe vornehmen. Unter seinen Söhnen und Enkeln, die sich nun Grafen von Landau nannten, verschärfte sich die finanzielle Misere, und sie sahen keinen anderen Ausweg, als in immer schnelleren Abständen Besitzungen zu veräußern. In wenigen Jahrzehnten hatten sie die ferner gelegenen Güter verloren und konnten sich nur noch im Raum um ihr Hauskloster Heiligkreuztal halten. Graf Eberhard II. (1318–1340), ein Enkel Graf Hartmanns, verkaufte 1323 sogar die namengebende Burg Landau. Als dessen Sohn, Graf Eberhard III. (1328–1368), um 1329 eine niederadlige Heirat einging, da war das ständische Ansehen der Familie so gesunken, daß sie sich gezwungen sah, ihre lehenherrlichen Rechte gegenüber ritterlichen Lehenleuten an die Stuttgarter Linie zu übertragen – der letzte bekannte Akt gemeinsamen Handelns beider Linien. In der nächsten Generation verbanden sich weitere Familienangehörige mit niederadligen Töchtern und stellten damit die Standesqualität ihres Hauses in Frage. Um dieselbe Zeit erwarben sich einige Grafen von Landau als Condottieri in Italien noch einmal einen kriegerischen Ruf, ohne aber besonderen wirtschaftlichen Gewinn daraus zu ziehen (1349–1392).

Ein Jahr später, im September 1313, kam die Kunde vom überraschenden Tode des in Rom zum Kaiser gekrönten Heinrichs VII. Eberhard tauchte wieder auf und machte sich daran, auf gütlichem Weg Stück um Stück seiner Besitzungen zurückzuerlangen, aber der Schwäbische Städtebund unter Führung Esslingens, der Hauptgegner Eberhards, weigerte sich, die wichtigsten Städte, die Zentren, zurückzugeben. Wieder ein Jahr später, im Oktober 1314, kam eine neue, unerwartete Wende dem Grafen zur Hilfe: die unentschiedene Wahl zweier rivalisierender Könige, Friedrich von Österreich und Ludwig von Bayern. Jeder von ihnen benötigte Bundesgenossen und Anhänger und mußte darum werben. Eberhard schloß sich dem in Schwaben erfolgreichen Habsburger an, und durch dessen Vermittlung erhielt er endlich, im August 1315, drei Jahre nach deren Verlust, die Städte Stuttgart und Waiblingen, 1316 auch den Pfandbesitz von Markgröningen wieder zurück.

Im letzten Jahrzehnt seiner Tätigkeit bemühte sich Eberhard um Ausgleich mit konkurrierenden Adelshäusern, so mit den Grafen von Hohenberg (1316) und denen von Veringen (1321). Trotz der schweren Krise, die er eben hinter sich hatte, gelangen ihm auch jetzt wieder Erwerbungen: darunter die Burgen Höfingen, Kaltental und Wolfsölden, Teile des Zabergäus, Dornstetten und die Herrschaft Blankenstein auf der Alb. Im Auftrag König Friedrichs belagerte er 1319 die im Besitz König Ludwigs befindliche Burg Hohenstaufen und durfte sie nach der Einnahme als Pfandbesitz behalten, verfügte damit also über die traditionsreiche Stammburg des ehemaligen Kaisergeschlechts. Noch 1320 zog er im Dienste König Friedrichs nach Avignon, um mit Papst Johannes XXII. zu verhandeln. Aber ein knappes Jahr nach der Schlacht bei Mühldorf, als die Aussichten der habsburgischen Partei sanken, schien es dem Taktiker angezeigt, die Fronten zu wechseln und sich dem erfolgreichen König Ludwig dem Bayern (im Mai/Juni 1323) anzuschließen – wofür ihm dieser seine von den Habsburgern erhaltenen Pfanderwerbungen, auch die des Hohenstaufen, bestätigte.

Graf Eberhard der Erlauchte hat die Stadt Stuttgart zum Hauptsitz, zur Vorzugsresidenz bestimmt und damit dem wachsenden Territorium ein städtisches Zentrum gegeben. Er war es vermutlich, der den ältesten Teil des heutigen Schlosses, den mächtigen Ostbau, als Wohn- und Regierungssitz entweder neu errichtete oder doch ausbaute. Unter ihm wurde die zentrale Kanzlei in Stuttgart seßhaft und die Landesverwaltung organisatorisch entwickelt. Dazu entschloß er sich, vielleicht schon während des Krieges von 1311/12, sicher aber nach ihm, das alte Familienstift in Beutelsbach, mit dem die Grablege des Hauses verbunden war, nach Stuttgart zu verlegen und so der Stadt auch ein kirchlich-geistliches Zentrum zu geben. Bei seinem Besuch in Avignon erhielt er selbst vom Papst die Genehmigung dazu. Er vergrößerte die Zahl der geistlichen Stiftsherren, erbaute die erforderlichen Häuser und ließ gleichzeitig den bis heute erhaltenen Chor der Stiftskirche errichten.

Graf Eberhard, der kriegerische und politische Mittel in gleicher Weise einzusetzen wußte, der Kriege mit fünf Königen und ihren Landvögten durchgestanden hat, aber auch gemeinsam mit ihnen Aktionen durchführte, der stets aktiv und vital seine und seines Landes Interessen verfolgte und die Grafschaft um zahlreiche Besitzungen vergrößerte, ist neben seinem Vater Ulrich I. der eigentliche Begründer des Landes Württemberg.

Graf Ulrich III. – Ausgriff nach Westen

Ulrich III., der etwa dreißigjährig das Erbe antrat, setzte das Werk seines Vaters ebenfalls kraftvoll, aber eher geschmeidiger, mit Erfolg fort. Er vermied nach Möglichkeit größere Kriege zu eigenen Zwecken, verfolgte seine Ziele mit Verhandlungen und loyalem Verhalten und erweiterte sein Land auf Grund einer soliden Finanzwirtschaft durch weitere Ankäufe. In einer Zeit, da viele Adelsfamilien in wirtschaftliche Schwierigkeiten gerieten, boten sich immer neue Gelegenheiten dazu.

Während der ganzen Zeit seiner Herrschaft (1325–1344) stand Kaiser Ludwig der Bayer an der Spitze des Reiches, ein Dynast, der dringend Unterstützung in seiner großen Auseinandersetzung mit Papst und Kirche benötigte, der andererseits in Nord- und Innerschwaben – im Unterschied zu den Habsburgern – keine eigene Hausinteressen verfolgte. Ulrich sah hier seine Chance und nutzte sie konsequent. Abgesehen von den ersten Jahren hielt er sich stetig und verläßlich auf der Seite des Kaisers und stand ihm, wo immer es möglich war, in politischen und militärischen Konflikten bei – auch außerhalb Schwabens, so 1329/1330 und wieder 1333 im Elsaß gegen den Bischof von Straßburg, 1333 in innerbayerischen Streitigkeiten und 1336 im »Kärntner« Krieg.

Kaiser Ludwig vergalt es ihm mit vielerlei Erweisen seiner Gnade und seines Dankes. Der wichtigste war die neuerliche Übertragung der königlichen Landvogtei in Niederschwaben im Jahre 1330, die Ulrich bis zu seinem Lebensende behielt, die sein Ansehen stärkte und ihm hohen finanziellen Gewinn einbrachte. Ulrich scheint dieses Amt weniger gewalttätig und konfliktbereit als sein Vater ausgeübt und sich weniger Kritik zugezogen zu haben. Vor größeren Aktionen versicherte er sich der Zustimmung des Kaisers: So griff er 1340 bei Unruhen zwischen Zünften und Geschlechtern in Schwäbisch Hall erst im Auftrag des Kaisers ein, um die Ruhe wiederherzustellen.

Ludwig übertrug dem Grafen, dem er Vertrauen schenkte, auch die Schirmvogteien über die Klöster Herrenalb, Denkendorf und Bebenhausen und stimmte im Jahre 1331 der Erhebung Cannstatts zur Stadt zu. Schließlich konnte Ulrich – wiederum mit Hilfe des Kaisers – die Burg und Stadt Markgröningen mit dem Recht, die Reichssturmfahne zu führen, als Reichslehen endgültig für Württemberg erwerben. Von dem Ehrenrecht, das Banner mit dem schwarzen Adler zu tragen, machte er bereits im Kärntner Krieg von 1336 Gebrauch.

Ulrich erweiterte das territoriale Interessenfeld seines Hauses weit nach Westen, in die blühende und verkehrswichtige Landschaft des Elsaß hinein. Anlaß dazu dürfte seine Heirat mit der Tochter des elsäßischen Grafen Thiebald von Pfirt gewesen sein. Bereits vor seinem Regierungsantritt erwarb er die Herrschaft Horburg mit dem Landgericht und der Stadt Reichenweier bei Colmar – die dann bis zum Ende des 18. Jahrhunderts mit Württemberg verbunden bleiben sollte. Als das Grafenhaus Pfirt 1324 ausstarb, erreichte er zwar in Verhandlungen mit den Habsburgern, den Haupterben, keinen Anteil an der Grafschaft Pfirt, erhielt dafür aber als Abfindung die habsburgische Hälfte der Herrschaft Teck-Kirchheim und die Herrschaft Sigmaringen, wichtige Zugewinne in Schwaben. Ulrich war 1330 königlicher Landvogt im Elsaß (ehe er die Landvogtei in Niederschwaben erhielt), stand in Geschäftsverbindung mit jüdischen Kaufleuten in Schlettstadt und Colmar und hat sich an verschiedenen territorialen Auseinandersetzungen im Oberrheingebiet politisch und militärisch beteiligt.

Ulrich hat in den knapp zwei Jahrzehnten seiner Herrschaft der Grafschaft Württemberg noch eine Reihe weiterer Landerwerbungen durch Kauf hinzugefügt. Ein Meisterstück seiner langfristig angelegten Diplomatie, die Geldmittel ebenso einsetzte wie »sanfte« Gewalt, war 1342 der Erwerb von Burg, Stadt und Amt Tübingen, dem Herrschaftszentrum der einst so bedeutenden Pfalzgrafen von Tübingen, das sich Ulrich die stattliche Summe von 20 000 Pfund Hellern kosten ließ. Weiter gewann er – neben anderen Besitzungen – die Burg Achalm mit Hoheitsrechten in Reutlingen als Pfand aufs neue, die Herrschaften Winnenden, Aichelberg (mit Weilheim unter Teck), Grötzingen und 1339, von besonderer Bedeutung, das Zentrum der ehemals mächtigen Grafschaft Vaihingen (an der Enz) um

18 500 Pfund Heller. Sein oberschwäbischer Verwandter, Graf Eberhard von Landau, übertrug ihm die Lehensherrschaft über den gesamten lehensabhängigen Niederadel des in Schwierigkeiten geratenen Hauses Landau. Doch nicht alles gelang dem erfolgreichen Grafen: Trotz einer schweren Fehde konnte er seinen Anspruch auf die Stadt und Herrschaft Ehingen an der Donau gegen die Habsburger nicht durchsetzen.

Ein zeitgenössischer Chronist berichtet, Graf Ulrich sei (am 11. Juli) 1344, als er sich irgendwo im Elsaß mit der Ehefrau eines Adligen einließ, umgebracht worden.

Eberhard der Greiner – im Hegemonialkampf mit den Städten

Das Erbe übernahmen die Söhne, Graf Eberhard II. der Greiner und Ulrich IV., gemeinsam, von denen aber von Anfang an Eberhard seiner Energie und Durchsetzungskraft wegen der Führende war. Fast 50 Jahre lang (bis 1392) hat Eberhard mit starker Hand regiert, manche schwere Krise riskiert, am Ende aber fast immer die Oberhand behalten und dabei sein Land noch einmal um zahlreiche Herrschaften, Städte, Burgen und Dörfer erweitert. Ähnlich seinem Großvater, Eberhard dem Erlauchten, nahm er kriegerische Herausforderungen entschlossen an, beherrschte aber je nach Situation auch die anderen Methoden territorialer Erwerbspolitik: Verhandlungsführung, Kompromißbereitschaft, Finanzerschließung, Organisationskunst, Heiratspolitik, Friedenswahrung und Kaisernähe.

Kaiser Ludwig besuchte die Brüder kurz nach ihrem Herrschaftsantritt in Stuttgart und bestätigte ihnen gemeinsam das wichtige und einträgliche Amt der Landvogtei in Niederschwaben. Nach Ludwigs Tod (1347) besuchte Graf Eberhard den ersten Hoftag König Karls IV. in Nürnberg. Der noch um Anhänger werbende König anerkannte ihn seinerseits sofort als Landvogt an und bot ihm darüber hinaus nicht weniger als 70 000 Gulden für seine Dienste – ein Zeichen, wie hoch er die Unterstützung des Württembergers einschätzte. Eberhard kämpfte darauf 1349 für Karl gegen dessen Rivalen Günther von Schwarzburg und entschied durch eine geschickte Aktion maßgeblich das Gefecht bei Ellfeld im Rheingau und damit auch den Thronstreit. Später beteiligte er sich als Heerführer an der Belagerung Zürichs durch Herzog Albrecht von Österreich (1352) und am Feldzug Karls gegen Würzburg (1354). Auch bei dem denkwürdigen Reichstag vom Januar 1356 in Nürnberg, auf dem Kaiser Karl die »Goldene Bulle«, das Grundgesetz des Alten Reiches, erließ, war Graf Eberhard zugegen.

Auch Eberhard hat sich seine Ehefrau mit dem Blick des Territorialherrn ausgesucht: Er führte eine Angehörige des gefürsteten Grafenhauses Henneberg-Schleusingen heim, Elisabeth, Tochter Graf Heinrichs des Reichen, der noch zwei jüngere Töchter, aber keine Söhne hatte. Im Jahre 1353 starb der Graf, und Eberhard teilte sich mit den beiden anderen Schwiegersöhnen, einem Landgrafen von Thüringen und einem Burggrafen von Nürnberg, das reiche Erbe. Er erhielt unter anderem die Stadt Königshofen und die Hälfte der Städte Schweinfurt und Münnerstadt in Unterfranken. Kurz entschlossen verkaufte er diese ferngelegenen Besitzungen an den Bischof von Würzburg und erhielt dafür die enorme Summe von 90 000 Gulden, eine sprudelnde Geldquelle für Erwerbungen in der Nähe.

In demselben Jahr 1353 verlobte Eberhard seine noch unmündige Tochter Sophie mit dem siebenjährigen Herzog Johann von Lothringen und übernahm gleichzeitig als Vormund Johanns die Regentschaft im Herzogtum Lothringen. König Karl IV., der Lehensherr, stimmte zu oder wünschte dieses Amt sogar für Eberhard, ein weiterer Vertrauensbeweis für den württembergischen Grafen. Einige Jahre später (1362) gewann der Sohn Eberhards,

Graf Ulrich, Elisabeth, eine Tochter des früheren Kaisers Ludwig zur Frau, eine der vornehmsten Partien, die damals möglich waren. Alle diese Verbindungen – wie schon die der vorangehenden Generationen – zeigen, daß das Haus Württemberg trotz seines nur gräflichen Titels damals schon als fürstengleich, fürstenmäßig galt.
Aber auch Graf Eberhard stieß an die Grenzen seiner Möglichkeiten. Im Jahre 1359 schloß er mit dem ehrgeizigen Herzog Rudolf von Österreich, einem Rivalen des Kaisers, ein Bündnis, in dem sogar Fragen der Königsnachfolge abgesprochen wurden – eine Herausforderung für Kaiser Karl IV. Gleichzeitig führte seine schroffe Amtsführung als Landvogt zu Konflikten mit den Reichsstädten, die sich über die finanzielle Belastung beschwerten und darüber hinaus fürchteten, allmählich unter landesherrliche Kontrolle zu geraten. Auf ihre Beschwerde hin zitierte der Kaiser den Grafen im Juni 1360 vor den Reichstag in Nürnberg und forderte die Auflösung des Bündnisses, die Entschädigung der Städte und dazu die Rückgabe der verpfändeten Reichsburgen Hohenstaufen und Achalm. Auf die Weigerung Eberhards wurde der Reichskrieg gegen ihn beschlossen und auch sofort, noch im August, unternommen. Drei Heere, eines davon unter dem Kaiser selbst, drangen von Norden, Osten und Süden in Württemberg ein. Anders aber als 1311/12 kam es vor einem wirklichen Zusammenstoß zu Verhandlungen und bereits am 31. August zum Friedensschluß. Eberhard war klug genug, alle Forderungen des Kaisers zu erfüllen und damit sein Land und seine eigene Position zu retten. Der Kaiser wollte den bewährten Lehensmann nicht verlieren und setzte ihn in alle Herrschaftsrechte wieder ein – abgesehen von der Landvogtei und den beiden Reichsburgen (die Eberhard aber nach einiger Zeit auch wieder erwerben konnte). Ein Jahr später erhielt er sogar ein wichtiges Privileg, das ihm die Befreiung von fremden Gerichten, also selbständige Rechtssprechung, bestätigte. Eberhard war dann auch in den folgenden Jahren wieder häufig am Hofe des Kaisers, im Oktober 1365 zum Beispiel in der böhmischen Residenz in Prag.
Bald nach der Krise von 1360 galt es, ein familieninternes Problem zu lösen. Der jüngere Bruder, Ulrich IV., mochte sich auf die Dauer mit einer gemeinsamen Regierung, die ihm wenig Einfluß ließ, nicht abfinden und verlangte eine Teilung des Landes – wie es durchaus den Rechtsvorstellungen der Zeit entsprach. Eberhard griff hart durch: Er nahm die Räte des Bruders in Haft und ging militärisch gegen einige Burgen und Städte vor, die den Brüdern gemeinsam gehörten und die er nun auf sich allein huldigen ließ. Mit Zustimmung des Kaisers nötigte er dem Bruder noch im Dezember 1361 einen Familienvertrag ab, in dem die Unteilbarkeit und Unveräußerlichkeit des Landes besiegelt wurde. Einige Monate später verzichtete Ulrich auch formal auf die Mitregierung und begnügte sich mit einem Teil der Einkünfte und einigen auf Lebenszeit eingeräumten Burgen und Städten.
In die Reihe der zahlreichen Kleinkriege und Fehden des Adels jener Zeit gehört der fast schon legendär gewordene Überfall im Wildbad im Jahre 1367. Als sich Eberhard mit seiner Familie einer Kur unterzog, versuchten Gegner von ihm, voran die Grafen von Eberstein und der »gleißende Wolf« von Wunnenstein, sich seiner zu bemächtigen. Eberhard, gerade noch rechtzeitig gewarnt, konnte sich bei Nacht auf die Burg Zavelstein retten. Ein derartiger Handstreich, ohne Fehdeansage und ohne Beachtung der Fehderegeln, war Landfriedensbruch, und so entspann sich eine wirkliche Fehde, ein militärischer, diplomatischer und gerichtlicher Kleinkrieg, der fast zwei Jahrzehnte dauerte.
Das Hauptproblem der letzten zwanzig Jahre Eberhards aber war die große Auseinandersetzung mit den Reichsstädten, und dabei ging es letztlich um die Vorherrschaft in Südwestdeutschland, um die Entscheidung, ob die Zukunft des Landes im wesentlichen (wie in der Schweiz) von den städtischen Zentren aus oder von den Landesherrschaften bestimmt werde. Die Städte, wirtschaftlich blühend,

schlossen sich zur Wahrung gemeinsamer Interessen in Bündnissen zusammen, die zunehmend an Gewicht gewannen. Ihnen gegenüber bildeten sich Ritterbünde, Adelsgesellschaften und wechselnde Bündnisse von Territorien. Die Könige bemühten sich um allgemeinen Landfrieden und unterstützten, je nach Lage, einmal die eine, dann die andere Seite. Die Konfrontation von Reichsstädten mit Württemberg hatte bereits im Reichskrieg von 1360 gegen Eberhard eine wesentliche, ja auslösende Rolle gespielt – wie schon zuvor im Krieg von 1311/12. Im Jahre 1372 konnte Eberhard bei Altheim auf der Schwäbischen Alb einen Sieg über die Städte erringen. Als in den folgenden Jahren Kaiser Karl die städtischen Steuern erhöhte – für Zwecke seines Hauses, unter anderem für die Königswahl seines Sohnes Wenzel –, da wurde die Stimmung noch gereizter. Eberhard als Landvogt war davon betroffen, und beide Seiten unternahmen Feldzüge gegeneinander mit den üblichen Landverwüstungen. Im Mai 1377 stellte Eberhards Sohn, Graf Ulrich, von der Achalm aus eine Truppe Reutlinger, die im Ermstal geplündert hatte, doch diese erhielt Zuzug aus der Stadt, und Ulrich erlitt eine blutige Niederlage. Die Städte, kühner und aggressiver geworden, unternahmen weitere Beutezüge, bis vor Stuttgart, während Eberhard, in die Defensive gedrängt, die Landvogtei aufgeben mußte. Der neue König Wenzel, der 1378 die Nachfolge Karls antrat, begünstigte zunehmend die Städte und verlieh ihnen Privilegien. Mitten in einer Zeit allgemeiner Bemühungen um Wiederherstellung des Friedens kam es zu neuen Feindseligkeiten. Im August 1388 versuchte ein reichsstädtisches Heer den von Württembergern besetzten Kirchhof in Döffingen zu stürmen. Aber Graf Eberhard war auf der Hut, rückte mit einem Entsatzheer schleunigst heran und erfocht, nachdem der Tod seines Sohnes Ulrich die Truppen zuerst wanken ließ, einen überragenden Sieg. Diese Schlacht, der einige Siege anderer Landesherren folgten, leitete die Wende ein und brach die vom Adel und den Fürsten befürchtete Übermacht der Reichsstädte. König Wenzel änderte seine Politik, löste die Städtebündnisse auf und zwang die einzelnen Städte zu Verhandlungen mit den Fürsten. Graf Eberhard, bereits über 70 Jahre alt, ist auch aus dieser langdauernden, seine Landesherrschaft bedrohenden Krise erfolgreich hervorgegangen.

Eberhard der Greiner hat während seiner fast fünf Jahrzehnte währenden Regierungszeit Zug um Zug so viele beträchtliche Land- und Herrschaftserwerbungen wie keiner seiner Vorfahren und Nachkommen gemacht. Aus dem Besitz der vormals bedeutenden Pfalzgrafen von Tübingen gewann er Böblingen, Calw, Sindelfingen und den Forst Schönbuch. Im Norden erwarb er – von kleineren Zugewinnen abgesehen – Besitzungen im Zabergäu und im Stromberggebiet, dazu Lauffen, Beilstein und Lichtenberg, im Schwarzwald Nagold und Haiterbach, im mittleren Neckarraum weitere Teile der Herrschaft Teck und Waldenbuch, im östlichen Donaugebiet Leipheim, weit im Süden Veringen, Ebingen, Haigerloch und Tuttlingen, dazu die Klostervogteien Oberstenfeld, Murrhardt, Ellwangen, Lorch, Adelberg und Zwiefalten.

Aus der Zeit des Greiners stammen die ersten württembergischen Urbare (systematische Aufzeichnungen landesherrlicher Güter und Rechte), die ersten Lehnbücher und zahlreiche Urkunden, Zeichen fortschreitender Organisation sowohl in der gräflichen Kanzlei in Stuttgart wie in den Amtsstädten auf dem Lande.

Von Graf Eberhard dem Milden bis zur Landesteilung – Höhepunkt und Krisen

Der Enkel, Eberhard III., übernahm 1392 ein Territorium, das zum stärksten politischen Gebilde in Südwestdeutschland herangewachsen war, eine regionale Hegemonialmacht unter den zahlreichen mittelalterlichen Herrschaften, mit der sich nur noch die Rheinpfalz, die Markgrafschaft Baden und der schwäbische Besitz der Habsburger messen konnte. Spätere Chronisten haben Eberhard die Beinamen der Milde, der Friedfertige oder der Fromme zugelegt. Tatsächlich provozierte er kriegerische Auseinandersetzungen weniger als sein Großvater, sondern verlegte sich mehr auf die politischen Mittel des Ausgleichs, der Bündnisse und Einigung. So schloß er mit den Hauptgegnern seines Großvaters, den Reichsstädten, immer wieder neue Allianzen und trug so wesentlich zum inneren Frieden bei. Auch mit geistlichen und weltlichen Fürsten, mehrfach vor allem mit dem dynamischen Markgrafen Bernhard von Baden, verband er sich in Bündnissen, 1405 zum Beispiel im »Marbacher Bund«. Im Jahre 1396 initiierte er mit den ersten südwestdeutschen Münzvertrag, den frühen Versuch einer abgestimmten Währung. Vor allem aber wurde Eberhard zu einem gefragten Vermittler und Schiedsrichter in den zahlreichen Rechts- und Territorialstreitigkeiten seiner Zeit. 1398 war er Vorsitzender eines in Göppingen tagenden Schiedsgerichtes im bayerischen Erbfolgekrieg, 1409 vermittelte er zwischen Österreich und Baden, 1410 zwischen Zollern und denen von Ow, 1412 zwischen dem Bischof von Augsburg und den Herren von Hohentann. Wenn in Vorverhandlungen zur Königswahl von 1400 neben fünf Fürstenhäusern auch das Haus Württemberg – als einziges gräfliches – für königsfähig erklärt wurde, so spricht das für Eberhards hohes Ansehen, dürfte aber auch darin einen Grund haben, daß er über seine Mutter ein Enkel Kaiser Ludwigs war.

Nur gegen *eine* Gruppe von Gegnern ging Eberhard energisch und konsequent militärisch vor: gegen die Ritterschaft »mit dem Schlegel«, die sich als Bund gegen die Landesherrschaften gebildet hatte. Er eroberte 1395 die Burg Heimsheim, ein Zentrum der »Schleglerkönige«, und führte weitere Kriegszüge bis ins Kocher-Jagst-Gebiet durch – solange bis der Schleglerbund sich auflöste, bis der ritterliche Adel darauf verzichtete, als geschlossene politische Macht expansiv aufzutreten.

Kostspielige Landerwerbungen standen unter Eberhard nicht mehr im Vordergrund. Offenbar ließ ihm sein entwickelter Sinn für fürstliche Repräsentation und aufwendiges höfisches Leben dafür nicht genügend Mittel. Zwar kaufte er noch eine größere Herrschaft (die Herrschaft Schalksburg mit Balingen und einigen Dörfern), andererseits aber verpfändete er umfangreiche Herrschaftsteile (Sigmaringen und Veringen mit den Vogteien der Klöster Habstal, Wald, Hedingen und des eigenen Familienklosters Heiligkreuztal).

Eine große territoriale Erweiterung, die die Geschichte Württembergs für Jahrhunderte mitbestimmen sollte, bereitete der diplomatisch gewandte, zu raschem Handeln fähige Graf aber doch vor. Im Jahre 1397 starb der reiche burgundische Graf Stephan von Montbéliard-Montfaucon, der nach dem Tod seines Sohnes vier unmündige Enkelinnen als Erben hinterließ. Eberhard, der sich zufällig im Elsaß aufhielt, eilte zur Trauerfeier, verhandelte mit dem Vormund und erreichte binnen 14 Tagen einen Ehevertrag für seinen neunjährigen Sohn Eberhard mit der ältesten Erbenkelin Henriette. So erbte das Haus Württemberg die Grafschaft Mömpelgrad (Montbéliard) und eine ganze Reihe weiterer burgundischer Besitzungen im französischen Sprachgebiet.

Eberhard selbst hatte sich 1380 mit Antonia Visconti, der Tochter des Herrschers von Mailand, und nach deren Tod (1405) mit Elisabeth Burggräfin von Nürnberg, Enkelin Kaiser Karls IV., verheiratet – Verbindungen, die sein hohes Ansehen weit über Südwestdeutschland hinaus noch einmal dokumentieren. Mit ihm erreichte das Haus Württemberg einen ersten Gipfel des bisher kontinuierlichen Aufstiegs und zudem – mitten im unruhigen Spätmittelalter – für sein Land eine Zeit relativen Friedens.

Der Sohn Eberhards des Milden, Eberhard IV., genannt »der Jüngere«, erwarb sich schon vor seinem Herrschaftsantritt (1417) das Wohlwollen König Sigismunds. Er hatte sich in dessen Dienst gestellt und ihn 1415, während des Konstanzer Konzils, mit 300 Reitern nach Südfrankreich und Spanien begleitet, wo der König mit Papst Benedikt XIII. verhandeln wollte. Enea Silvio, der spätere Papst Pius II., berichtet, Sigismund habe dem Württemberger als Dank für seine Dienste die Fürstenwürde angetragen, aber Eberhard habe geantwortet, er sei lieber ein großer Graf als ein kleiner Fürst. Silvio war indessen der Meinung, der Württemberger sei nicht nur der mächtigste Graf in Deutschland, sondern übertreffe auch viele Fürsten, und tatsächlich galt bei einer Steuererhebung von 1422 Württemberg als vermögendste Grafschaft des Reiches. So wäre es wohl trotz der sympathischen Zurückhaltung Eberhards – als logische Folge der Landgewinne im 14. Jahrhundert – zu einer Standeserhöhung gekommen, aber Eberhard der Jüngere starb bereits zwei Jahre nach der Regierungsübernahme – im Alter von 31 Jahren.

Damit war die Zeit wohlüberlegter, friedlicher Vertrags- und Bündnispolitik für Württemberg erst einmal zu Ende. Die Gräfinwitwe Henriette von Württemberg-Mömpelgard, eine eigenwillige, unruhige Frau, die die Vormundschaft für ihre unmündigen Söhne Ludwig und Ulrich auszuüben gewillt war, schaltete sich kräftig in die Fehden und Kleinkriege ihrer Zeit ein. So beteiligte sie sich 1420 persönlich mit Heeresmacht am Kampf gegen die Herren von Geroldseck und deren Stadt Sulz am Neckar. Noch aufsehenerregender war 1422/23 die fast einjährige Belagerung der Felsenburg Hohenzollern durch Truppen Henriettes und der Reichsstädte: Es gelang, die Besatzung auszuhungern und die stolze Feste einzunehmen, worauf sie als ein »Raubhaus« zerstört wurde.

Bereits mit 14 Jahren wurde Graf Ludwig für volljährig erklärt (1426), vermutlich um der streitlustigen, zum Zorne neigenden Gräfin den Einfluß zu nehmen. Die Regierung übten zunächst die Räte aus, doch erwies sich der junge Graf Ludwig mit der Zeit als überlegter, fähiger Landesherr. Es begann wieder eine Zeit der Bündnisse mit den Reichsstädten, mit Fürsten und auch mit dem ritterschaftlichen Adel, der sich inzwischen im Bund des St. Georgenschildes zusammengeschlossen hatte, also eine Phase abgesicherter Politik, die dem Land, trotz aller sonstiger Fehden in Deutschland, einigermaßen Ruhe bescherte. Es war die Zeit der Hussitenkriege, während der auf zahlreichen Reichstagen immer neue Aufgebote bestellt wurden, auch württembergische Truppen, ohne etwas Entscheidendes ausrichten zu können.

Wie ihre Vorfahren verbanden sich auch die beiden Brüder Ludwig und Ulrich mit Töchtern aus angesehenen Fürstenhäusern. Ludwig heiratete Mechthild von der Pfalz, die später als bedeutende Fürstin vor allem ihrer kulturellen Aufgeschlossenheit wegen Berühmtheit erlangte, Ulrich gewann eine Tochter des Herzogs von Cleve, verwitwete Herzogin von Bayern, nach deren Tod eine Tochter Herzog Heinrichs des Reichen von Bayern-Landshut und zuletzt eine Frau aus dem Hause der Herzöge von Savoyen.

Von 1433 an regierten Ludwig und Ulrich gemeinsam, offensichtlich unter der Führung des klugen, ausgeglichenen älteren Bruders. Aber dann forderte Ulrich das, was ihm nach dem Rechtsempfinden der Zeit nicht verwehrt werden konnte: eine Teilung des Landes – wie es bei fast allen anderen Territorien längst geschehen war. Noch immer galten Landesherrschaften gleichsam als private Vermögensmassen einer Familie, die ganz oder teilweise verkauft oder verpfändet und die unter Familienangehörige fast beliebig aufgeteilt werden konnten. Im Jahre 1441 wurde ein erster Teilungsvertrag ausgehandelt, der die ideelle Einheit des Landes noch wahrte, 1442 ein zweiter, aus dem zwei nahezu völlig selbständige Staaten hervorgingen. Die ehemals mächtigste Grafschaft Deutschlands war halbiert, die beiden Teile in ihrer Bedeutung entsprechend geschwächt. Ludwig, der den westlichen und südlichen Teil erhielt, verließ Stuttgart und

baute sich in Urach eine neue Residenz, ein spätgotisches Schloß, das heute noch steht.
Die Politik beider Teile ging – entsprechend dem Temperament der Brüder – bald verschiedene Wege. Ludwig setzte sein Programm der Bündnisse, des Ausgleichs, des Friedens – aber auch geschickt vorbereiteter Landgewinne fort. Ihm gelang es, Württemberg noch einmal beträchtlich zu vergrößern: Im Norden kamen Teile der Stadt Lauffen, im Westen die Herrschaft Wildberg und Neubulach sowie Teile von Heimsheim und Hornberg dazu. Besondere Aktivitäten entfaltete Ludwig im Süden, am oberen Neckar und der oberen Donau: Er löste 1444 Tuttlingen und den Mägdeberg aus fremder Pfandschaft und erwarb gleichzeitig die Burgen Hohenkarpfen und Lupfen und 1447 die Herrschaft Blaubeuren. Unter Ludwig machte auch der Ausbau der inneren Verwaltung und Organisation Fortschritte, und es kam zu ersten Ansätzen einer vom Landesherrn ausgehenden Klosterreform, so zum Beispiel zur Umwandlung des Priorats Güterstein bei Urach in ein Kartäuserkloster. Im Jahre 1450 starb dieser treffliche Landesherr im Alter von 38 Jahren an der Pest und hinterließ wieder zwei unmündige Knaben.
Der jüngere Bruder Ulrich, ob seiner munteren und populären Art der »Vielgeliebte« genannt, mochte den ritterlichen Kampf und war bereit, Konflikte auch militärisch durchzufechten. 1444 zog er mit den Habsburgern gegen die Schweizer, ohne Erfolg. Schlimmer für die Bevölkerung war, daß er sich 1449 in den erbitterten Krieg einiger Fürsten, vor allem des Markgrafen Albrecht Achilles von Brandenburg-Ansbach, gegen die Reichsstädte hineinziehen ließ. Besonders mit Esslingen kam es wegen eines Zolls und dem Tod zweier Württemberger zu verheerenden Auseinandersetzungen, wobei – unter Außerachtlassung jeder Verhältnismäßigkeit der Mittel – zahlreiche Dörfer in Schutt und Asche sanken und ganze Fluren vernichtet wurden. Ulrich erzielte zwar einige militärische Erfolge, aber die Städte hielten sich trotz mehrerer Belagerungen und Blockaden, und der unsinnige Krieg endete schließlich im wesentlichen unentschieden.

Graf Eberhard im Bart – ein Landesherr zwischen Mittelalter und Neuzeit

Nach dem Tod seines Bruders Ludwig versuchte Ulrich, als Vormund von dessen Söhnen Ludwig und Eberhard im Uracher Landesteil Einfluß zu gewinnen. Aber der sprunghafte Verwandte traf auf Widerstand bei den dortigen adligen »Räten«, die die Regierung ausübten, und dies gab dem Onkel von der Mutterseite, dem ehrgeizigen, aber klugen Pfalzgrafen Friedrich dem Siegreichen vom Rhein Gelegenheit, seinerseits konkurrierend einzuwirken. Als der ältere der jungen Grafen starb (1457), kam es zum Konflikt zwischen den beiden Onkeln, der historisch deshalb denkwürdig ist, weil dabei erstmals die »Landschaft«, die Gesamtheit der Städte und Ämter des Landes, mitwirkend auftrat und von Graf Ulrich als politische Kraft auch anerkannt wurde – die Geburtsstunde belegbarer ständischer Mitwirkung, die in Württemberg später so großes Gewicht erhalten sollte. Aber Ulrich konnte sich des dabei errungenen Erfolgs nicht allzu lange erfreuen: Um dem von ihm ausgeübten Druck zu entgehen, floh der junge Eberhard – sicher mit Wissen oppositioneller Räte – kurz vor seinem 14. Geburtstag aus Urach und erreichte mit diesem Eklat, daß er, mit Zustimmung der Landschaft, für mündig erklärt wurde (im Dezember 1459). Selbstverständlich war der junge Graf noch nicht imstande, die Regierung wirklich zu übernehmen, aber die erfahrenen Räte konnten nun mit größerer Selbständigkeit die Geschäfte für den neuen Landesherrn führen.
In der Politik nach außen aber lag die Initiative noch immer bei dem ritterlich kampflustigen Ulrich von der Stuttgarter Linie. Er überwarf sich mehr und

mehr mit dem Kurfürsten von der Pfalz und beteiligte sich 1460 und 1462 an der kriegerischen Auseinandersetzung des Markgrafen Albrecht Achilles mit den Wittelsbachern, in die zahlreiche Fürsten, Bischöfe und Grafen Süddeutschlands verwickelt waren. Im Juni 1462 unternahm Ulrich mit seinen Bundesgenossen einen kühnen Kriegszug in die Pfalz, wurde dabei aber von dem Kurfürsten überlistet, verlor die Schlacht bei Seckenheim und geriet dabei auch noch, zusammen mit dem Markgrafen von Baden und dem Bischof von Metz, in Gefangenschaft. Nur unter demütigenden Bedingungen, gegen ein riesiges Lösegeld und die Abtretung von Herrschaftsrechten wurde er – nach Monaten erst – freigelassen, eine Katastrophe auch für das Land, das an der Schuldenlast, die dabei entstand, für Jahrzehnte schwer zu tragen hatte. Graf Ulrich aber war gezeichnet und hielt sich von da an von außenpolitischen Abenteuern zurück.

Die großen politischen Aktivitäten gingen nun zunehmend an den jungen Neffen von der Uracher Linie, Graf Eberhard im Bart, über. Er, der sich als überaus fähig erweisen sollte, setzte im Grunde die Politik seines Vaters fort, eine auf Sicherheit bedachte Bündnis- und Friedenspolitik, eine Politik ausgeglichener Balance zwischen den größeren südwestdeutschen Mächten. Nebeneinander folgten Verträge mit Nachbarterritorien wie Baden (1464) und der Pfalz (1467), mit Reichsstädten und auch mit der Gesellschaft zum St. Jörgenschild (1466), in dem sich zahlreiche Adlige und einige Grafen und Äbte zusammengeschlossen hatten.

Eberhard vermied jedoch auch Fehden nicht, wenn es darum ging, den Frieden zu sichern, territoriale Rechte zu verteidigen, aber auch etwa landesherrliche Positionen auszubauen und seinen Einfluß zu erweitern. Aber er bereitete Fehdeaktionen planmäßig vor, führte sie umsichtig durch, hielt sich an die Regeln des Fehderechts, suchte die Konflikte zu begrenzen und war zu Kompromissen bereit. In einer Fehde mit den Herren von Geroldseck gewann er die Stadt Sulz endgültig für Württemberg (1473). Auch sonst konnte Eberhard noch eine ganze Reihe kleinerer Besitzungen, meist einzelne Orte oder Ortsteile, durch Kauf oder Tausch erwerben. Bei Auseinandersetzungen mit Erzherzog Sigmund von Österreich um Einflüsse am oberen Neckar und im Hegau mußte er dagegen den stärkeren Kräften des Gegners nachgeben und seine Ziele zurückstecken (1479–1481) – und gewann dadurch das Wohlwollen des Hauses Habsburg. Im übrigen gehörte Eberhard zu jenen, die den rechtlichen Austrag von Ansprüchen und Differenzen der Selbsthilfe vorzogen und so zur allmählichen Überwindung des Fehdewesens beitrugen.

Mit 23 Jahren entschloß sich der unternehmungslustige, aufgeschlossene und zugleich religiöse Graf – wie manche andere seiner Zeitgenossen – zu einer Fahrt ins Heilige Land (10. Mai–2. November 1468). Mit etwa 40 Begleitern ritt er über den Brenner nach Venedig und fuhr dann zu Schiff nach Jaffa in Palästina. Über dem Heiligen Grab in Jerusalem empfingen er und seine adligen Begleiter den Ritterschlag. Auf der Rückfahrt besuchte er Griechenland und zog dann, mit kleinerem Gefolge, von Unteritalien über Rom, Florenz, Bologna, Venedig nach Deutschland zurück. Welch starke Eindrücke die Reise bei dem jungen Grafen hinterließ, ist auch daraus ersichtlich, daß von da an die Palme sein Zeichen und »Attempto« (Ich wag's) seine Devise wurde. Bereits im folgenden Januar reiste Eberhard mit 65 berittenen Begleitern erneut nach Venedig, um sich dort mit Kaiser Friedrich III. zu treffen.

Italien, das Land, von dem der Humanismus ausging, faszinierte Eberhard auch später: Er hielt Verbindung zu italienischen Gelehrten und förderte die Verbreitung literarischer Werke der Antike und des Humanismus, vor allem auch durch Übersetzungen. Aus Italien holte er auch seine Frau: Barbara Gonzaga, die Tochter des Herrschers der Stadt und der Markgrafschaft Mantua – wieder eine Heirat eines württembergischen Grafen mit einer Fürstentochter aus dem romanischen Kulturkreis. Im April 1474 reiste Eberhard nach Mantua, wo er die durch humanistische Gesittung geprägte Familie Gonzaga kennenlernte und die Auserwählte nach wenigen Tagen heiratete. Das eigentliche Hochzeitsfest fand dann im Juli in Eberhards Hauptstadt Urach in glanzvoller Weise statt. Hunderte vornehmer Gäste, darunter drei Bischöfe, die Pfalzgrafen Philipp und Otto, Markgraf Karl von Baden, viele Grafen, Ritter, Äbte und Städterepräsentanten, waren mit ihrem Gefolge gekommen. 14 000 Personen, mit den Bediensteten und Schaulustigen, sollen insgesamt gezählt worden sein, und aus den drei Röhren eines Brunnens floß Wein für das Volk.

Im Innern des Landes führte Eberhards Ordnungswille und Rechtssinn zum weiteren Ausbau der landesherrlichen Organisation. Wichtig wurde vor allem der zunehmende Einfluß geistlicher und weltlicher Juristen auf die Landesverwaltung. Wie in Konflikten nach außen wurde auch im Innern mehr und mehr nach einheitlichen Rechtsverfahren, hier beeinflußt vor allem von den Normen des römischen Rechts, gehandelt. 1478 kam eine »Ordnung für die Amtleute« der Lokalverwaltung, eine Art Dienstanweisung für die Amtsvögte, heraus, 1479 eine Zollordnung. Die Forstverwaltung wurde ausgebaut und damit der Einfluß des Landesherrn auf die Nutzung der Wälder als der wichtigsten Rohstoff-Vorratsräume intensiviert. Pläne des Grafen zu einer Finanzreform, zu einer regelmäßigen, landeseinheitlichen, ausreichenden Steuererhebung scheiterten jedoch am Widerstand der Landschaftsvertreter – ein ungelöstes Problem, das lange Nachwirkungen haben sollte. Im Gerichtswesen dagegen wurde ein in sich geschlossener Instanzenzug von den Dorf- zu den Stadtgerichten, weiter zu den Obergerichten in Stuttgart und Tübingen und schließlich zum Hofgericht als oberster Instanz geschaffen – ein Fortschritt hin zu Rechtsgleichheit, allerdings auf Kosten lokaler Rechtsgewohnheiten. Umfangreiche Stadtrechte für Stuttgart und Tübingen (1492 und 1493) und schließlich das Gesetzgebungswerk der ersten »Landesordnung« von 1495 sind krönender Abschluß der rechtsvereinheitlichenden und rechtssichernden Tätigkeit Eberhards. Die Entwicklung von der mittelalterlichen Herrschaft mit ihrer Vielfalt und ihren Freiräumen zum organisierten Staat der frühen Neuzeit ist unübersehbar.

Beide württembergischen Grafen, Ulrich und Eberhard, beide persönlich religiös, übten erheblichen Einfluß auf die Kirchen und besonders auf die Klöster des Landes in reformerischem Sinne aus. Zu ihren hergebrachten Patronats- und Vogteirechten erlangte Ulrich bereits 1459 die ausdrückliche päpstliche Erlaubnis, Reformen zur Wiederherstellung der Ordensregeln und geordneter Vermögensverwaltung durchzuführen. Mit Hilfe einiger Äbte und landesherrlicher Räte wurden in fast allen Klöstern, die württembergischer Vogtei unterstanden, zum Teil gegen erhebliche Widerstände, reformerische Maßnahmen durchgeführt. Gleichzeitig banden die Grafen die Klöster mit ihren umfangreichen Grundherrschaften an das Land, indem die Äbte Aufgaben als landesherrliche Räte und die Klöster die Stellung von Landständen erhielten. Das landesherrliche Kirchenregiment war – unter Zurückdrängung bischöflicher Rechte – im Entstehen und sollte später, in der Reformationszeit, große Bedeutung gewinnen.

Ulrich gründete 1471 in Stuttgart ein Dominikanerkloster (die heutige Hospitalkirche); Eberhard holte sogar einen neuen Orden ins Land, der mehrere Niederlassungen gründete: die »Brüder vom gemeinsamen Leben«, deren damals moderne religiöse Vorstellungen seinem Frömmigkeitsideal besonders entsprachen. Der gelehrte Gabriel Biel, Propst des neuen Stiftes in Urach, später zu St. Peter im Schönbuch und Professor in Tübingen, wurde einer seiner engsten Ratgeber. Ein Höhepunkt der Kirchenpolitik Eberhards war seine Reise nach Rom im Jahre 1482 mit 60 Begleitern. Papst Pius IV. empfing den württembergischen Grafen mehrfach zu Gesprächen über landesherrliche Kirchenrechte und ehrte ihn durch die feierliche Verleihung der »Goldenen Rose«.

Die anspruchsvollste Tat Eberhards auf dem Gebiet der Kulturpolitik war die Gründung der Universität Tübingen im Jahre 1477 – der einzigen württembergischen Landesuniversität bis weit ins 20. Jahrhundert hinein. In sorgfältiger Vorbereitung sicherte der Graf die wirtschaftliche Ausstattung seiner neuen Hochschule, erwirkte das erforderliche päpstliche Privileg, ließ die akademischen Freiheitsrechte formulieren und berief die ersten Lehrer. Gründungsrektor wurde der bekannte humanistische Gelehrte Johann Vergenhans gen. Naucler, der ehemalige Erzieher und spätere vertraute Berater des Grafen. Darüber hinaus förderte Eberhard humanistische Wissenschaftler und Literaten durch sein persönliches Interesse und die Vergabe von Aufträgen.

Der größte politische Erfolg Eberhards war – 41 Jahre nach der Teilung des Landes – die Wiedervereinigung durch den Münsinger Vertrag im Jahre 1482. Es war der Triumph eines neuen Landesbewußtseins über das dynastische Prinzip, das Länder wie familiäre Vermögen teilbar und veräußerbar gemacht hatte. Erstmals wurde in einem Territorium rechtsverbindlich und für dauernd gewährleistet, daß das Land – unabhängig von den Familienverhältnissen des Fürstenhauses – eine einheitliche, in seinem Umfang unantastbare Größe sei und zu bleiben habe und nach dem Erstgeburtsrecht von nur *einem* Landesherrn zu regieren sei. Es hatte der ganzen politischen Kunst Eberhards bedurft, den Vetter von der anderen Linie (Eberhard d. J., Sohn Ulrichs) zum Verzicht zu bewegen, und nachher einer ebenso großen Kunst, die gewonnene Einheit gegen die jahrelangen Einsprüche des enttäuschten Vetters und gegen das alte Dynastenrecht zu wahren.

Wichtige Bundesgenossen Eberhards auf dem Wege zur Einheit und bei deren Verteidigung waren die landesherrlichen Räte beider Linien und die »Landschaft«, die Gesamtheit der Städte und Ämter des Landes. Beide, die noch immer vorwiegend adligen Ratsgremien wie auch die bürgerlichen Vertreter der Landschaft, gewannen dadurch ihrerseits an Bedeutung, an politischer Mitverantwortung und an ständischem Selbstbewußtsein. So formierten sich unter Eberhard erstmals die Stände des Landes – der lehenabhängige Adel, die Prälaten der bevogteten Klöster und die Führungsschicht der Städte und Ämter – und erlebten als politisch mitwirkende Kräfte eine erste Blüte. Vor allem für die Landschaft, das führende Bürgertum, wurde die Regierungszeit Eberhards zum Beginn einer langen und wechselvollen Geschichte ständischer Teilhabe an der Macht.

Infolge der neugewonnenen Einheit hatte Württemberg wieder das territoriale Gewicht wie zu Beginn des 15. Jahrhunderts unter dem angesehenen Grafen Eberhard dem Milden. Es war sogar noch größer geworden und hatte in Eberhard im Bart einen ebenso geachteten Landesherrn, der gegenüber den kleineren Herrschaften Südwestdeutschlands wie selbstverständlich eine hegemoniale Stellung einnahm. Seit der Beilegung der Auseinandersetzung mit Erzherzog Sigmund hatte Eberhard zudem ein entspanntes, ja freundschaftliches Verhältnis zu den Habsburgern, besonders zu dem jungen König Maximilian. Dieser nahm ihn 1492 als einen der ersten Deutschen in den vornehmsten Ritterorden Europas, den vom Goldenen Vlies, auf.

So erscheint es nur folgerichtig, daß Eberhard am Ende seines Lebens die staatsrechtliche Anerkennung seiner landesherrlichen Geltung in einer auch für seine Person höchst ehrenvollen Weise erfuhr. Auf dem großen Reformreichstag in Worms erhob König Maximilian am 21. Juli 1495 den Grafen in feierlicher Form und in aller Öffentlichkeit zum Reichsfürsten und Herzog und die Grafschaft Württemberg zum Herzogtum des Reiches. In dem sorgfältig ausgehandelten Herzogbrief werden einige Anliegen Eberhards noch einmal reichsrechtlich bestätigt: die Einheit, Unverletzlichkeit und Unteilbarkeit des Landes und das Erbfolgerecht des jeweils ältesten Fürstensohnes oder -nachkommen. Was durch die Entwicklung schon des 14. Jahrhun-

Stammschloß Württemberg auf dem Rotenberg bei Stuttgart-Untertürkheim mit Blick auf das Neckartal, um 1820.

derts längst Wirklichkeit war, nämlich die fürstengleiche Stellung und Macht der württembergischen Landesherrn, fand nun in Titel, Rang und Zeremoniell seine Bestätigung.
Eberhard selbst machte wenig Aufhebens von seiner neuen Würde. Nach einem späteren Bericht Melanchthons wies er im Kreise seiner Fürstenkollegen darauf hin, sein Reichtum bestehe darin, daß er sein Haupt in jedes Untertanen Schoß legen könne. Er kehrte nach Stuttgart zurück und bereitete sein letztes Gesetzgebungswerk, die erste württembergische Landesordnung, vor – in der er sich noch einmal als fürsorglicher Landesvater erwies. Schon lange von Krankheiten heimgesucht, starb er am 25. Februar 1496 in seiner Lieblingsstadt Tübingen im Alter von fünfzig Jahren.

Als wehrhafte Anlage, mit einem dreifachen Mauerring umgeben, so sah Matthäus Merian im 17. Jahrhundert die Wiege des Hauses Württemberg.

Nahansicht der Burg von Süden vom 4. Mai 1819. Am Hang unten die Häuser von Rotenberg.

Die Hofansicht der Burg auf dem Rotenberg von August Seyffer aus dem Jahr 1819 zeigt den steinernen Palasbau der mittelalterlichen Burg.
Über der Tür des Wirtschaftsgebäudes rechts ist der unten abgebildete Inschriftstein von 1083 eingemauert.

Inschriftstein der ehemaligen Burg Württemberg. Nach dieser Inschrift weihte Bischof Adalbert von Worms am 7. Februar 1083 die Kapelle der Burg. Der Stein ist der einzige erhaltene Teil der Stammburg Württemberg. Er trägt den ältesten schriftlichen Beleg für die Burg und damit auch für die Adelsfamilie von Württemberg – und zudem die älteste bekannte Inschrift einer Burg in Deutschland überhaupt.
Text ergänzt: Anno dominic(a)e (i)ncarn(ationis) mille(simo) LXXXIII indic(tione) V(I) VII idus feb(ruarii) ded(icata) hec cap(ella) ab A(d)elb(erto) Worm(ati)ens(is) ec(clesie) ep(iscop(o) in h(onorem) s(ancti) [Nicolai].
Übersetzt: Im Jahre nach Christi Geburt 1083, in der 6. Indiktion, am 7. Februar, wurde diese Kapelle von Bischof Adalbert von Worms zu Ehren des hl. Nikolaus geweiht.

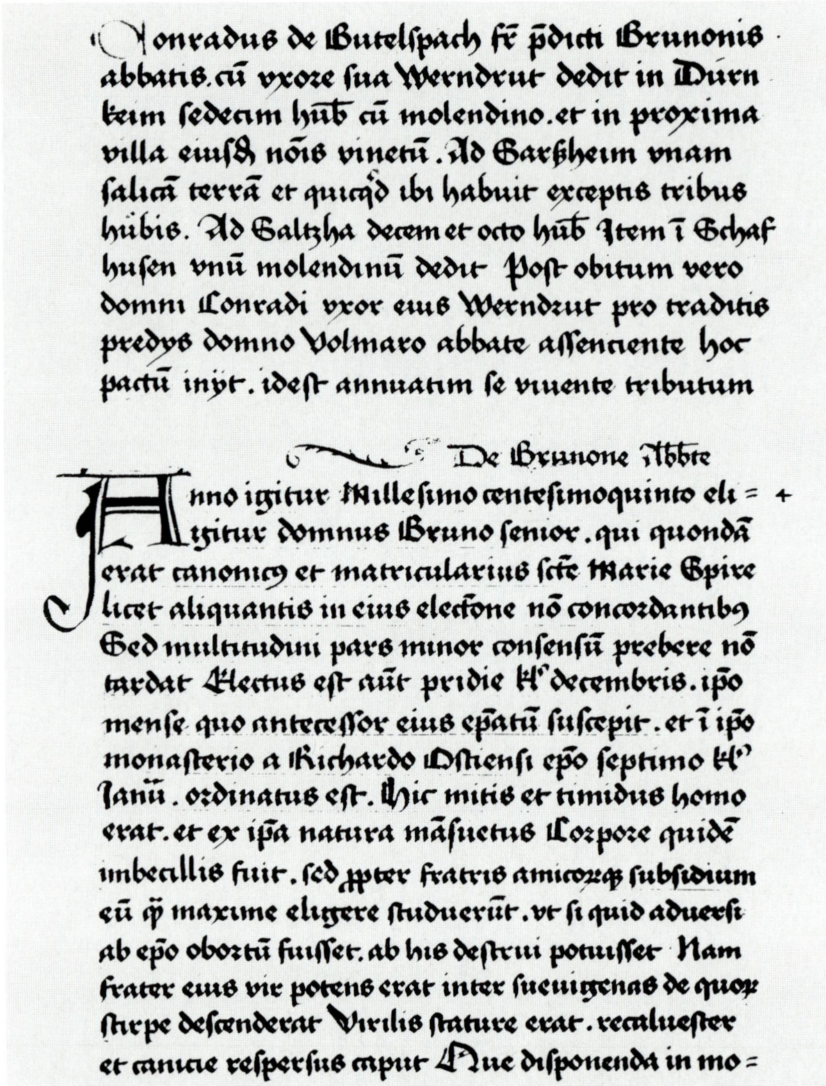
Conradus de Butelspach fr̄ p̄dicti Brunonis
abbatis. cū vxore sua Werndrut dedit in Durn
keim sedecim hūb cū molendino. et in proxima
villa eiusd nōis vineū. Ad Garßheim vnam
salicā terrā et quicqd ibi habuit exceptis tribus
hūbis. Ad Saltzha decem et octo hūb Item ī Schaf
husen vnū molendinū dedit Post obitum vero
domni Conradi vxor eius Werndrut pro traditis
predys domno Volmaro abbate assenciente hoc
pactū inyt. idest annuatim se viuente tributum

De Brunone Abbte

Anno igitur Millesimo centesimoquinto eli=
gitur domnus Bruno senior. qui quondā
erat canonicꝰ et matricularius scte Marie Spire
licet aliquantis in eius eleccōne nō concordantibꝰ
Sed multitudini pars minor consensū prebere nō
tardat Electus est aūt pridie Kl' decembris. ipō
mense quo antecessor eius epatū suscepit. et ī ipō
monasterio a Richardo Ostiensi epō septimo Kl'
Janū. ordinatus est. Hic mitis et timidus homo
erat. et ex ipa natura māsuetus Corpore quidē
imbecillis fuit. sed ꝓpter fratris amicorūqꝫ subsidium
eū ꝗ maxime eligere studuerūt. vt si quid aduersi
ab epō obortū fuisset. ab his destrui potuisset Nam
frater eius vir potens erat inter sueuigenas de quorū
stirpe descenderat Virilis stature erat. recalvester
et canicie respersus caput Que disponenda in mo=

Die ersten Württemberger als Wohltäter des Klosters Hirsau: Auszüge aus dem Codex Hirsaugiensis, einer Handschrift aus der Zeit um 1500, die Texte des 11. und 12. Jahrhunderts wiedergibt. Der erste Eintrag berichtet aus der Zeit um 1080 über Schenkungen Konrads von Beutelsbach (der sich später von Württemberg nannte) an das Kloster Hirsau. Sie umfassen zusammen 34 Bauernhöfe, einen großen Herrenhof, zwei Mühlen und einen Weinberg – ein Hinweis auf den Reichtum des Schenkers und auf seine Freigebigkeit gegenüber dem Kloster. Der zweite Eintrag bezieht sich auf die Wahl Brunos von Beutelsbach zum Abt im Jahre 1105. Die Wahl sei deshalb erfolgt, weil Brunos Bruder (es war Konrad von Württemberg) ein Helfer des Klosters sei und es gegen Ansprüche des Bischofs von Speyer schützen könne. Er sei »ein mächtiger Mann unter den Schwaben«.

Der hier abgebildete Eulenturm des Klosters Hirsau ist der wichtigste bauliche Überrest des Klosters. Er ist einer der beiden Westtürme der Klosterkirche St. Peter und Paul und wurde etwa in der Zeit, in der Bruno von Beutelsbach Abt des Klosters war (1105–1120), erbaut.

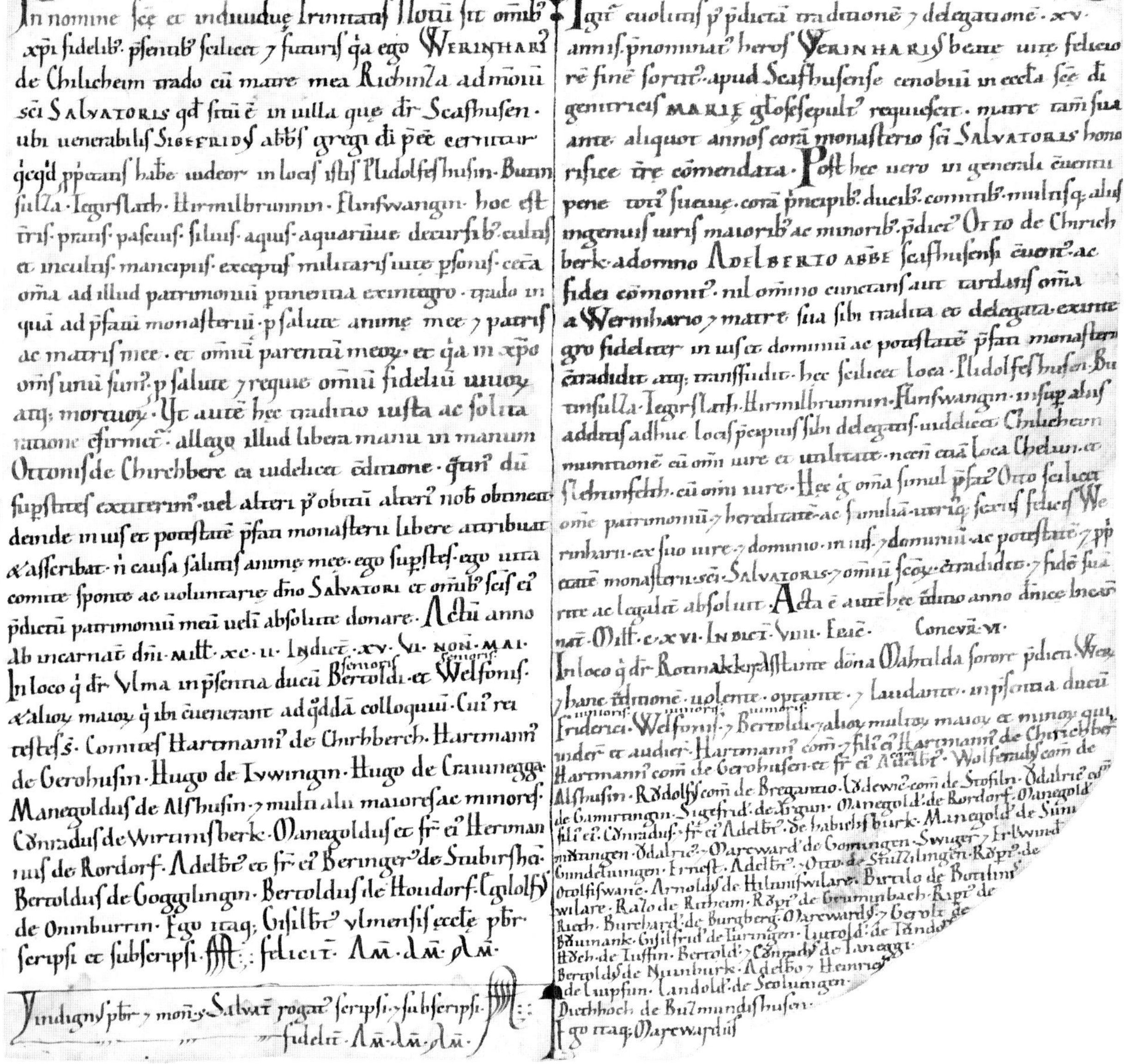

Erste Nennung eines Herrn von Württemberg in einer datierten Urkunde. Konrad von Württemberg ist am 2. Mai 1092 in Ulm unter Zeugen einer Güterschenkung des Werner von Kirchen für das Kloster Allerheiligen in Schaffhausen aufgeführt (7. Zeile von unten: Conradus de Wirtinisberk). Die Urkunde belegt, daß Konrad von Württemberg an dem großen schwäbischen Landtag in Ulm teilnahm, auf dem der Zähringer Berthold II. – gegen den Staufer Friedrich I. – zum Herzog von Schwaben gewählt wurde. Das vorliegende Schriftstück enthält auf der linken Spalte die 1116 geschriebene Abschrift der Urkunde von 1092 und auf der rechten Spalte eine Urkunde in derselben Angelegenheit von 1116.
Die etwa gleichzeitigen Erwähnungen Konrads von Württemberg in Hirsauer Quellen sind nur aus einem späteren Kopialbuch bekannt und nicht genau datiert (siehe S. 32).

Ältestes bekanntes württembergisches Wappen: 3 Türme auf einem Dreiberg. Es ist das alte Wappen der Grafen von Kirchberg, das Graf Hartmann von Württemberg (1194–1239) als Erbe einer Kirchberger Linie übernahm. Die Wappenübernahme zeigt, wie wichtig der Kirchberger Erbbesitz in Oberschwaben und an der Iller für die Württemberger war. Das Siegel hängt an einer Urkunde von 1209 und trägt in der Umschrift noch den Namen Graf Hartmanns von Kirchberg, des um 1198 gestorbenen Großvaters von Hartmann von Württemberg.

Ältestes württembergisches Siegel mit den 3 Hirschstangen. Es hängt an einer Urkunde des Grafen Konrad von Württemberg-Grüningen, die er 1228 auf dem Kreuzzug in Akkon für den Deutschen Orden ausgestellt hat. Mit den 3 übereinanderliegenden Hirschstangen übernahmen die Württemberger das Wappen der Grafen von Veringen. Dies ist ein Zeichen, wie reich die Besitzungen der einen Veringer Linie in Oberschwaben und an der Donau waren, die über die Mutter Konrads an das Haus Württemberg kamen. Das Erbe wurde von den Veringer Verwandten angefochten, und so sollte die Übernahme des Veringer Wappens wohl den Anspruch der Württemberger dokumentieren. Die 3 Hirschstangen blieben für immer das Wappenbild der Württemberger.

Grabplatte des Grafen Hartmann von Württemberg-Grüningen in der Stadtkirche von Markgröningen (1280). Sie ist das älteste erhaltene Grabmal eines Württembergers. Graf Hartmann, Begründer der Linie Württemberg-Grüningen-Landau, erhielt 1252 die ehemals staufische Stadt und Burg Markgröningen als Reichslehen. Er versuchte, Markgröningen zu einem Zentrum seiner Herrschaft im mittleren Neckarraum auszubauen und begründete mit diesem Besitz seinen Anspruch auf das Amt des Reichsbannerträgers. Er förderte die Stadt und ließ die Stadtkirche erbauen. Am Ende seines Lebens verlangte jedoch König Rudolf die Stadt für das Reich zurück und ließ sie Hartmann mit militärischer Gewalt wegnehmen. Dennoch fand Hartmann in dieser seiner Lieblingsstadt sein Begräbnis. Der Grabstein zeigt das württembergische Wappen mit einem Korb (Köcher) voller Straußenfedern – vermutlich die ältere württembergische Helmzier, die von der Linie Grüningen-Landau übernommen wurde.

Der württembergische Wappenstein in der Kirche von Beutelsbach ist der einzige Grabstein, der aus der Zeit vor der Verlegung des Stiftes Beutelsbach mit der württembergischen Familiengrablege nach Stuttgart (um 1310–1320) erhalten blieb. Er ist beschädigt und ohne Inschrift überkommen und daher in seiner Deutung umstritten. Auffallend ist die erstmalige Verwendung eines Hornes als Helmzier und unten ein kreuzförmiges Ornament mit heraldischen Lilien. Hansmartin Decker-Hauff deutete das Horn (mit Federn) als Übernahme aus dem lothringischen Wappen, die Lilien als Zeichen des Königshauses Navarra. Er hält daher den Stein für einen Teil des Grabes von Margarethe von Lothringen, Gemahlin Graf Eberhards des Erlauchten, Enkelin des Hauses Navarra, gestorben um 1295.
Der Wappenstein erinnert an die frühwürttembergische Grablege in Beutelsbach und mittelbar an den für das 11. Jahrhundert nachgewiesenen alten württembergischen Herrensitz in Beutelsbach.

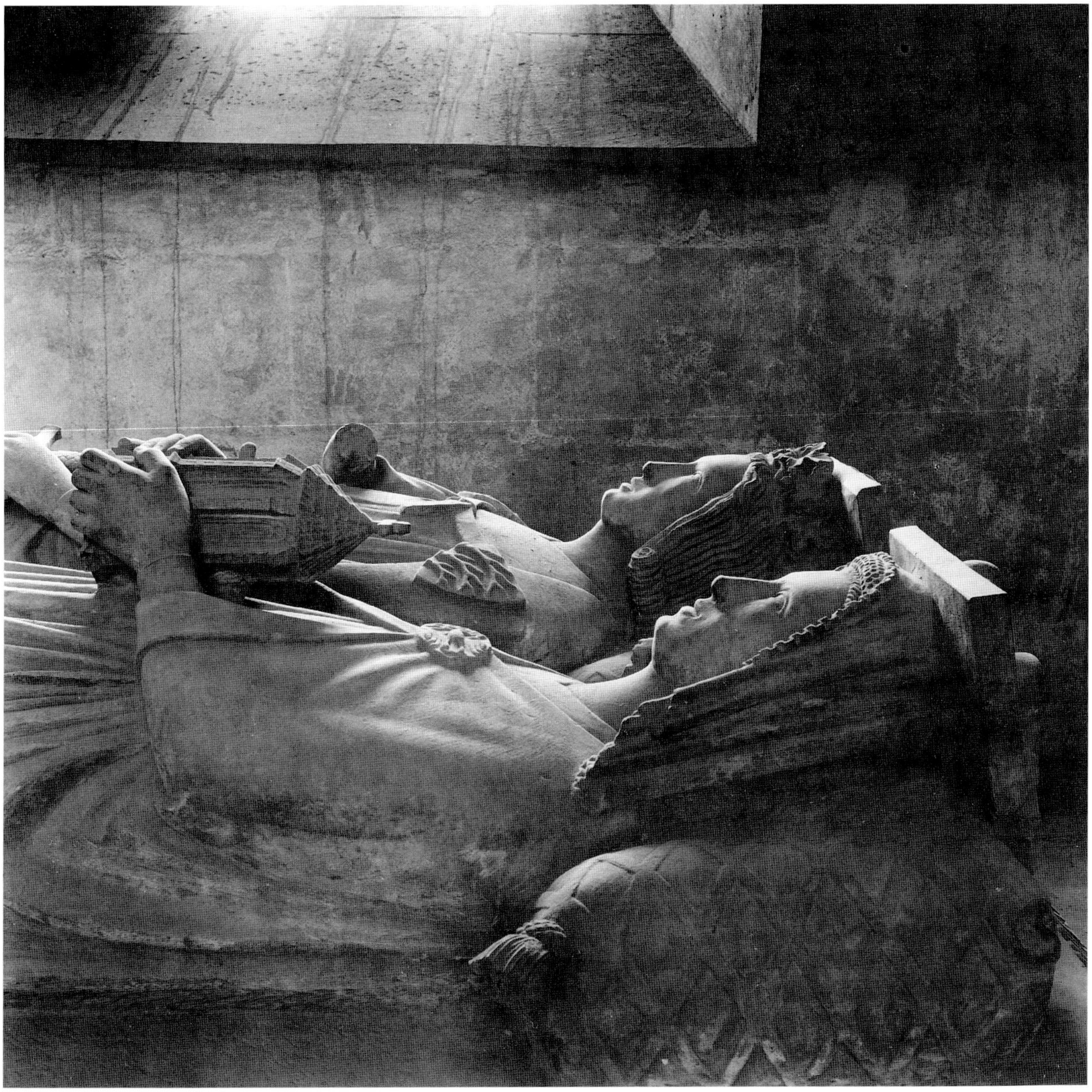

Grabmal Graf Ulrich des Stifters und seiner zweiten Gemahlin Agnes, Tochter des Herzogs von Schlesien-Liegnitz, in der Stiftskirche von Stuttgart. Künstlerisch bedeutendes, frühestes figürliches Grabmal in Altwürttemberg. Das Ehepaar, das im Jahr 1265 kurz hintereinander starb, ist jugendlich idealisiert dargestellt. Ulrich trägt oben am Mantel das württembergische Wappen, Agnes den schlesischen Adler. Das Grabmal wurde vermutlich noch im 13. Jahrhundert für die Stiftskirche in Beutelsbach geschaffen und später, um 1310 bis 1320, mit anderen Gräbern in die Stuttgarter Stiftskirche überführt. Die bereits im 16. Jahrhundert beschädigten Figuren, denen die Hände fehlten, wurden später wieder ergänzt.

Reitersiegel Graf Eberhards des Erlauchten (1279–1325). Im Bild ist der Graf als Ritter mit erhobenem Schwert dargestellt. Auf dem Schild und auf der Pferdedecke das württembergische Wappen mit den drei Hirschstangen. Auf dem Helm noch die alte Helmzier: ein Köcher mit Pfauenfedern. Das Adlerwappen hinten über dem Pferd deutet wohl auf das Amt des königlichen Landvogts hin, das Eberhard zeitweise ausübte.
Umschrift: S (=Sigillum) · EBERHARDI · COMITIS · DE · WIRTENBERG

Reitersiegel Graf Eberhards des Greiners (1344–1392). Das Reiterbild wird vom 13. zum 14. Jahrhundert immer bewegter, schwungvoller und eleganter. Das Siegel Eberhard des Greiners zeigt dasselbe Bild wie das Ulrichs III., übertrifft es aber an künstlerischer Qualität.
Umschrift: S · EBERHARDI · COMITIS · DE · WIRTENBERG

Reitersiegel Graf Ulrichs III. (1325–1344). Der Graf als Ritter mit erhobenem Schwert auf einem (heraldisch) nach links galoppierenden Pferd. Im Schild, auf dem Mantel und auf der Pferdedecke das württembergische Wappen. Auf dem Helm und über dem Pferdekopf die neue Helmzier: ein Horn.
Umschrift: S · VLRICI · COMITIS · DE · WIRTENBERG

Reitersiegel der Markgräfin Irmgard von Baden, 1259. Die Markgräfin war die Schwiegermutter Graf Ulrichs I. von Württemberg, Gemahlin des Markgrafen Hermann V. von Baden, Tochter des Welfen Pfalzgraf Heinrich und Enkelin Herzogs Heinrichs des Löwen. Die hohe Herkunft ist wohl der Grund dafür, daß sie als Frau ein Reitersiegel führte, wofür es nicht viele weitere Beispiele gibt. Über ihre Tochter Mathilde kam die Stadt Stuttgart als Erbe an Graf Ulrich von Württemberg.
Die Reiterin sitzt in langem Gewand im Damensitz auf einem Pferd (oder Maultier) und trägt auf der linken Hand einen Falken. Ähnliche Darstellungen zeigen auch andere Reitersiegel von Fürstinnen.
Umschrift: IRMINGARDIS MARCHION (ISSE DE) BADIN

Die Hirschstangen-Wappen der Grafen von Veringen, Nellenburg, Landau und Württemberg in der Züricher Wappenrolle (um 1340). Die Wappen dieser vier verwandten Familien, die alle das ursprünglich Veringen'sche Wappen übernahmen, unterscheiden sich durch die Farben und die Helmzier:

VERINGEN: rote Hirschstangen, als Helmzier ein Geweih

NELLENBURG: blaue Hirschstangen, als Helmzier ein Strauß Pfauenfedern

LANDAU: schwarze Hirschstangen, als Helmzier ein Korb mit Federn

WÜRTTEMBERG: schwarze Hirschstangen, als Helmzier ein rotes Horn

Graf Eberhard der Erlauchte (1279–1325) veranlaßte vor 1321 die Verlegung des Stiftes Beutelsbach nach Stuttgart und den Neubau des großräumigen Chores der nunmehrigen Stiftskirche.

Ebenfalls auf Graf Eberhard den Erlauchten geht der Dürnitzbau des Alten Schlosses in Stuttgart zurück. Freilich nur in seinen unteren Teilen und ohne die im 16. Jahrhundert hinzugefügten flankierenden Rundtürme, die heute das Erscheinungsbild des Schlosses von Süden prägen.

In der Chorverglasung der Kirche von Tiefenbronn, die um 1370 von Markgraf Rudolf VI. von Baden und Graf Eberhard dem Greiner (1314–1392), gemeinsam gestiftet wurde, findet sich ein Bild des Greiners, das freilich trotz seiner individuellen Züge nicht als Porträt mißverstanden werden darf.

Burg Zavelstein im Schwarzwald. Hierher floh Graf Eberhard der Greiner mit seiner Familie, als er im Frühjahr 1367 während eines Badeaufenthalts in Wildbad beinahe überfallen worden wäre. Ein Bauer soll ihm den Weg gezeigt haben. Das Ereignis ist durch Uhlands Ballade »Der Überfall im Wildbad« bekannt geworden. Der versuchte Gewaltstreich hatte eine jahrelange Fehde Eberhards mit den Grafen von Eberstein, dem »gleißenden« Wolf von Wunnenstein und anderen Adligen zur Folge.
Zu jener Zeit stand bereits der buckelquader-bewehrte Turm, der aus der ersten Hälfte des 13. Jahrhunderts stammt. Der Giebel gehört zu einem Bau, der erst um 1620 bis 1630 von Heinrich Schickhardt erbaut wurde.

Nach dem Überfall des Grafen Wolf von Eberstein und seines Anhangs auf Graf Eberhard den Greiner in Wildbad ließ dieser das Städtchen neu aufbauen und mit einer Stadtmauer umgeben.

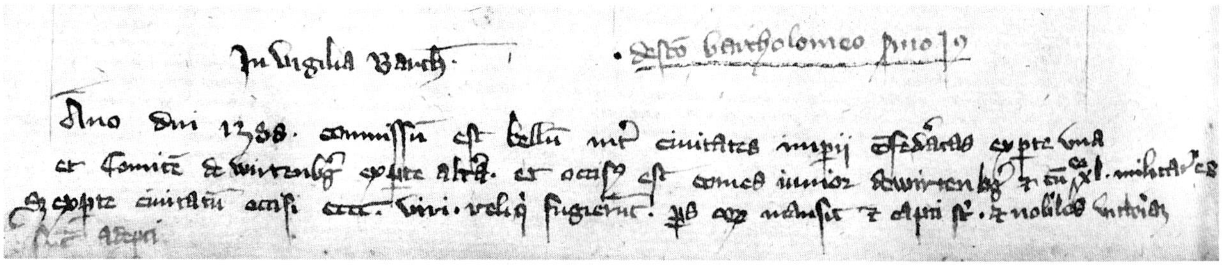

Kampf zwischen Fürsten und Reichsstädten um die Vormacht in Südwestdeutschland. Zeitgenössische Aufzeichnung über die Schlacht bei Döffingen von 1388:

In vigilia Bartholomei anno domini 1388 commissium est bellum inter civitates imperii confederatas ex parte una et comitem de Wirtenberg ex parte altera, et occisus est comes iunior de Wirtenberg et cum eo XL militares. Sed ex parte civitatum occisi CCCC viri, reliqui fugierunt, pars eorum mansit et capti sunt, et nobiles victoriam sunt adepti.

Deutsch: „Am Tag vor Bartholomäus im Jahre 1388 wurde eine Schlacht zwischen den verbündeten Städten des Reiches und dem Grafen von Württemberg geschlagen. Der jüngere Graf von Württemberg und mit ihm 40 Ritter wurden getötet. Aber auf seiten der Städte fielen 400 Männer, die anderen flohen, ein Teil blieb und wurde gefangen. Die Adligen erfochten den Sieg."

An dieser blutigen Schlacht nahmen auf beiden Seiten mehrere tausend Kämpfende teil – Ritter, Söldner und aufgebotene Bauern. Auf beiden Seiten sollen mehrere hundert gefallen sein.

Die Schlacht bei Döffingen wurde mitentscheidend für den endgültigen Erfolg der Fürsten im Hegemonialkampf mit den mächtigen Reichsstädten.

Gefallen in der Schlacht bei Döffingen 1388: Grabmal des Weilderstädter Bürgers Anshelm Reinhart in der Kreuzkapelle in Weil der Stadt (früher an der Außenwand der Pfarrkirche).

Umschrift: Anno domini MCCCLXXXVIII an sant Bartholomeus abent ist Anshelm Renhart in den streit vor Toeffingen erschlagen worden.

Weil der Stadt, 1682. Unter der Schlacht bei Döffingen zwischen den Reichsstädten und Graf Eberhard von Württemberg im Jahre 1388 litt die nahegelegene Reichsstadt Weil der Stadt besonders schwer: 60 Bürger fielen, wieviele verwundet und gefangen wurden, ist nicht bekannt.
Die Ansicht Andreas Kiesers von 1682 zeigt die Stadt von Nordosten aus etwa so, wie sie auch im Mittelalter ausgesehen hat. Große Teile der Stadtmauer mit den Türmen sowie die Stadtkirche St. Peter und Paul sind bis heute erhalten.

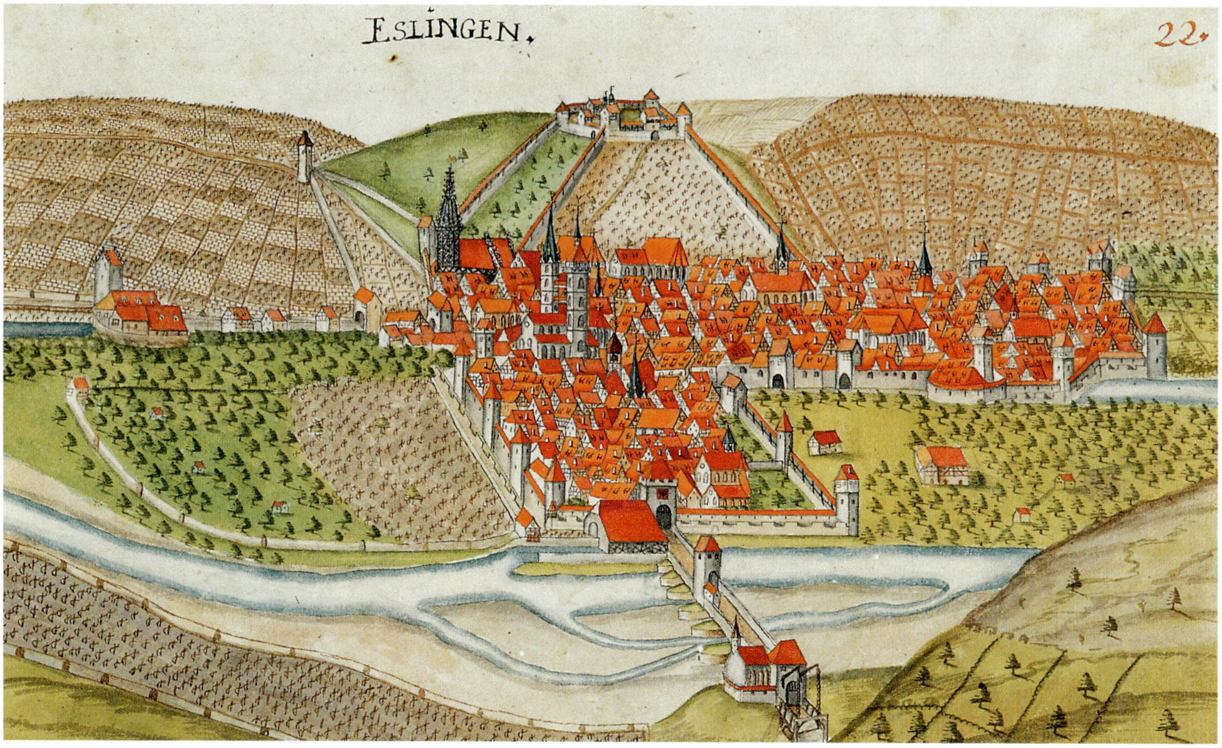

Die Reichsstadt Esslingen, wie sie Andreas Kieser am Ende des 17. Jahrhunderts sah. Unmittelbar vor den Toren von Stuttgart gelegen, war ihr Verhältnis zu Württemberg zumeist gespannt, und im Reichskrieg 1311 waren es die Esslinger, die das Stift Beutelsbach und die Burg Württemberg eroberten.

Die Reichsstadt Schwäbisch Gmünd, hier in einer Ansicht von Balthasar Rieger aus dem Jahre 1572, sperrte mit ihrem Gebiet das Remstal nach Osten ab und gehörte deshalb zumeist ebenfalls zu den Gegnern der Württemberger. ▶

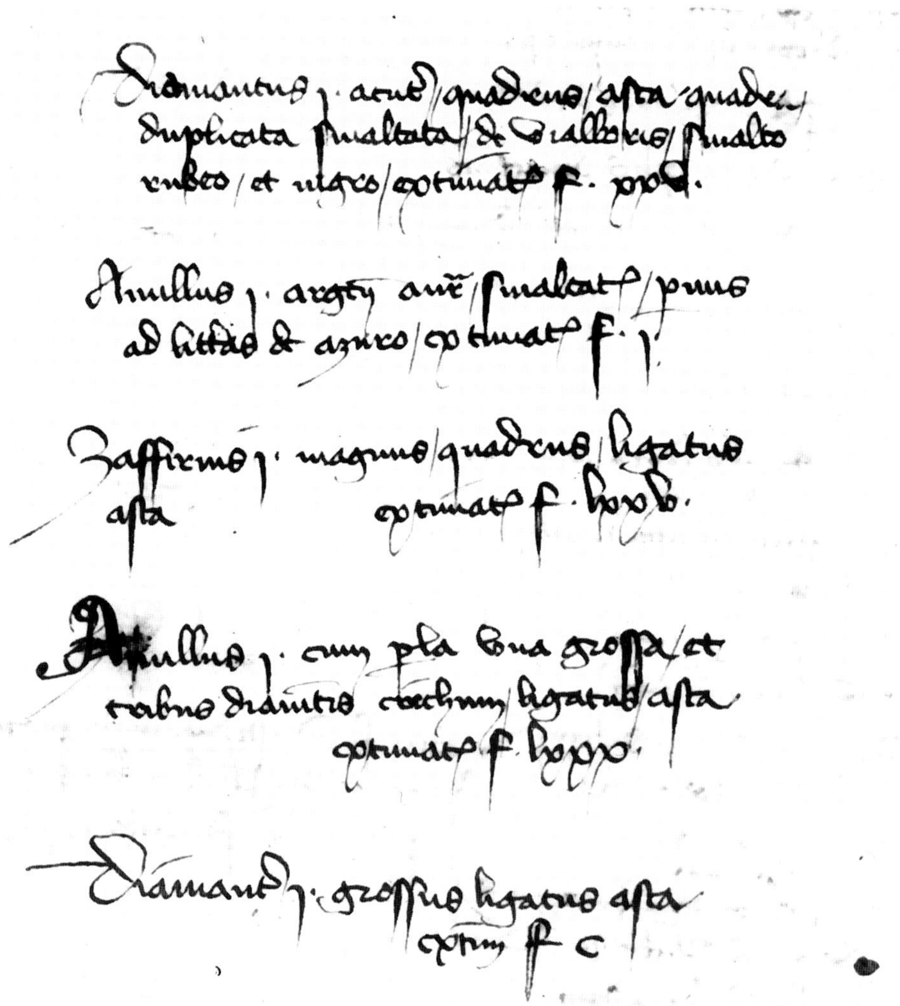

Aus dem »Buch der Kostbarkeiten« *(liber iocalium)* der Antonia Visconti von Mailand, Gemahlin Eberhards III. des Milden, von 1380. Vater der Antonia war Barnabo Visconti, der Beherrscher von Mailand, Brescia, Cremona, Bergamo, Parma, Lodi, Reggio und der zugehörigen Landschaften. Antonia brachte eine fürstliche Aussteuer im Wert von 70 000 Gulden mit in die Ehe, darunter viele Kleinodien, die den Glanz des Stuttgarter Hofes heller strahlen ließen. Im *liber iocalium* sind sie einzeln aufgelistet, z. T. mit Wertangaben.

Auf dem abgebildeten Blatt 5 sind aufgeführt:
- ein spitzeckiger Diamant in einer Fassung im Wert von 25 Goldgulden
- ein silberner, vergoldeter Siegelring zu einem Gulden
- ein großer, eckiger, gefaßter Saphir zu 25 Gulden
- ein Ring mit einer großen Perle und drei Diamanten zu 80 Gulden
- ein großer gefaßter Diamant zu 100 Gulden.

Eine so genaue Auflistung von Wertsachen ist für das 14. Jahrhundert eine Seltenheit. Das Aussteuerverzeichnis der Antonia ist ein kulturgeschichtliches Dokument von einmaligem Wert.

Die Darstellung einer »Ratssitzung« des Grafen Eberhard III. des Milden (1392–1417) zeigt den Grafen inmitten von geistlichen und weltlichen Fürsten, Grafen, Herren und Dienstleuten. Nur in Kopien des 16. Jahrhunderts erhalten, diente das Original, das nach Ausweis der Trachten um die Mitte des 15. Jahrhunderts entstanden ist, sicher dazu, die herausgehobene Stellung der württembergischen Grafen in Schwaben zu veranschaulichen und sollte möglicherweise die Landsässigkeit der Ritterschaft »beweisen«.

Das Schloß in Heimsheim, ein stattlicher Wohnturm, wurde zwar erst in den Jahren 1409–1416 von den Herren von Gemmingen erbaut. Trotzdem haftet am »Schleglerschloß« die Erinnerung an die Ereignisse von 1395, als sich hier »die drei Könige von Heimsheim« (von Stain und von Enzberg) dem Grafen Eberhard III. ergeben mußten.

Wappen aus der Handschrift »Wie Mümpelgart an die Herrschaft Wirtemberg khomen« (1474). Durch die von Graf Eberhard dem Milden eingeleitete Heirat seines Sohnes Eberhard IV. (1388–1419) mit Henriette, der ältesten Erbtochter des Grafen von Mömpelgard (Montbéliard), kamen eine Reihe burgundischer Besitzungen im französischen Sprachgebiet an Württemberg. Das Mömpelgarder Wappen (zwei goldene Fische oder Barben in rotem Feld) wurde später mit dem württembergischen Wappen (den Hirschstangen) vereinigt. ▶

Die vermutlich vom Enkel Eberhards IV., Eberhard im Bart, in Auftrag gegebene Handschrift zeigt oben die Wappen seiner Eltern und darunter die der Familien der Mütter und Großmütter jedes Elternteils. Links an zweiter Stelle das Wappen der Grafschaft Mömpelgard:

Links 1: Graf Ludwig I. von Württemberg (1412–1450)
2: Dessen Mutter: Gräfin Henriette von Mömpelgard (1391–1444)
3: Die väterliche Großmutter: Antonia Visconti von Mailand († 1405)
4: Die mütterliche Großmutter: Gräfin Maria von Chatillon († 1393)

Rechts 1: Pfalzgräfin Mechthild (1419–1482)
2: Deren Mutter: Gräfin Mechthild von Savoyen († 1438)
3: Die väterliche Großmutter: Burggräfin Elisabeth von Nürnberg († 1409)
4: Die mütterliche Großmutter: Gräfin Katharina von Genf

Die Übersicht zeigt den hohen Anteil fürstlicher Häuser an den Vorfahren (Visconti von Mailand, Pfalzgrafen am Rhein, Savoyen und Burggrafen von Nürnberg) und die häufigen Verbindungen mit Familien des romanischen Kulturbereichs.

10.

zů Nuwenburg habent Jren tail uerkofft dem her
ren uō Saffoy · aber darnach der uorgenant fürst
uon Doringes haut denn kouff widerumb an sich
gezogen vnd koufft Jn namen siner Husfrowen
frow Iohanne ꝛc

Grabmal von Graf Ludwig I. (1426–1450) und seiner Gemahlin Mechthild von der Pfalz (1419–1482) in der Tübinger Stiftskirche.
1442 wurde die württembergische Grafschaft geteilt: den Uracher Landesteil erhielt Graf Ludwig, den Stuttgarter Teil sein Bruder Ulrich V. der Vielgeliebte (1433–1480).
Das Grabmal der Mechthild von Hans Multscher wurde 1554 von Güterstein nach Tübingen geschafft, dasjenige Ludwigs von Jakob Woller nach einem älteren Vorbild neu geschaffen.

Ein Wappenstein, den im Jahre 1776 der Uracher Schulmeister und Modist Carl Ernst Gottfried Kuhn abzeichnete, bezeugt, daß Ludwig und Mechthild im Jahre 1447 auf dem Hohenurach eine Kapelle zu Ehren Mariens gestiftet haben. Der Stein zeigt das ein Jahr zuvor eingeführte quadrierte Wappen von Württemberg und Mömpelgard (Montbéliard).

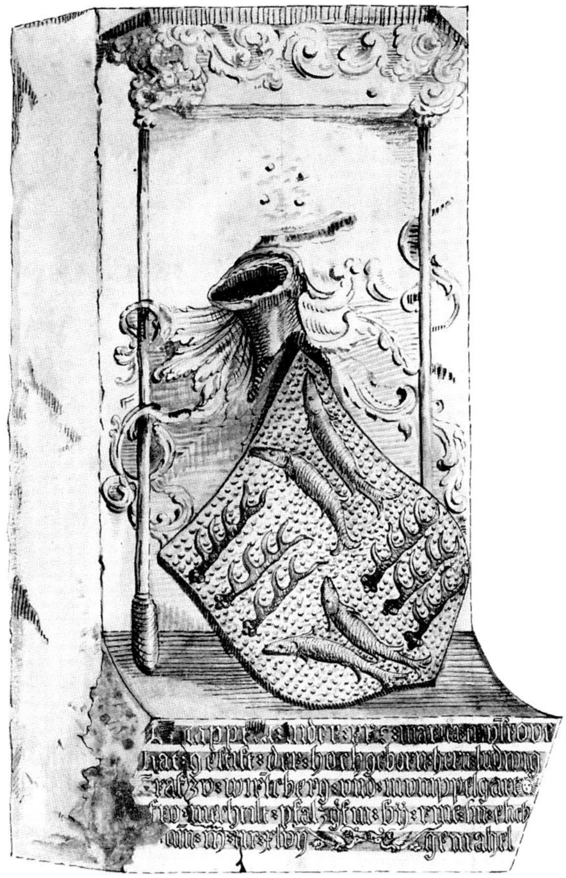

Derselbe »Modist« hat 1776 auch die damals noch sichtbaren Reste der Kartause Güterstein bei Urach neben dem Wasserfall und einen Schlußstein mit dem Meisterzeichen des Baumeisters Peter von Koblenz abgezeichnet. Die Kartause Güterstein war 1439 anstelle einer ursprünglich als Zisterzienserkloster gestifteten Propstei des Klosters Zwiefalten von den Grafen Ludwig und Ulrich gestiftet worden; seit 1442 befand sich dort die Grablege der Grafen des Uracher Landesteils.

Graf Ulrich V. der Vielgeliebte (1433–1480) war dreimal mit Frauen aus fürstlichen Häusern verheiratet: 1440 heiratete er Margarete von Cleve (1416–1444), 1445 Elisabeth von Bayern-Landshut (1419–1451) und 1453 Margarete von Savoyen (1426–1470), die Witwe des Kurfürsten Ludwig IV. von der Pfalz, über deren Erbe er in heftigen Konflikt mit der Pfalz geriet.

Wandbild in der Oberhofenkirche in Göppingen zur Erinnerung an die 1449 im Städtekrieg bei Esslingen gefallenen württembergischen Ritter und Knechte aus dem Heer des Grafen Ulrich des Vielgeliebten. Das um die Mitte des 15. Jahrhunderts entstandene Bild mit dem heiligen Georg und den vor der Madonna knieenden Gefallenen wurde 1617 renoviert und verändert.

An die Schlacht von Seckenheim, wo 1462 die verbündeten Heere des Markgrafen Karl von Baden, des Bischofs von Metz und des Grafen Ulrich V. von Württemberg von Kurfürst Friedrich I. von der Pfalz (1449–1476) in einen Hinterhalt gelockt, geschlagen und die drei Fürsten gefangengenommen wurden, erinnerte bis ins 18. Jahrhundert ein Kreuz, das in der Nähe des Bahnhofs Mannheim-Friedrichsfeld Nord stand.

Zu den Bauten, die Graf Ulrich der Vielgeliebte in Stuttgart errichten ließ, gehörte das um 1450 erbaute Herrenhaus, ein großer Fachwerkbau auf dem Marktplatz, in dem sich unten Verkaufsbuden, oben die Räume des Gerichtes befanden. Es wurde 1820 abgebrochen.

Neben dem Erker stand die überlebensgroße Steinfigur des Grafen Ulrich, die im 18. Jahrhundert abgenommen und im Zweiten Weltkrieg zerstört wurde.

Marbach scheint Ulrich V. besonders geliebt zu haben. Im dortigen Schloß ließ er 1467 ein Schlafgemach einrichten und die Wände mit Malereien schmücken, die gleichermaßen seine Frömmigkeit wie seine Freude an der Jagd bezeugen. Simon Studion hat sie 1597 abgezeichnet.

Die Alexanderkirche in Marbach, eine der für Altwürttemberg charakteristischen Staffelhallen, entstand in der Regierungszeit Ulrich des Vielgeliebten zwischen 1450 und 1481. In der langen und wechselhaften Baugeschichte spiegeln sich die politischen Ereignisse, die nach der Niederlage Ulrichs gegen die Pfalz dazu führten, daß Marbach pfälzisches Lehen wurde.

Das Südportal der Stuttgarter Stiftskirche, das Aposteltor, war bis zu seiner Zerstörung 1944 das architektonische Schmuckstück der Kirche. Es wurde 1445 vom gräflichen Baumeister Hänslin Jörg gestiftet, später von seinem Sohn Aberlin Jörg (um 1420–um 1494) erweitert und 1494 durch Hinzufügen der Figuren Christi und der 12 Apostel fertiggestellt. ▶

1471 ließ Graf Ulrich V. den Grundstein für die Liebfrauenkirche, die heutige Hospitalkirche, legen und 1473 daneben ein Dominikanerkloster bauen. Bis zur Zerstörung der Kirche im Zweiten Weltkrieg (1944) waren vom Kreuzgang zwei Flügel erhalten geblieben.

Die Ansicht Stuttgarts von Matthäus Merian 1643 läßt deutlich die regelmäßige Stadterweiterung nördlich der Altstadt erkennen, die »reiche Vorstadt« mit dem Dominikanerkloster. Sie wurde um die Mitte des 15. Jahrhunderts unter Ulrich V. angelegt.

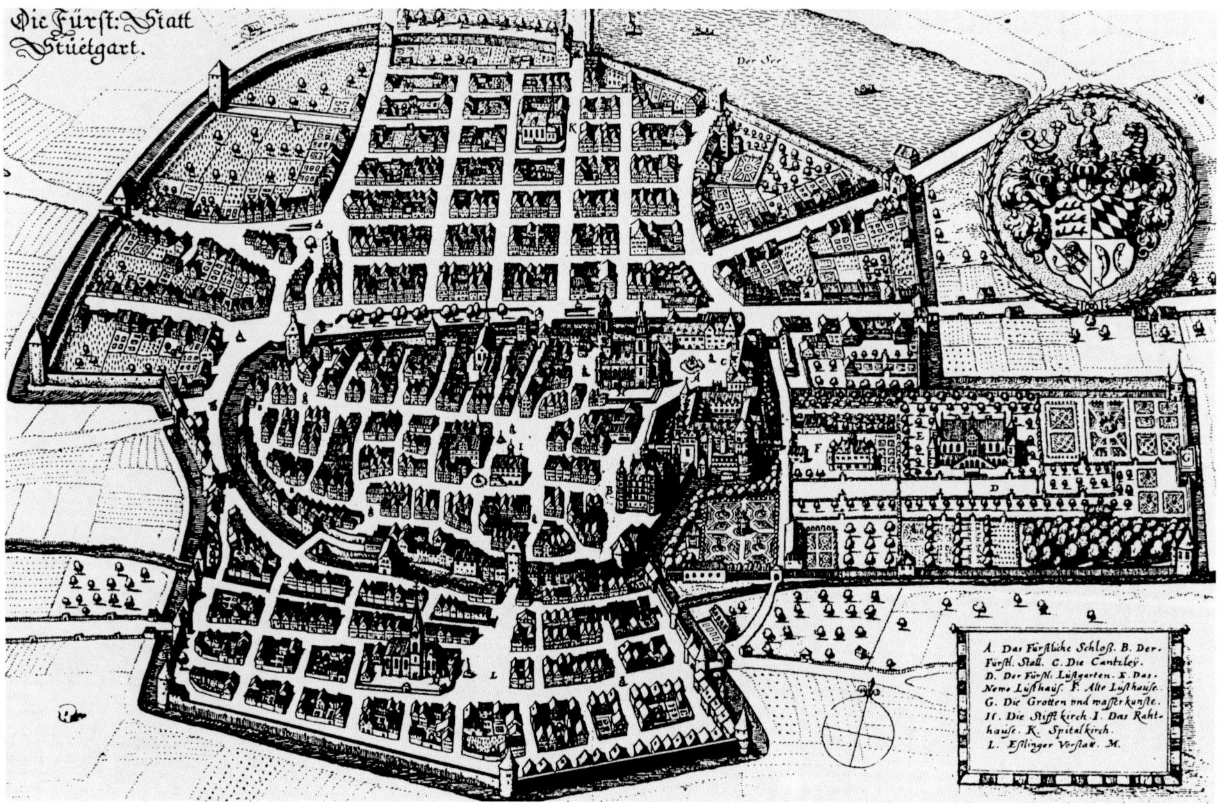

Die Tübinger Stiftskirche, die Graf Eberhard im Bart (1459–1496) ab 1470 neu erbauen ließ, erhielt 1477/79 gemalte Fenster aus der Straßburger Werkstatt des Peter Hemmel von Andlau. Darauf findet sich auch das – bartlose! – Idealbildnis des vor dem hl. Georg knieenden jugendlichen Grafen und seiner Frau Barbara Gonzaga von Mantua (1455–1503), deren Kopf freilich eine Ergänzung von 1847 ist.

In dem anmutigen Mädchenkopf im Hintergrund des berühmten Wandbildes von Andrea Mantegna in der Camera dei sposi des Schlosses von Mantua (datiert 1474) glaubt man ein Porträt der Barbara Gonzaga erkennen zu dürfen, die in demselben Jahr den Grafen Eberhard von Württemberg heiratete. Im Vordergrund sind ihre Eltern, Lodovico Gonzaga (1442–1478) und seine Gemahlin Barbara von Brandenburg (1422–1481) dargestellt.

Mechthild von der Pfalz (1419–1485), Mutter Graf Eberhards im Bart, und ihr zweiter Gatte, Erzherzog Albrecht VI. von Österreich, Bruder Kaiser Friedrichs III., mit dem sie seit 1452 vermählt war.
Nach dem Tode Albrechts widmete sie sich in Rottenburg, der Hauptstadt der ihr überschriebenen Herrschaft Hohenberg, ganz der Förderung von Kunst und Kultur. Zeit ihres Lebens hatte sie maßgeblichen Einfluß auf Eberhard, so auch bei der Gründung der Universität Tübingen.

Betstuhl des Grafen Eberhard im Bart in der Amanduskirche in Urach, datiert 1472.

Bald nach seiner Herzogserhebung gab Eberhard offenbar das reich mit Miniaturen geschmückte Gebetbuch in Auftrag, das nach seinem frühen Tod unvollendet liegenblieb. Ahnenproben, Wappen und Abzeichen weisen auf die vornehme Abkunft und den hohen Rang des Auftraggebers hin. ▶

Das Fragment eines spätmittelalterlichen Tafelbildes (um 1490) erinnert an die Wiederherstellung des Klosters Hirsau durch den Grafen Adalbert II. von Calw im Jahre 1075 und zeigt die Klosterkirche St. Aurelius, die samt den Nebengebäuden offenbar wirklichkeitsgetreu wiedergegeben ist.
Die Tafel bezeugt Kultur und Geschichtsbewußtsein des Klosters vor der Reformation.

Die Tafel des Bernharduswunders zeigt den heiligen Bernhard von Clairvaux, der vom Gekreuzigten umarmt wird. Im Vordergrund ist Abt Bernhard Rockenbuch und im Hintergrund das Zisterzienserkloster Bebenhausen dargestellt.
Mit beiden Klöstern, über die Württemberg die Vogtei ausübte, waren Eberhard und seine Mutter Mechthild vielfältig verbunden .

1447 hatte Graf Ludwig von Württemberg die Stadt Blaubeuren und die Vogtei über das Kloster erworben. Sein Sohn Eberhard war mit dem Kloster und seinem Abt Heinrich Fabri († 1461) besonders eng verbunden und nahm am Neubau und an der Ausstattung des Chors der Klosterkirche regen Anteil. Auf den Flügeln des in der Ulmer Werkstatt des Michel Erhart 1493/94 entstandenen Hochaltars ist deshalb oben sein und des Abtes Bildnis angebracht.

Das um 1616 entstandene Blatt aus einem fürstlichen Stammbuch zeigt Tübingen von der Neckarseite. Deutlich ist neben der Stiftskirche die Alte Aula zu erkennen und weiter unten die Bursa, die heute noch vorhandene Gemeinschaftsunterkunft der Studenten aus der Gründungszeit der Universität.

Das Katharinenszepter der Philosophischen Fakultät der Universität Tübingen. Bereits die ältesten Statuten von 1477 erwähnen Szepter als Hoheitszeichen der Universität. Das hier abgebildete Szepter wurde nach seinem Schmuck, einer Halbfigur der Heiligen Katharina, benannt. Sie war im Mittelalter die Schutzheilige der Wissenschaften überhaupt und wurde daher an vielen Universitäten zur Patronin der Facultas artium gewählt. Ihre Attribute sind das zerbrochene Rad und das Schwert; als Königstochter trägt sie eine Krone. ▶

Die beiden Habsburger, mit denen sich Graf Eberhard vor allem auseinanderzusetzen hatte: der eher zögerliche Kaiser Friedrich III. (1440–1493) und sein dem Grafen sehr gewogener Sohn Maximilian (1493–1519), hier »verkleidet« als heilige Könige aus einer Anbetungsszene auf einer Altartafel um 1500.

Der Münsinger Vertrag vom 14. Dezember 1482 regelte die Wiedervereinigung der schwäbischen Besitzungen des Hauses Württemberg. Die Bewahrung dieser Einheit wurde eine Maxime der Politik Graf Eberhards im Bart.

Der Holzschnitt von Hans Burgkmaier aus dem 1493 in Augsburg gedruckten »Buch der Lehensrecht« stellt zwar nicht die Erhebung des Grafen Eberhard zum Herzog dar, zeigt aber am Beispiel eines Grafen von Württemberg, wie man sich eine solche Standeserhöhung oder Belehnung durch den Kaiser etwa vorzustellen hat.

Auf dem Einsiedel im Schönbuch bei Tübingen hatte Eberhard 1482 ein kleines turmartiges Schloß bei dem von seiner Pilgerreise mitgebrachten Weißdorn erbaut. Zehn Jahre später gründete er dort oben das Stift St. Peter, in dem er auch begraben werden wollte.

Die Landesordnung des Herzogs Eberhard von 1495 sah die Anlage von Getreidevorräten zur Verteilung an Arme bei Mißernten und Teuerung vor.
Einer der vier nur zu diesem Zweck erbauten, über das Land verteilten Getreidespeicher (»Fruchtkästen«) hat sich, wenn auch in veränderter Gestalt, in Markgröningen erhalten.

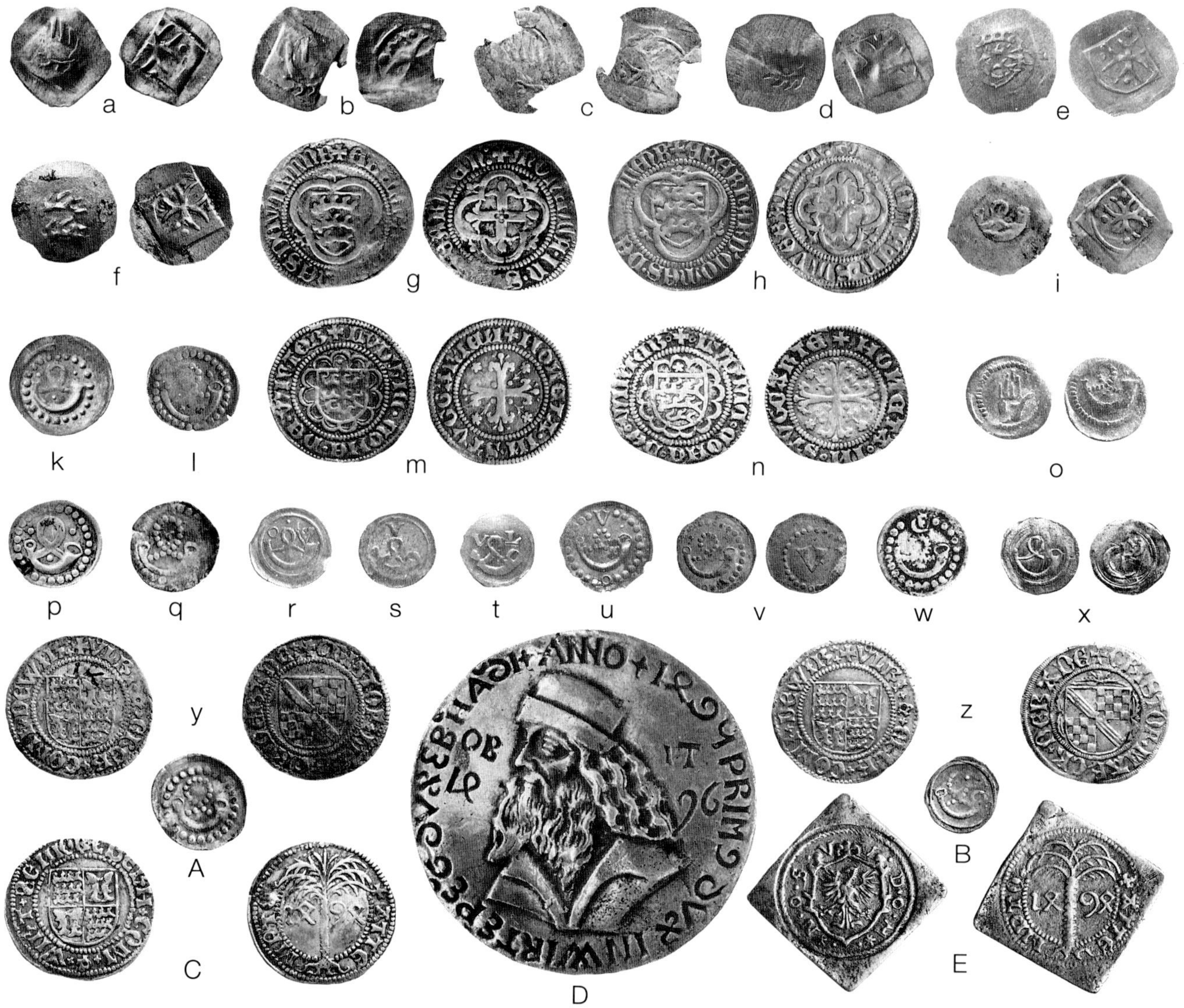

Münzen (und Medaillen) aus der Zeit der Grafschaft (1374–1494). Die württembergische Münzprägung beginnt mit dem Privileg von 1374. Auf die entsprechenden Heller (a–d) folgen 1396 die ersten Schillinge (g und h) sowie weitere Heller (e und f). Heller von 1404 (i) leiten zu den Prägungen des Riedlinger Münzvertrags von 1423 über, der für rund ein halbes Jahrhundert in Kraft blieb. Außer Schillingen (m und n) sowie Hellern (o) werden nun auch Pfennige geprägt (k und l). Bei Pfennigen und Hellern vorwiegend aus der zweiten Hälfte des 15. Jahrhunderts, die zum Teil Initialen tragen (p–x), ist die Zuweisung an bestimmte Regenten schwierig. Wieder alle drei Nominale werden 1478/1480 gemäß dem mit Baden abgeschlossenen Münzvertrag geprägt (y–B). Die letzten Münzen der Grafschaft sind die Palmbaumschillinge von Eberhard im Bart mit der Jahreszahl 1494 (C). Eine auf diese Schillinge zurückgreifende Klippe (E) und eine postume Medaille Eberhards im Bart (D) sind vermutlich erst einige Zeit später entstanden. – Alle Münzen (und Medaillen) sind in Originalgröße abgebildet.

Die Universität Tübingen ehrte ihren Stifter Graf Eberhard nach seinem Tode mit einer prachtvollen Gedächtnistafel, auf der die herzoglichen Wappen und Fahnen, der Orden vom Goldenen Vlies, das Emblem des Herzogs (der Palmbaum) und seine Devise (»Attempto« – ich wag's) abgebildet sind.

Die frühe Neuzeit bis zum Dreißigjährigen Krieg

Hans-Martin Maurer

Herzog Ulrich – umstrittener Renaissancefürst in Kriegen und Krisen

Der glanzvollen Regierung Eberhards im Bart folgte ein unerfreuliches Zwischenspiel. Der Vetter und Nachfolger, Herzog Eberhard II., war, wie Eberhard vorausgesehen hatte, unfähig und auch gar nicht willens, eine geordnete Regierung zu leiten. Er pochte jedoch auf sein dynastisches Erbrecht und begann, mittels einiger Höflinge eine Willkürherrschaft auszuüben. Aber nun funktionierte das von Eberhard im Bart geschaffene Vertragssystem, auf Grund dessen ein Regimentsrat, bestehend aus Mitgliedern der drei Stände, tätig wurde, um die Macht des Landesherrn zu begrenzen. Er berief – gegen den Willen des Herzogs – einen Landtag ein, und dieser erließ auf zahlreiche Beschwerden hin eine »Regimentsordnung«, um eine ordentliche Landesverwaltung sicherzustellen. Eberhard II. weigerte sich, dem Landtag gegenüberzutreten. Er verließ Stuttgart, wenig später auch das Herzogtum, und wandte sich an König Maximilian mit dem Begehren, den Regimentsrat abzusetzen.

Nun aber überstürzten sich die Ereignisse: Am 10. April 1498 kündigten die Regimentsräte, obersten Landesbeamten, die Abgeordneten der Städte und zahlreiche Amtsinhaber beim Hof und in der Verwaltung geschlossen dem Herzog auf. Die Regierung ließ Burgen besetzen, und die Stände beschwerten sich ihrerseits beim König. Es war ein unerhörter Vorgang, ein Staatsstreich gegen den Landesherrn, ein Akt gegen das herrschende dynastische Prinzip. Die drei Stände des Landes – Adel, Prälaten und Städtevertreter – setzten, gemeinsam handelnd, den sich auf sein Geburtsrecht berufenden Fürsten kurzerhand ab – allerdings auf Grund einer Rechtslage, die der Vorgänger, Eberhard im Bart, bewußt geschaffen hatte. Die Revolte richtete sich nicht gegen das monarchische Prinzip an sich oder gegen die landesherrliche Familie, sondern gegen einen einzelnen willkürlichen, ungerechten Fürsten.

König Maximilian versuchte zunächst zu vermitteln, dann aber bestätigte er die Absetzung Eberhards und erklärte dessen elfjährigen Neffen Ulrich zum Nachfolger. Bis zur Volljährigkeit blieb der von Eberhard im Bart eingesetzte Regimentsrat im Amt, blieb Württemberg also unter einer ständischen Regierung, in der Vertreter des städtischen Bürgertums gewichtig mitredeten.

In jener Zeit kam es – auf Betreiben des habsburgischen Königs Maximilian – zum Krieg des Schwäbischen Bundes gegen die Schweiz (1499). Er endete mit einem Mißerfolg und hatte die endgültige Entfremdung der Schweizer von ihren nördlichen Nachbarn und die faktische Trennung der Schweiz vom Reich zur Folge.

Maximilian, der sich häufig in süddeutschen Reichsstädten aufhielt und dort auch dem jungen Ulrich begegnete, fand Gefallen an dem munteren, unbekümmerten, temperamentvollen Württemberger. Aber es waren sicher politische Absichten – nämlich den jungen Herzog enger an sich zu binden –, die ihn bewogen, Ulrich entgegen den württembergischen Verträgen bereits mit 16 Jahren für volljährig zu erklären. So übernahm Ulrich schon am 19. Juli 1503 die Regierung.

Die Regierungszeit Herzog Ulrichs umspannte fast ein halbes Jahrhundert, eine Zeit voll dramatischer Ereignisse, eine Phase einschneidender Veränderungen, und Ulrich selbst trug, gewollt und ungewollt, kräftig dazu bei. Das Bild seiner Persönlichkeit schillerte einst wie jetzt: Von den einen Zeitgenossen anerkannt, geachtet, geliebt, wurde er von anderen gefürchtet, abgelehnt und bekämpft. Unter Historikern ist er noch heute umstritten: Den einen war er ein schwieriger, kantiger, aber doch fähiger Renaissancefürst, den anderen ein Despot mit fast krankhaften Zügen. Er war umgänglich, leutselig, ein Liebhaber der Jagd, höfischer Unterhaltung und der Musik, andererseits aber eigenwillig, ungeduldig, zunehmend auch mißtrauisch und gewalttätig, wenig geneigt zu geduldigem Verhandeln, aber überaus zäh und beharrlich in seinen Zielen, auch in den Niederlagen, und so überstand er am Ende die schwierigsten Situationen.

Kaum ein Jahr nach dem Regierungsantritt brach der Bayerische Erbfolgekrieg, der sog. Landshuter Krieg, aus, der Streit der Münchner Wittelsbacher mit den Pfälzern um das Erbe der Landshuter Linie. Mit dem Münchener verbanden sich der König, der Schwäbische Bund, Hessen – und auch Ulrich von Württemberg. Ihre Übermacht wurden den Pfälzern zur Katastrophe. Ulrich fiel mit mehr als 20 000 Mann in pfälzisches Gebiet ein und konnte in wenigen Monaten all das, was sein Großvater Graf Ulrich 1462 verloren hatte, zurückerobern und weiteres dazugewinnen: die Vogtei über Maulbronn, die Ämter Weinsberg, Möckmühl und Neuenstadt, die Grafschaft Löwenstein und (als Pfand) die Stadt Besigheim. Im Osten erhielt er aus dem Landshuter Erbe das Amt Heidenheim mit den Klosterherrschaften Anhausen und Herbrechtingen. König Maximilian, der selbst große territoriale Gewinne erzielt hatte, bestätigte die Eroberungen, und Ulrich konnte sie für immer behalten. Mit dieser Landeserweiterung hatte Württemberg, wenn man die bevogteten Klöster dazunimmt, annähernd die Größe erreicht, die es bis zur napoleonischen Zeit hatte, etwa ein Viertel des heutigen Bundeslandes Baden-Württemberg mit einer Bevölkerungszahl von schätzungweise 250 000.

Durch den Erfolg bestärkt trat der junge Herzog entsprechend selbstbewußt auf. Auf den Reichstagen in Konstanz (1507) und Augsburg (1510) erschien er in aufsehenerregender Begleitung von 300 Reitern und von Sängern und Musikern. Um den Glanz seines Hofes zu erhöhen, richtete er vier »Erbhofämter« ein und besetzte sie mit Adligen seiner Gunst. Im März 1511 feierte er mit fast aufreizender Pracht in Anwesenheit von zehn Reichsfürsten, zwei Bischöfen und mehreren tausend Gästen seine Hochzeit mit Sabine, der Schwester des Herzogs von Bayern. Ulrich schien einer glänzenden Zukunft entgegenzugehen. Die Regierungsarbeit freilich überließ er weitgehend seinen Räten.

Ein Jahr später gab er eine erste Probe seiner politischen Eigenwilligkeit und seines Unabhängigkeitsdranges: Er schied gegen den Wunsch des Kaisers aus dem Schwäbischen Bund aus und schwächte damit diesen bewährten überterritorialen Zusammenschluß. Noch aber blieb das Verhältnis zu Maximilian gut: Ulrich beteiligte sich 1513 an einem Feldzug des Habsburgers in Burgund und soll sich als Reiterführer bei der Belagerung Dijons ausgezeichnet haben.

Seine Sorglosigkeit in Regierungsgeschäften und der hohe Aufwand des Hofes führten indessen in eine finanzielle Krise, die sich mit allgemeinen Krisenerscheinungen der beginnenden Neuzeit verband und, für Ulrich ganz unerwartet, einen allgemeinen Aufruhr entfachte. Der Versuch, eine Verbrauchssteuer auf Lebensmittel einzuführen – und das in einer Zeit von Mißernten und Teuerung und zudem mit fragwürdigen Methoden –, löste im Mai 1514 im Remstal Unruhen aus. Innerhalb weniger Wochen griff der »Arme Konrad«, wie man die Erhebung nannte, auf nahezu das ganze Land über: überall Zusammenrottungen, Diskussionen, Gehorsamsverweigerungen, Ausschaltung kommunaler Gewalten, Aufmärsche, Drohungen gegenüber Amtleuten, in einigen Fällen auch Besetzungen landesherrlicher Städte, selbst in Stuttgart schwere Unruhen – ein dramatisches Vorspiel des Bau-

ernkrieges. Der irritierte Herzog berief einen Landtag nach Tübingen ein, der ihn mit einem umfangreichen Beschwerdekatalog konfrontierte: wider die Verschwendung am Hofe, den Eigennutz der Berater Ulrichs, die Regierungsunlust des Herzogs selbst, zahlreiche Übergriffe von Amtleuten, Adligen und Hofdienern. Mit dem Herzog und seinen Beratern geriet der sich ausweitende Behördenapparat, ja der sich verdichtende frühneuzeitliche Staat überhaupt auf die Anklagebank.
Inzwischen schalteten sich Kaiser Maximilian und einige benachbarte Fürsten ein, indem sie Beauftragte nach Tübingen entsandten – zwei Bischöfe erschienen sogar persönlich –, um zwischen dem Landtag und dem Herzog zu vermitteln. Sie brachten in der Tat einen historischen Kompromiß zustande, den berühmt gewordenen »Tübinger Vertrag«: Die Landschaft übernahm die hohen Schulden des Herzogs, erhielt dafür aber für jene Zeit bemerkenswerte Freiheitsrechte vertraglich verbrieft: das Recht, Steuern zu bewilligen, die Mitsprache über Krieg und Frieden, das Zustimmungsrecht zur Abtretung von Landesteilen, Freizügigkeit für die Einwohner, Anspruch auf ordentliche Gerichtsverfahren bei Klage auf Körper- und Todesstrafe und schließlich die Abstellung einer Reihe von Mißständen. Der Tübinger Vertrag von 1514 wurde für fast 300 Jahre zu einer Art Grundgesetz für das Land, einer »Magna Charta«, auf die sich die Abgeordneten des Landtages gegen autoritäre Herrscher immer wieder berufen konnten.
Der Ausgleich zwischen Herzog und »Ehrbarkeit«, der führenden Bürgerschicht, war damit hergestellt – nicht aber mit der Landbevölkerung. Sie war auf dem Tübinger Landtag nicht vertreten gewesen, ihre Abgesandten waren vom Herzog nicht einmal angehört worden, und der Tübinger Vertrag enthielt drastische Strafandrohungen für künftigen Aufruhr. Von neuem flammte der Aufstand auf, und wieder wurde das Remstal zum Mittelpunkt revolutionärer Vorgänge. Nun aber verbündeten sich die Vertreter der »Ehrbarkeit« mit dem Herzog, der darauf die Empörung militärisch niederwarf und die Anführer hinrichten ließ.
In den folgenden Jahren entwickelte sich Ulrich zu einem unberechenbaren, skrupellosen, rechtliche Normen sprengenden Herrscher, Beispiel eines sich selbst zum Maße setzenden Renaissancefürsten. Und so beschwor er neue Krisen herauf. Als ihn ein adliger Hofdiener, Hans von Hutten, beleidigte, erschlug er ihn heimtückisch auf der Jagd (am 7. Mai 1515). Wenige Tage darauf verließ die Herzogin den gewalttätigen, unbeherrschten Ehemann und floh zu ihrem Bruder, Herzog Wilhelm von Bayern. Man rüstete gegenseitig. Nun aber entzog der Kaiser dem Herzog endgültig seine Huld: Er forderte ihn vor Gericht und beabsichtigte, ihn wenigstens für sechs Jahre der Regierung zu entsetzen. Ulrich wandte sich entrüstet an die breite Bevölkerung, verweigerte sich dem Gericht – und wurde in die Acht erklärt. Schließlich zeigte er sich, im Blaubeurer Vertrag, doch bereit, die Regierung für sechs Jahre einem »Regiment« zu übertragen, aber er hielt sich nicht daran und wütete weiter. Aus nichtigem Anlaß überfiel er die helfensteinische Burg Hiltenburg und ließ sie niederbrennen. Vor allem aber wandte sich sein Zorn gegen Landschaftsvertreter, die mit kaiserlichen Räten verhandelt hatten. Er ließ drei angesehene Männer verhaften, foltern und – wegen angeblicher Hinwirkung auf seine Absetzung – hinrichten. Damit schüchterte er die »Ehrbarkeit«, das führende Bürgertum, ein und dokumentierte seinen Willen, jede Opposition unnachsichtig zu unterdrücken. Auch der Streit mit der Familie Hutten, die Ulrich des Mordes anklagte, führte zu neuen Gewalttaten. Kaiser Maximilian sprach am 17. Juli 1518 zum zweiten Mal die Acht aus und schien entschlossen, energisch gegen den rechtsbrecherischen Württemberger vorzugehen. Ehe er dazu kam, starb er am 12. Januar 1519.
Die Trauerfeiern für den Kaiser waren noch nicht verklungen, da holte Ulrich, der kaiserlichen Aufsicht ledig, zum nächsten, dem aggressivsten Schlag aus: Unter geringfügigem Vorwand eroberte er die

Reichsstadt Reutlingen, eine krasse Verletzung des Landfriedens, und offenbarte auch gleich seine wirkliche Absicht, in dem er sich in Reutlingen huldigen ließ und damit die reichsunmittelbare Stadt dem Herzogtum eingliederte.
Nun aber reagierte der Schwäbische Bund, dessen Hauptaufgabe die Wahrung des Landfriedens und der Schutz seiner Mitglieder war, überraschend schnell. Binnen kurzem war ein Heer aufgestellt, dem Ulrich kein gleichwertiges entgegenstellen konnte. Unter dem Oberbefehl Herzog Wilhelms von Bayern, des Schwagers von Herzog Ulrich, drang das Heer von Süden her ins Land und besetzte in kaum zwei Monaten, im April und Mai 1519, fast ganz Württemberg. Ulrich mußte fliehen, und die Sieger erwogen, für seinen vierjährigen Sohn Christoph eine Vormundschaftsregierung einzusetzen. Aber schon im August maschierte Ulrich mit einem kleinen Heer von der Pfalz nach Württemberg zurück und konnte tatsächlich den größten Teil wiedergewinnen. Der Schwäbische Bund organisierte einen zweiten Feldzug und vertrieb im Oktober den Herzog aufs neue und diesmal mit längerem Erfolg. Was aber sollte mit dem eroberten Land nun geschehen, das wegen hoher Verschuldung den Verbündeten noch nicht einmal die Kriegskosten ersetzen konnte? Auch im Blick auf die Rückeroberungsabsichten Ulrichs erschien es eher als eine Last denn als Gewinn. Diese ungeklärte Situation nutzte der eben zum Kaiser gewählte Habsburger Karl V. mit Geschick. Württemberg paßte ja wie geschaffen in die habsburgische Länderkette, die sich vom Elsaß und vom Breisgau im Westen über südschwäbische Besitzungen nach Vorarlberg und Tirol hinzog. Der Habsburger ergriff die Gelegenheit: Gegen die Erstattung der Kriegskosten in Höhe von 220 000 Gulden an den Schwäbischen Bund ließ er sich im Februar 1520 das Herzogtum übertragen. Schon im August 1520 erklärte er das Land, das er doch nur kraft Kriegsrechts innehatte, zum dauernden, erblichen habsburgischen Besitz. Württemberg war habsburgisches Territorium geworden und konnte, so mußte es scheinen, zum Schwerpunkt habsburgischer Macht in Südwestdeutschland werden.
Die neue habsburgische Regierung in Stuttgart agierte vorsichtig, anerkannte den Tübinger Vertrag und räumte den Landständen weitgehende Rechte und sogar eine Mitbeteiligung am Regiment, vor allem im Bereich der Finanzen, ein. Moderne Organisationsformen nach dem Vorbild anderer habsburgischen Länder kamen der Landesverwaltung durchaus zugute. So fand sich die »Ehrbarkeit«, das führende Bürgertum, bald mit der neuen Lage ab und konnte ihr sogar Vorzüge abgewinnen. Im Volk aber hielt sich die Anhänglichkeit an das Haus Württemberg, auch wenn jede Sympathiekundgebung für den vertriebenen Herzog unter schwere Strafe gestellt war.
Ulrich aber gab seine Ansprüche in keinem Augenblick auf. Von Mömpelgard aus, wohin er sich zurückgezogen hatte, suchte er nach Bundesgenossen und fand sie in der Schweiz und vor allem in König Franz I. von Frankreich, dem Hauptfeind der Habsburger. In den Wirren des Bauernkrieges schien endlich die Gelegenheit gekommen. Mit Hilfe von Aufständischen, mit französichem Geld und Schweizer Söldnern zog er im Februar 1525 vom Hohentwiel aus nach Württemberg und kam tatsächlich bis vor Stuttgart. Da traf die Nachricht von der Niederlage seines französischen Gönners bei Pavia und gleichzeitig der Befehl zum Rückzug der Schweizer Hilfstruppen ein: Ulrich war wieder einmal gescheitert.
Der Bauernkrieg griff – abgesehen von dem Feldzug Ulrichs – vergleichsweise spät, im April 1525, auf Württemberg über und nahm einen insgesamt gemäßigten Verlauf. Immerhin brachten die Aufständischen im mittleren Neckarraum ein Heer von bis zu 12 000 Mann zusammen und nahmen innerhalb weniger Wochen kampflos fast das ganze Land in Besitz. Die Führer begannen bereits, Regierungsgewalt auszuüben. Die Mehrheit der Teilnehmer versuchten indessen, einer militärischen Auseinan-

dersetzung aus dem Wege zu gehen. Als sie am 12. Mai von den Truppen des Schwäbischen Bundes bei Böblingen gestellt wurden, erlitten sie eine verheerende Niederlage.
Unterdessen breitete sich die reformatorische Lehre Luthers in Deutschland aus. Die Stuttgarter Regierung war jedoch streng angewiesen, das Wormser Edikt konsequent anzuwenden und gegen Anhänger Luthers als Ketzer unnachsichtig vorzugehen. Das aber kostete dem habsburgischen Regime, dem ohnehin der Makel der Usurpation anhaftete, weitere Sympathien. Reformatorische Ideen drangen, vor allem von den Reichsstädten her, dennoch ein und wurden im Bauernkrieg offen vertreten. Später hörte man, der vertriebene Herzog Ulrich neige der Reformation zu und habe in Mömpelgard bereits reformierte Pfarrer eingesetzt.
Nach dem fehlgeschlagenen Feldzug Ulrichs und der Niederschlagung des Bauernaufstands schien sich die habsburgerische Regierung in Württemberg noch einmal zu festigen. Aber die politische Situation wandelte sich zu ihren Ungunsten, zumal die Annektion durch Habsburg von anderen Reichsfürsten nicht anerkannt war und auch Bayern zunehmend dagegen opponierte. König Ferdinand, der Württemberg mit den habsburgischen Territorien in Deutschland erhalten hatte, war seit der Übernahme des Königtums in Ungarn (1526) vorwiegend mit der Türkengefahr im Osten beschäftigt und dadurch gebunden. Der Schwäbische Bund zerbrach an der konfessionellen Frage, aber auch am Problem Württemberg. Ulrich fand indessen seit 1526 in dem jungen Landgrafen Philipp von Hessen, seinem Vetter, einen fähigen und agilen Verbündeten. Nachdem diplomatische Vorstöße zur Wiedereinsetzung Ulrichs erfolglos blieben, entschloß sich der Landgraf zu einer militärischen Aktion. Im Frühjahr 1534 fiel er von Norden her in Württemberg ein, siegte am 12./13. Mai in der Schlacht bei Lauffen über den württembergischen Statthalter und nahm in raschem Siegeszug das Land ein. Mit ihm kehrte Herzog Ulrich zurück und übernahm nach 16jähriger Abwesenheit sofort wieder die Regierung. Im Vertrag von Kaaden stimmten die Habsburger gegen eine Geldabfindung widerwillig zu, setzten es aber durch, daß Württemberg Lehen des Hauses Habsburg wurde – eine schwere Beeinträchtigung der Selbständigkeit des vorher reichsunmittelbaren Herzogtums.
Ulrich blieb der rauhe, aufbrausende, mißtrauische, auch zur Rache neigende Regent, der er vorher war, und es blieb schwierig, mit ihm zusammenzuarbeiten, aber er hielt sich künftig vor offenen Rechtsbrüchen und Provokationen nach außen zurück. Im Innern herrschte er wie vordem autoritär, bestätigte den Tübinger Vertrag nicht mehr und vermied es nach 1538, den Landtag auch nur noch einmal einzuberufen. Die selbstbewußte bürgerliche Führungsschicht, die »Ehrbarkeit«, die mit den Habsburgern weithin sympathisiert hatte, büßte ihren Einfluß ein: Viele flohen außer Landes, weitere verloren ihre Ämter. Eine neue Führungsschicht trat an ihre Stelle, die enger mit der Bevölkerung verbunden war.
Um das Land künftig besser verteidigen zu können, leitete der Herzog den Ausbau einiger mächtiger Festungen nach der von Dürer beschriebenen Fortifikationskunst ein: die Städte Schorndorf und Kirchheim sowie die Höhenburgen Hohenasperg, Hohenneuffen, Hohenurach, Hohentübingen und Hohentwiel.
Die historisch wirksamste und für die Bevölkerung einschneidendste Neuerung aber war die Reformierung der Kirche, die sofort begonnen wurde. Die Kirche wurde der Gewalt katholischer Bischöfe entzogen, die Pfarrer mußten großenteils reformwilligen Geistlichen Platz machen, die katholische Messe wurde durch den evangelischen Predigtgottesdienst ersetzt. Theologisch wurde der interessante Versuch gemacht, eine zwischen Luther und Zwingli vermittelnde Art der Reformierung durchzuführen – eine Variante, die bis heute in der württembergischen Landeskirche nachwirkt. Während dieses Vorgehen in der Bevölkerung offenbar weithin Zu-

stimmung fand, löste die Aufhebung der Klöster, die radikalste Maßnahme, erheblichen Widerstand vieler Mönche und Nonnen aus. Das umfangreiche Kirchengut einschließlich der Klosterbesitzungen wurde unter staatliche Aufsicht gestellt und zur Ablösung der riesigen Kriegsschulden mitverwendet. Mit der Berufung von Superintendenten, die die Pfarreien regelmäßig zu visitieren hatten, und der Einrichtung einer zentralen Instanz aus Theologen und Regierungsbeamten unter dem Landesherrn wurden erste Ansätze einer neuen kirchlichen Organisation entwickelt.

Gegen Ende seines Lebens geriet der fast sechzigjährige Herzog noch einmal in eine schwere Krise, die das Land und die Dynastie existentiell bedrohte. Die Wirren der Reformation schienen in Württemberg gerade in geordnete Bahnen zu münden, da kam es zwischen dem Kaiser und dem Schmalkaldischen Bund der evangelischen Territorien zum militärischen Konflikt (1546). Der Sieg des Kaisers bedeutete für Ulrich eine eigenartige Wiederholung seines früheren Schicksals: Zum zweiten Mal mußte er aus seinem Land fliehen und aus der Ferne eine feindliche Invasion erleben. Er konnte zwar vorerst zurückkehren, aber die Habsburger versuchten nun, über einen Prozeß wegen Lehensuntreue das Land mit besserem Recht doch auf Dauer in die Hand zu bekommen. 1547 befahl der Kaiser, dessen Truppen drei Landesfestungen besetzt hielten, die Einführung des »Interim«, einer konfessionellen Zwischenform, die weitgehende Rekatholisierung bedeutete. Herzog Ulrich konnte den Einzug katholischer Priester und die Wiedererrichtung von Klosterterritorien und damit Gewissenskonflikte der Bevölkerung und neue konfessionelle Wirren nicht verhindern. Seine Stellung blieb bis zu seinem Tode geschwächt und durch den Lehensprozeß bedroht. Am 6. November 1550 starb er nach einem bewegten Leben voller Höhen und Tiefen, in dem er auch durch selbstverschuldete Krisen hindurch mit bemerkenswerter Beharrlichkeit am Selbstverständnis eines Renaissancefürsten festgehalten hatte.

Herzog Christoph – Gestalter des neuzeitlichen Württemberg

Als Christoph, der Sohn Ulrichs, die Regierung antrat, da hatte er bereits einen ungewöhnlichen Lebensweg hinter sich. Er war nach der Entsetzung des Vaters 1519 als Kind in die Obhut der Habsburger genommen und in Innsbruck, Wiener Neustadt und Leoben in der Steiermark erzogen worden. 1532 entfloh er dem habsburgischen Hof und meldete aus verborgenen Orten Ansprüche seiner Familie auf das Herzogtum an. Als Ulrich das Land 1534 zurückerhielt, mochte er den begabteren, sympathischeren Sohn nicht neben sich behalten. Er schickte ihn an den Pariser Hof König Franz' I., seines Gönners, wo Christoph acht Jahre lang Erfahrungen sammeln und allerlei Abenteuer bestehen konnte. 1542 berief ihn Ulrich zum Regenten der Grafschaft Mömpelgard, eine Aufgabe, die Christoph nutzte, um sich auf sein späteres Regierungsamt vorzubereiten.

Christoph übernahm 1550 ein schweres Erbe. Er hatte den starken Willen, die Energie und das Temperament, auch die Leutseligkeit vom Vater geerbt, aber er war einfühlsamer, gewandter, beherrschter, berechenbarer, auch intelligenter, und er besaß Geschick im Umgang mit Freunden, Mitarbeitern und Gegnern. Stark von reformatorischem Gedankengut beeinflußt, führte er das Regierungsamt mit tiefem Verantwortungsgefühl. Er versuchte, die Auffassung Luthers und der Reformatoren von einem guten, christlichen Regiment konkret in die Wirklichkeit umzusetzen.

Christoph nahm sofort Verhandlungen mit den Habsburgern auf, um den Lehensprozeß und die dahinter stehenden Ansprüche auf das Herzogtum abzuwehren, ein langes zähes Ringen, das schließlich, im Zusammenhang mit den Passauer Verhandlungen von 1552, mit der Abfindung der Habsburger durch einen Geldbetrag von 300 000 Gulden zum Erfolg führte.

Eine zweite offene Frage war das »Interim«, die aufoktroyierte Rekatholisierung, die Christoph wie sein Vater ablehnte. Christoph zeigte sich auch darüber gesprächsbereit mit den Gegnern. Er sandte sogar Vertreter auf das katholische Konzil von Trient, das von den meisten Lutheranern gemieden wurde. Dem Herzog war es gelungen, Johannes Brenz, den früheren Reformator von Schwäbisch Hall, einen überlegenen und überzeugenden Kirchenmann, als führenden Geistlichen für sein Land zu gewinnen. Brenz verfaßte als Diskussionsgrundlage für Trient die »Confessio Wirtembergica«, eine zurückhaltend formulierte Bekenntnisschrift. Sie wurde alsbald – unter Hinweis auf die Vorlage in Trient – in Württemberg für verbindlich erklärt, und das bedeutete das Ende des »Interim« in den Pfarreien – noch bevor es 1552 reichsrechtlich aufgehoben wurde.

Ein weiteres Problem war die hohe Verschuldung des Herzogtums, gesteigert noch durch die Kosten des Schmalkaldischen Krieges und die Abfindung der Habsburger. Christoph suchte die Lösung in Verhandlungen mit dem Landtag und war dafür bereit, den Vertretern der Städte und Ämter eine gewisse Mitbestimmung und Eigenständigkeit einzuräumen. Er bestätigte den Tübinger Vertrag und stimmte der Einrichtung ständiger Organe der »Landschaft« zu. So wurden eine dauernd besetzte Dienststelle für den Einzug landschaftlicher Steuern eingerichtet und zwei Landtagsausschüsse konstituiert, die die Landschaft zwischen den Landtagen zu vertreten berechtigt waren. Das war der Beginn einer eigenen Landschaftsverwaltung, die Institutionalisierung einer ständig präsenten Landschaftsvertretung – Voraussetzung für die politische Bedeutung, die die Landschaft in Württemberg erhalten sollte.

Nach den Erfahrungen der beiden ersten Regierungsjahre organisierte Christoph die zentrale Landesverwaltung neu. Er schuf drei Gremien und gab ihnen eine klare Geschäftsordnung: den *Oberrat* für Äußeres, Inneres, Polizei und Justiz, die *Rentkammer* für die Güter- und Finanzverwaltung und den *Kirchenrat* für geistliche Angelegenheiten und die kirchliche Güterverwaltung. Diese drei »Räte«, kollegiale Behörden, blieben als Gerüst der Landesverwaltung bis 1805 bestehen. Ihre Tätigkeit wurde vom Herzog persönlich beaufsichtigt, der immer wieder zu Gerechtigkeit und Unbestechlichkeit, zur Verantwortung für das Wohl der Menschen, zu raschem Arbeiten und Sparsamkeit mahnte.

Eine erstaunliche Wirksamkeit entfaltete Christoph auf dem Gebiet der Gesetzgebung. Auch dabei verfolgte er letztlich erzieherische Ziele: den Gemeinsinn, Rechtssinn, das soziale Verhalten der Menschen und die Rechtsstaatlichkeit zu fördern. Für fast alle Bereiche des öffentlichen Lebens wurden Ordnungen erarbeitet, die großenteils für Generationen verbindlich blieben: für Handel und Gewerbe, für die kommunale Verwaltung, für die Betreuung sozial Schwacher (Arme, Witwen und Waisen), für die Justiz, den Zolldienst und die Forstverwaltung u. a. 1552 kam eine neue, wesentlich erweiterte »Landesordnung« heraus. Eine juristische Pionierleistung war die Erarbeitung des ersten »Landrechts« (1555), eines Gesetzbuches für das Prozeß- und Zivilrecht, Vorbild für viele andere Territorien. Um mittelalterliche Vielfalt und Unübersichtlichkeit zu überwinden, erließ Christoph 1557 eine Maßordnung, in der Gewichte, Längen-, Flächen- und Mengenmaße erstmals für das ganze Herzogtum einheitlich festgelegt wurden.

Die kirchlichen Verhältnisse erforderten eine grundlegende Neuordnung. Die Maßnahmen Herzog Ulrichs, noch tastende Versuche und Experimente, waren durch das »Interim« abgebrochen worden. Nun galt es, auf Dauer zeitgemäße Formen einer neuen kirchlichen Ordnung zu entwickeln. Nachdem die päpstliche und bischöfliche Autorität in den evangelischen Territorien ausgeschaltet war und sich die führenden Reformatoren nicht in der Lage sahen, ein neues Bischofsamt zu übernehmen, fiel die kirchliche Ordnungsfunktion den Landesherren zu. Christoph übte sie in enger Zusammenarbeit mit Johannes Brenz und anderen Theologen aus. Aus der älteren Visitationsordnung wurde ein hierarchischer Aufbau der Landeskirche entwickelt: Superintendenten auf Amtsebene hatten die Pfarreien regelmäßig zu visitieren, vier Generalsuperintendenten auf mittlerer Ebene kontrollierten die Superintendenten. Zentrale Oberbehörde war der Kirchenrat, der in sich zweigeteilt war: Theologen waren für das Lehramt, weltliche Kirchenräte, ihrer Herkunft nach Verwaltungsbeamte, für wirtschaftliche und finanzielle Angelegenheiten zuständig. Das umfangreiche Kirchen- und Klostergut wurde nicht der Rentkammer unterstellt, wie es Herzog Ulrich getan hatte, sondern als besonderer Vermögensfonds verwaltet: Es sollte kirchlichen, sozialen, karitativen und erzieherischen Zwecken dienen und nur im Notfall für andere Landesaufgaben verwendet werden. Die kirchliche Ordnung Christophs galt als so ausgewogen, so überzeugend, daß sie für zahlreiche andere Territorien Vorbildwirkung erhielt und sich in Teilen über das ganze lutherische Deutschland ausbreitete.

Im Zusammenhang mit der Kirchenordnung wurde auch das Schul- und Bildungssystem neu durchdacht. 1559 kam die erste »Schulordnung« mit einer landeseinheitlichen Regelung des Schulaufbaus, der Lehrinhalte und Erziehungsgrundsätze heraus. Dahinter stand das zukunftsweisende Ziel einer allgemeinen Schulbildung, auch für Mädchen, wenn dieses Ziel auch zunächst nicht voll verwirklicht werden konnte. Die Landesuniversität Tübingen wurde gefördert und nahm einen weit über das Land hinausstrahlenden Aufschwung; das Evangelische Stift, Ausbildungsstätte für Theologen, erhielt eine umfassende Ordnung, und ein Institut zur Ausbildung von Verwaltungsbeamten wurde geplant. Die verschiedenen Verordnungen über Kirche, Schule und Bildung erhielten in der »Großen Kirchenordnung« von 1559 ihre Zusammenfassung – Abschluß und Krönung von Christophs kirchlich-kulturellem Ordnungswerk.

Herzog Christoph hat zu dem allem auch weit über das eigene Land hinaus gewirkt. Sein überlegtes Vorgehen, sein geschicktes und gewinnendes Auftreten bei Konferenzen und Verhandlungen machten ihn zum gefragten Partner zwischenterritorialer Diplomatie und Politik. Nachdem Philipp von Hessen und Johann Friedrich von Sachsen ihre Führungsrolle im Schmalkaldischen Krieg verloren hatten und Moritz von Sachsen 1553 gefallen war, wurde Christoph mehr und mehr zum führenden protestantischen Fürsten in Deutschland. Der »Heidelberger Verein«, ein zwischen dem Kaiser und der Opposition vermittelnder Fürstenbund, wählte ihn schon 1553 zum Vorsitzenden. Eine besonders aktive Rolle spielte Christoph beim Augsburger Reichstag von 1555, bei dem es um einen politischen Ausgleich zwischen den Konfessionen ging. Es war wesentlich mit sein Verdienst, daß die Reformation lutherischer Prägung – nach langen Verhandlungen und gegen den Willen Kaiser Karls – reichsrechtlich anerkannt und ihre Anhänger den Katholiken gleichgestellt wurden. Reichsfürsten und reichsunmittelbare Herrschaften erhielten das Reformationsrecht für ihre Gebiete. Vergeblich kämpfte Christoph jedoch gegen den »geistlichen Vorbehalt«, mit dem König Ferdinand die Reformierung »geistlicher« Fürstentümer unterband. Immerhin, gegenüber der bisherigen kaiserlichen Politik, die die Glaubenseinheit notfalls mit militärischen Mitteln durchsetzen wollte, war im Sinne der Protestanten ein Durchbruch erzielt. Der Augsburger Religionsfriede verhinderte denn auch für Jahrzehnte kriegerische Auseinandersetzungen.

Zehn Jahre später willigte Christoph in einen Landtagsbeschluß, durch den das Augsburger und Württemberger Bekenntnis, also das Luthertum, für Württemberg verfassungsrechtlich auf Dauer festgeschrieben wurde. Er verzichtete damit für sein Haus auf eine Änderung der Landesreligion.

Christoph pflegte während seiner ganzen Regierungszeit diplomatische Kontakte zu zahlreichen deutschen und europäischen Fürsten. Zwei Ziele waren es, die seine außenpolitischen Bemühungen vor allem bestimmten: die Verhütung von Kriegen und die Förderung des protestantischen Glaubens. In den fünfziger Jahren waren es vorwiegend süddeutsche Nachbarterritorien, denen er beim Aufbau der evangelischen Kirche – meist durch Entsendung eigener Theologen – half. In den sechziger Jahren weiteten sich die Beziehungen nach Norddeutschland und über die deutschen Grenzen in alle Richtungen hinaus. In den französischen Hugenottenkriegen hielt er mit allen Parteien Verbindung und mahnte immer wieder zu Zurückhaltung und Ausgleich. Im spanisch-niederländischen Krieg wirkte er ebenfalls auf beide Seiten mahnend und besänftigend ein. Aktive Hilfe zur Ausbreitung reformatorischer Ideen leistete er in Polen, Österreich, Italien und ganz besonders im habsburgisch beherrschten Balkan: in Slowenien und Kroatien. Andererseits nahm er Flüchtlinge, die im Zeichen der Gegenreformation vertrieben wurden, in Württemberg auf.

Nicht um Machtpolitik ging es bei Christophs vielfachen diplomatischen Bemühungen, nicht eigentlich um staatliche, wirtschaftliche, dynastische oder sonstige ehrgeizige Pläne, vielmehr um die Sorge für den allgemeinen Frieden und um den rechten Glauben – als Grundlage einer besseren Gesellschaft. So ernst Christoph seine Regentenpflichten nahm – er hatte auch Sinn für Geselligkeit, Freundschaften, Gäste, Jagdunternehmungen und für höfisches Leben. Beachtenswerte Denkmäler der Baukultur seiner Zeit sind eine Reihe von ihm erbauter Renaissance-Schlösser, von denen die in Stuttgart, Brackenheim, Waldenbuch und Göppingen noch stehen.

Als Christoph am 28. Dezember 1568 starb, hinterließ er ein wohlgeordnetes, befriedetes, im Aufschwung befindliches Land. Seine Regierung wurde von den Zeitgenossen und wird in der Historiographie übereinstimmend als ein Glücksfall württembergischer Geschichte beurteilt.

Die Herzöge Ludwig und Friedrich – vom Landesvater zum Frühabsolutisten

Nach dem Willen Christophs erhielt sein Sohn und Nachfolger, Herzog Ludwig, der beim Tod des Vaters 15 Jahre alt war, erst mit 24 die volle Mündigkeit und Regierungsverantwortung. Die Vormünder, Markgraf Georg Friedrich von Brandenburg-Ansbach und Markgraf Karl von Baden, sowie der Stadthalter Graf Heinrich von Castell (1569–1575) führten den jungen Herzog jedoch schon vorher in die Regierungstätigkeit ein.

Ludwig übernahm die politischen Ziele des Vaters nach außen und im Innern und machte sie sich zu eigen. Er war gebildet und intelligent, besaß aber eine etwas beschaulichere Natur als sein energischer, umtriebiger Vater. Er hatte nicht den Drang, auf Fürstenversammlungen zu agieren und sich zu profilieren, und er vermochte nicht in demselben Maße wie der Vorgänger ein aktives, persönliches Regiment auszuüben. So bildete sich ein veränderter Regierungsstil heraus, indem der engste Mitarbeiter des Herzogs, der Kammersekretär Melchior Jäger, zur Vermittlungsinstanz zwischen Landesherrn und Regierung und damit immer mehr zur entscheidenden Figur wurde.

Noch bewährte sich der Augsburger Religionsfrieden in Deutschland, wenn auch gewisse Schwächen des Vertragswerkes zu ersten Auseinandersetzungen führten. In Frankreich allerdings wurden die Hugenottenkriege und in den Niederlanden der Freiheitskampf gegen das habsburgische Spanien weitergeführt, und die Königin Elisabeth von England forderte die deutschen protestantischen Fürsten immer wieder zu Bündnissen auf. Herzog Ludwig aber setzte die von Christoph betriebene Politik des Friedens und der Bündnisfreiheit uneingeschränkt fort.

Innenpolitisch war die Förderung und Absicherung des evangelisch-lutherischen Bekenntnisses ein Hauptanliegen des religiös aufgeschlossenen Herzogs. Gleichzeitig respektierte er die Landesverfassung, hielt sich an den Tübinger Vertrag, legte Wert auf ein gutes Verhältnis zu den Vertretern der Landschaft und war willens, ein guter, christlicher Landesvater zu sein. Dennoch kam es zu einigen Differenzen mit der Landschaft, etwa wegen finanzieller Forderungen und wegen einer verschärften Wildererordnung, die die Landbevölkerung belastete. Dabei zeigte der sonst so freundliche, gutmütige Herzog fürstliches Selbstbewußtsein und setzte sich durch.

Für die Bevölkerung war die Regierungszeit Ludwigs eine Phase wachsenden Wohlstands. Die Getreide- und Weinpreise stiegen im Laufe des 16. Jahrhunderts langsam, aber stetig an, und so bildeten sich auch auf dem Lande und in den Kleinstädten private Vermögen und eine entsprechende bürgerliche Mentalität.

Die Universität Tübingen und besonders die theologische Fakultät nahmen weiteren Aufschwung, Tübingen wurde zeitweise – in Nachfolge Wittenbergs – zum führenden theologischen Zentrum im lutherischen Deutschland und zog als solches zahlreiche auswärtige, auch ausländische Studenten an. Tübinger Theologen waren in vielen anderen Territorien gefragte kirchliche Berater. Besonderen Erfolg hatte der gewandte, unermüdliche Professor und Universitätskanzler Jakob Andreä, dem es in der Zeit zermürbender innerprotestantischer Lehrstreitigkeiten nach Luthers Tod in langen Verhandlungen gelang, die »Konkordienformel« zusammenzustellen (1577), eine Bekenntnisschrift, die von den meisten Lutheranern anerkannt werden konnte und so das deutsche Luthertum theologisch wieder einigte. Württembergische Theologen und Philologen nahmen von Tübingen und Stuttgart aus sogar Verbindung zum griechisch-orthodoxen Patriarchat in Konstantinopel auf – mit dem Versuch einer theologischen Annäherung, der freilich letztlich kein Erfolg beschieden war. Tübingen war andererseits auch an der Abgrenzung der eigenen Lehre nicht nur zum Katholizismus, sondern auch zum Kalvinismus und zu einer Reihe sogenannter Sekten führend beteiligt und trug so zur Ausbildung eines engen Konfessionalismus bei.

Herzog Ludwig, der die theologischen Bestrebungen seiner Universität bewußt unterstützte, hatte auch Sinn für andere kulturelle Leistungen. So förderte er lange Zeit den talentierten Dichter Nikodemus Frischlin und ließ eine Reihe seiner Theaterstücke in Stuttgart aufführen. Er unterstützte auch den Tübinger Gelehrten Martin Crusius bei seinem großen Geschichtswerk der »Schwäbischen Chronik« wie seinen Leibarzt Oswald Gabelkofer bei der Abfassung einer württembergischen Chronik. Auch an archäologischen Grabungen fand Ludwig Interesse, die bereits damals überraschende Funde aus der Römer- und Keltenzeit zutage brachten. Im Bereich der bildenden Kunst sind die elf Standbilder württembergischer Grafen in der Stuttgarter Stiftskirche zu erwähnen, die Sem Schlör im Auftrag Ludwigs schuf, sowie dessen eigenes großes Grabmal in Tübingen. Das größte Werk aber, das Ludwig in Auftrag gab, war das Große Lusthaus in Stuttgart von Georg Beer, ein repräsentativer, schloßartiger Festsaal, einer der schönsten Renaissancebauten in Deutschland überhaupt, viel besucht, viel bewundert und viel abgezeichnet (leider aber im 19. Jahrhundert abgebrochen).

Herzog Ludwig war ein für jene Zeit typisches Beispiel eines religiös aufgeschlossenen, persönlich frommen, andererseits aber auch für Geselligkeit, weltliche Genüsse und Künste offenen Fürsten. Er starb 1593 schon mit 39 Jahren, und mit ihm erlosch die von Herzog Ulrich ausgehende ältere Linie des Hauses.

Nachfolger wurde Friedrich von der »Mömpelgarder Linie«, ein Sohn des Grafen Georg, Bruders von Herzog Ulrich. Er war eine dynamische Natur, ein Mensch der Tat, voller Pläne, zu Reformen entschlossen und gewillt, Macht auszuüben und nach Möglichkeit zu erweitern. Konflikte mit den Landständen, den beharrenden Kräften, waren vorauszusehen. Friedrich war auch ein weltoffener Mann,

seit seiner Jugend viel gereist in verschiedene deutsche und europäische Länder. In Mömpelgard hatte er in der Zeit der Hugenottenkriege die religiösen und politischen Spannungen der Zeit in bedrängender Weise kennengelernt.
Beachtlich sind die wirtschaftlichen Reformen, die Friedrich anregte und durchführte, interessante Experimente in frühmerkantilistischem Sinn. Er förderte Handel und Gewerbe, gewährte Zollbefreiungen und schützte vor gefährlichem Wettbewerb. Er gab dem Bergbau im Schwarzwald und bei Heidenheim neuen Auftrieb, reorganisierte die landesherrliche Schafzucht und führte die Seidenzucht ein. Besonderes Aufsehen erregte die Gründung einer Webersiedlung für 58 Familien und einer Bleiche in Urach, die er mit Monopolrechten ausstattete, um den auf der Schwäbischen Alb angebauten Flachs im eigenen Land verarbeiten zu lassen. Freilich führten die merkantilistischen Planungs- und Zwangsmaßnahmen auch zu Auseinandersetzungen mit der Bevölkerung und mit Landschaftsvertretern.
Das von Christoph geplante und von Ludwig begründete »Collegium illustre« in Tübingen, eine Ausbildungsstätte für Beamte und Hofleute, wandelte Friedrich in eine reine Adels- und Fürstenschule um. Sie wurde rasch bekannt, von vielen Prinzen und Adligen aus ganz Deutschland besucht und wurde zum Vorbild anderer Adelsakademien.
Wie seine Vorgänger zeichnete sich Friedrich auch als Bauherr aus, wobei er in Heinrich Schickhardt aus Herrenberg einen vielseitigen, talentierten Baumeister fand. Von den Schlössern, die er vor allem in den Grenzgebieten des Landes plante und zu bauen begann, wurde jedoch nur eines, das auf dem Hellenstein bei Heidenheim, das eine festungsartige Verstärkung erhielt, ganz fertig. Ein erhaltenes Beispiel der hohen Baukultur Friedrichs ist das äußere Tor der Festung Hohentübingen, während der »Neue Bau« in Stuttgart wieder abgebrochen ist.
Das größte Bauunternehmen, das Friedrich als großzügig planenden, vorausschauenden, schöpferischen Bauherrn ausweist, ist die Gründung der Stadt Freudenstadt. Dieses Projekt diente gleich mehreren Zielen, die Friedrichs Regierung bestimmten: der Förderung des Bergbaus im Christophstal, der Sicherung der Straße über den Schwarzwald, der Aufnahme evangelischer Flüchtlinge aus Österreich und dem Willen zu baulichem Planen und Gestalten. Es war die erste fürstliche Stadtgründung der frühen Neuzeit in Südwestdeutschland, im Geiste der Renaissance auf geometrisch abgezirkeltem Grundriß mit rechten Winkeln und dem Quadrat als Grundmuster angelegt – der Versuch, eine Idealstadt zu verwirklichen.
Herzog Friedrich hatten den Ehrgeiz, das Herzogtum noch einmal territorial zu erweitern. Gleich zu Beginn seiner Regierung nutzte er den Straßburger »Bischofsstreit« zwischen einem protestantischen und einem katholischen Anwärter auf das Bischofsamt für seine Zwecke. Er erreichte für einen seiner Söhne eine Domherrenstelle und machte sich Hoffnung, für ihn eine Anwartschaft auf das Bistum Straßburg zu erhalten. Als Fernziel mochte ihm ein evangelisches Hochstift – wie in Norddeutschland – in der Hand von württembergischen Prinzen vorschweben, als territoriales Bindeglied zwischen den schwäbischen und elsäßisch-burgundischen Besitzungen. Verwirklicht davon wurde nur der Pfanderwerb des Renchtales mit Oberkirch und Oppenau, immerhin auch das ein für den Übergang über den Schwarzwald strategisch wichtiger Gewinn.
In den Jahren 1595 und 1596 gelang es Friedrich, die badischen Städte und Ämter Besigheim, Altensteig und Liebenzell zu erwerben, willkommene Abrundung des Territoriums. 1595 besetzte er das vom Kloster Hirsau abhängige, aber bisher katholisch gebliebene Priorat Klosterreichenbach und führte im Kloster und in der zugehörigen Herrschaft die Reformation ein. 1605 erhielt er sogar das französische Herzogtum Alençon als Pfandbesitz für finanzielle Forderungen an Frankreich.
Wollte Friedrich eine selbständige Rolle in der deutschen und europäischen Politik spielen, und das war sein Wille, dann mußte die seit 1534 bestehende

österreichische Lehenshoheit über Württemberg abgelöst werden; denn sie band ihn zu sehr an die Habsburger und schränkte, vor allem in den konfessionspolitischen Auseinandersetzungen, seine Bewegungsfreiheit ein. Nach langwierigen Verhandlungen erreichte er auch dieses Ziel: Durch den Prager Vertrag von 1599 wurde Württemberg, allerdings gegen die immense Abfindungssumme von 400000 Gulden, wieder unmittelbares Reichslehen wie andere Fürstentümer.

Friedrichs politische Interessen reichten weit und schlossen Beziehungen zu Frankreich und England ein. Ein Zeichen, welche Wertschätzung er genoß, sind die hohen Orden, die er von beiden Monarchien erhielt: den französischen Michaelsorden (1596) und den englischen Hosenbandorden (1603), die er dann auch mit Stolz zur Schau trug. Aber das eigentliche Feld seiner Einflußnahme lag in Deutschland, wo sich gegen Ende des 16. Jahrhunderts die Spannungen zwischen den Konfessionen wieder verschärft hatten. Die Protestanten versuchten trotz des »geistlichen Vorbehalts« von 1555, weitere geistliche Territorien zu reformieren, von katholischer Seite wurden gegenreformatorische Aktionen unternommen. Friedrich gab die Politik der Bündnisfreiheit seiner Vorgänger auf und entschloß sich zu aktiver Politik. 1605 ging er ein Bündnis mit den lutherischen Territorien Baden und Pfalz-Neuburg, 1607 mit der kalvinistischen Kurpfalz ein. So wurde er mit zum Wegbereiter einer allgemeinen protestantischen Union.

Je gefährlicher die Lage im Reich wurde, desto mehr wünschte Friedrich eine Verstärkung seiner Machtmittel, vor allem die Verfügung über eigene Truppen. Darüber aber kam es 1607 zu einem schweren Konflikt mit den Landständen, mit denen es bisher schon häufig Reibereien gegeben hatte und die sich nun, unter Berufung auf den Tübinger Vertrag, weigerten, ein Heer zu finanzieren. Mit Hilfe seines vertrauten Beraters Matthäus Enzlin, eines versierten Juristen, versuchte der Herzog zuerst, die Abgeordneten zu überlisten. Als das nicht gelang, griff er zum Mittel der Gewalt, um den Widerstand der Ständevertreter ein für allemal zu brechen: Er löste die Ausschüsse auf, entließ eigenmächtig führende Ständevertreter und schüchterte die anderen skrupellos ein. Mit den Machtmitteln des Frühabsolutismus überwand der Herzog die ständische Opposition, aber das bedeutete nichts Geringeres als das Ende des inneren Systems seiner Vorgänger Christoph und Ludwig, das auf einem Macht- und Interessenausgleich zwischen Fürst und Ständen beruht hatte. Die Landschaftsvertreter und Prälaten waren weitgehend entmachtet, der Landesherr die allein bestimmende Kraft geworden. Was sich in anderen Territorien erst später vollzog, der Sieg der Fürsten über die Stände, hatte Friedrich von Württemberg schon jetzt erreicht.

Bald nach diesen Auseinandersetzungen, am 29. Januar 1608, starb der Herzog überraschend im Alter von 50 Jahren. Viele seiner Pläne und Visionen blieben unausgeführt oder nur halb verwirklicht zurück.

Die Herzöge Johann Friedrich und Eberhard III. – Württemberg im Dreißigjährigen Krieg

Herzog Johann Friedrich besaß nicht die Energie, Dynamik und Durchsetzungskraft des Vaters, er neigte eher zum Ausgleich und zur Harmonie. Er stand vor der Frage, ob er die repressive Politik des Vaters gegenüber den Landständen weiterführen solle. Er schien zu zögern, aber die Spannungen im Reich und die sich daraus ergebenden bündnispolitischen und militärischen Fragen veranlaßten ihn doch, den Landtag einzuberufen und in die Entscheidungen einzubeziehen. Damit löste er eine Entwicklung aus, die innerhalb weniger Monate zur völligen Restaurierung der alten Verfassung führte. Selbst der alte Melchior Jäger, der ehemalige Vertraute Herzog Ludwigs, kehrte in seine frühere

Beraterfunktion zurück, während Matthäus Enzlin, der Ratgeber Friedrichs, angeklagt, zu lebenslänglicher Festungshaft verurteilt und nach einigen Jahren sogar hingerichtet wurde. Der Dualismus von Fürst und Ständen war wiederhergestellt, der den Ständen vor allem in finanziellen Fragen eine starke Stellung einräumte und dem Landesherrn Grenzen setzte.

Der Herzog hatte vier Brüder, mit denen er 1617 einen »fürstbrüderlichen Vergleich« schloß: Die beiden älteren erhielten eigene Herrschaften, der eine Mömpelgard, der andere Brenz und Weiltingen, die jüngeren Geldzuwendungen und Wohnsitze in den Schlössern Neuenstadt und Neuenbürg. Die Einheit des Kernlandes war nicht in Frage gestellt.

Die Innenverwaltung überließ Johann Friedrich weitgehend seinen Räten. Das konnte Vorteile haben, aber auch Nachteile, wie Anzeichen von »Vetternwirtschaft« und, schlimmer noch, Anfänge des »Diensthandels«, des Einkaufs in Ämter, zeigen.

Die Politik nach außen aber nahm der junge Herzog von Anfang an interessiert in die Hände und entfaltete eine rege Tätigkeit. Freilich, die Verhältnisse in Deutschland wurden so schwierig, so spannungsreich, daß sie ihn, den Landesherrn, aber auch die Landstände und die Möglichkeiten eines Landes von mittlerer Größe überhaupt überforderten. Es war die Tragik dieses wohlmeinenden, menschenfreundlichen Fürsten wie auch der friedliebenden Landesvertreter, daß sie in eine Zeit zunehmender Gewaltanwendung und schließlich des Krieges hineingerieten, der sie nicht gewachsen waren.

Wenige Monate nach dem Regierungsantritt wurde die »Union« gegründet, ein von Herzog Friedrich mit vorbereitetes Bündnis evangelischer Fürsten zur politischen und militärischen Abwehr gegenreformatorischer Bestrebungen. In den verschiedenen regionalen Konflikten hatten die katholischen Fürsten mit kaiserlicher Unterstützung immer mehr die Oberhand gewonnen, zuletzt (1607/08) beim Vorgehen gegen die mehrheitlich evangelische Reichsstadt Donauwörth, die von Bayern annektiert wurde. Die Gremien des Reiches, die geschaffen waren, Konflikte friedlich auszutragen, wie der Reichstag und das Reichskammergericht, waren weitgehend blockiert und funktionierten nicht mehr. Bereits ein Jahr nach dem Zusammenschluß der Union kam es allerdings zur Gegengründung der katholischen Liga unter Führung Bayerns. Zwei Blöcke standen sich gegenüber und rüsteten auf, während ausländische Mächte je nach dem die eine oder andere Seite unterstützten.

Johann Friedrich war neben dem Kurfürsten von der Pfalz einer der führenden Fürsten der Union. Er betätigte sich engagiert an der Diplomatie des Bundes, warb weitere Mitglieder und verhandelte auch mit England und Frankreich über eine Assoziation. In Stuttgart fanden wiederholt Unionsversammlungen statt. Der Herzog beteiligte sich an der Rüstung, an der Aufstellung eines Heeres, mobilisierte die eigene Landmiliz und forderte von den Landständen dafür hohe Beträge. Die Feiern zum hundertjährigen Jubiläum der Reformation im Jahre 1617 trugen mit ihrer konfessionellen Polemik zur Emotionalisierung der Krise bei. Im Sommer 1618 gingen Unionstruppen gegen die vom Bischof von Speyer erbaute Festung Philippsburg vor und schleiften sie. Bei den Unionsberatungen gehörte der württembergische Herzog freilich immer zu denen, die zu Verhandlungen, zur Verständigung und zur Zurückhaltung rieten.

Die Wahl des jungen Kurfürsten Friedrich von der Pfalz zum böhmischen König am 26. August 1619 – gegen den Habsburger Ferdinand II. – stellte die Union vor eine schwere Entscheidung. Sollte der Kurfürst, das Haupt der Union, annehmen oder nicht? Johann Friedrich riet von dieser riskanten Herausforderung des Habsburgers, die zum Krieg führen mußte, ab, die Mehrheit aber stimmte zu. Als die Liga dann einen Feldzug nach Böhmen unternahm, konnte sich die Union zur militärischen Hilfe nicht entschließen, so daß Friedrich von der Pfalz in Böhmen allein stand. Der württembergische Herzog begab sich zwar zu einem Heer in die Pfalz, um dort den Einmarsch von Spaniern abzuwehren und dabei das »Kriegshandwerk« zu lernen, aber die Entscheidung fiel in Böhmen. Die Schlacht am Weißen Berg bei Prag am 8. November 1620 wurde zur Katastrophe für den Pfälzer – und für die Union. Johann Friedrich war nicht der Mann, an Stelle des geschlagenen Pfälzers die Sache der Protestanten in Südwestdeutschland mit starker Hand zu vertreten. Im Gegenteil, er gab auf und versuchte durch Entgegenkommen gegenüber dem Kaiser und Verhandlungen mit den spanischen Truppen glimpflich davonzukommen, was zunächst auch gelang.

Von da an spielte Johann Friedrich bis zu seinem Tode 1628 in der großen Politik nur noch eine passive Rolle, freilich als unendlich geduldiger, aber auch zäher Verhandler, der dadurch in den ersten Kriegsjahren das Schlimmste von seinem Lande abwehren konnte und auch für den Pfalzgrafen rettete, was zu retten war. Er blieb auch neutral, als der Markgraf von Baden ein Heer aufstellte, eine Zurückhaltung, die dem Ligafeldherrn Tilly den Sieg in der Schlacht bei Wimpfen (am 6. Mai 1622) ermöglichte, wobei der jüngste Bruder des Herzogs, Magnus von Württemberg, fiel, In den folgenden Jahren entwickelte Johann Friedrich Verfahren, um die immer neuen Truppendurchzüge und Einquartierungen möglichst schonend verlaufen zu lassen und die Lasten gleichmäßig auf viele zu verteilen. Im Jahre 1628, als die Habsburger nach militärischen Siegen auf der Höhe ihrer Macht standen, ließ Wallenstein 16 000 Mann in Südwestdeutschland einrücken, und man fürchtete, er wolle das Herzogtum für sich erwerben. Johann Friedrich mußte als Bittsteller beim siegesbewußten kaiserlichen Feldherrn vorsprechen. Bald darauf, am 18. Juli 1628, starb er.

Es ist die Frage, ob Johann Friedrich durch energisches Handeln und entschiedenere Rüstung mehr für Württemberg hätte erreichen können. Dabei ist aber zu berücksichtigen, daß er im Innern auf frühabsolutistische Methoden verzichtet und die Rechte des Landtags respektiert hat. Die Ständevertreter aber waren allen militärischen Maßnahmen abhold und glaubten, Württemberg auf dem Wege der Neutralität und mit möglichst geringer Bewaffnung am besten durch die gefährlichen Zeiten zu steuern. Sie ließen sich stets nur begrenzte Beträge für Verteidigungsmaßnahmen und auch das nur befristet abhandeln. Württemberg und sein Herzog schieden damit als eigentliche Machtfaktoren aus. Unter diesen Umständen war die Politik des unermüdlichen Verhandelns die einzige Möglichkeit, größeren Schaden zu verhüten, und daran hat es der Herzog nicht fehlen lassen.

In einer Hinsicht zog der Herzog viel Kritik der Landschaftsvertreter auf sich: Er hielt in ihren Augen einen zu aufwendigen Hof, vermehrte die adligen Hofdiener, feierte, jedenfalls vor der allgemeinen Notzeit, glanzvolle Feste, entfaltete höfischen Prunk, ließ auch noch alchimistische Experimente durchführen – und vermehrte so die Schulden. Aber so ist er offenbar in der Adelsakademie in Tübingen erzogen worden, so hatte er es bei seinen Reisen an fürstliche Höfe gesehen, in dieser Beziehung blieb er selbstbewußter Fürst der Spätrenaissance.

Das Jahrzehnt nach dem Tode Johann Friedrichs war eines der turbulentesten und unheilvollsten in der württembergischen Geschichte. Für den erst dreizehnjährigen Nachfolger, Eberhard III., übernahm der Onkel, Herzog Ludwig Friedrich von Württemberg-Mömpelgard, als Vormund und Administrator die Regierung. Persönlich tatkräftig, guten Willens und zur dringend notwendigen Sparsamkeit bereit befand er sich in düsterer Lage: das Land hochverschuldet, trotz der Neutralität durch die Einquartierung Wallenstein'scher Truppen stark belastet, dazu unter dem Druck der Rekatholisierungsmaßnahmen Kaiser Ferdinands II. Das kaiserliche Restitutionsedikt vom 6. März 1629 hatte die Forderung zur Folge, auch die württembergischen Klöster dem Katholizismus zurückzugeben

Das Bildnis von Herzog Ulrich (1498–1519, 1534–1550) aus der Zeit seiner Vertreibung läßt etwas ahnen vom gewalttätigen und problematischen Charakter des damals 22jährigen Fürsten.

Eine hervorstechende Charaktereigenschaft Herzog Ulrichs in seinen späteren Jahren war sein Mißtrauen gegen seine Umgebung und selbst gegen seinen einzigen Sohn Christoph. Das kleine, um 1540 entstandene Bildnis, läßt diesen Grundzug seines Wesens ahnen. ▶

Herzogin Sabine von Bayern (1492–1564), Gemahlin von Herzog Ulrich. Die 1511 als Unterpfand eines österreichisch-bayerisch-württembergischen Zusammenwirkens glanzvoll gefeierte Hochzeit leitete eine äußerst unglückliche Ehe ein. Die Herzogin gebar Ulrich zwar zwei Kinder, Anna (1513–1530) und Christoph (1515–1568), floh aber 1515 aufgrund des skandalösen Verhaltens des Herzogs nach Bayern. Erst nach dem Tod des Herzogs kehrte sie nach Württemberg zurück.

Eine neue Form des individuellen Bildnisses stellt zu Beginn des 16. Jahrhunderts die Porträtmedaille dar. Eine einseitige, um 1520 entstandene Arbeit des Augsburger Künstlers Hans Schwarz zeigt den Grafen Georg von Mömpelgard (1498–1558) – (links). Als jüngerer Halbbruder von Herzog Ulrich sicherte er nach dem Tod von Herzog Ludwig († 1593) durch seinen Sohn Friedrich den Fortbestand des Hauses Württemberg. Eine zweiseitige Medaille auf Herzog Ulrich, die von dem böhmischen Medailleur Concz Welcz verfertigt wurde, trägt die Jahreszahl 1535 und erinnert somit an die Rückkehr Ulrichs nach Württemberg (rechts). Auch sie ist geeignet, ein Bild vom zwiespältigen Charakter des Herzogs zu vermitteln.

Die Burg Weibertreu über Weinsberg spielt in der Zeit Herzog Ulrichs dreimal eine Rolle. 1504, im Bayerischen Erbfolgekrieg, wurde sie von Herzog Ulrich erobert und für das Herzogtum gewonnen. Die Zeichnung von Hans Baldung Grien aus dem Jahre 1515 läßt noch die Schäden erkennen, die die Burg damals erlitt. Im Bauernkrieg, 1525, wurde bei Weinsberg die Besatzung von den Bauern durch die Spieße gejagt und die Burg zerstört. Später errichtete Herzog Ulrich dort oben den runden Geschützturm, der heute das Bild der Ruine prägt.

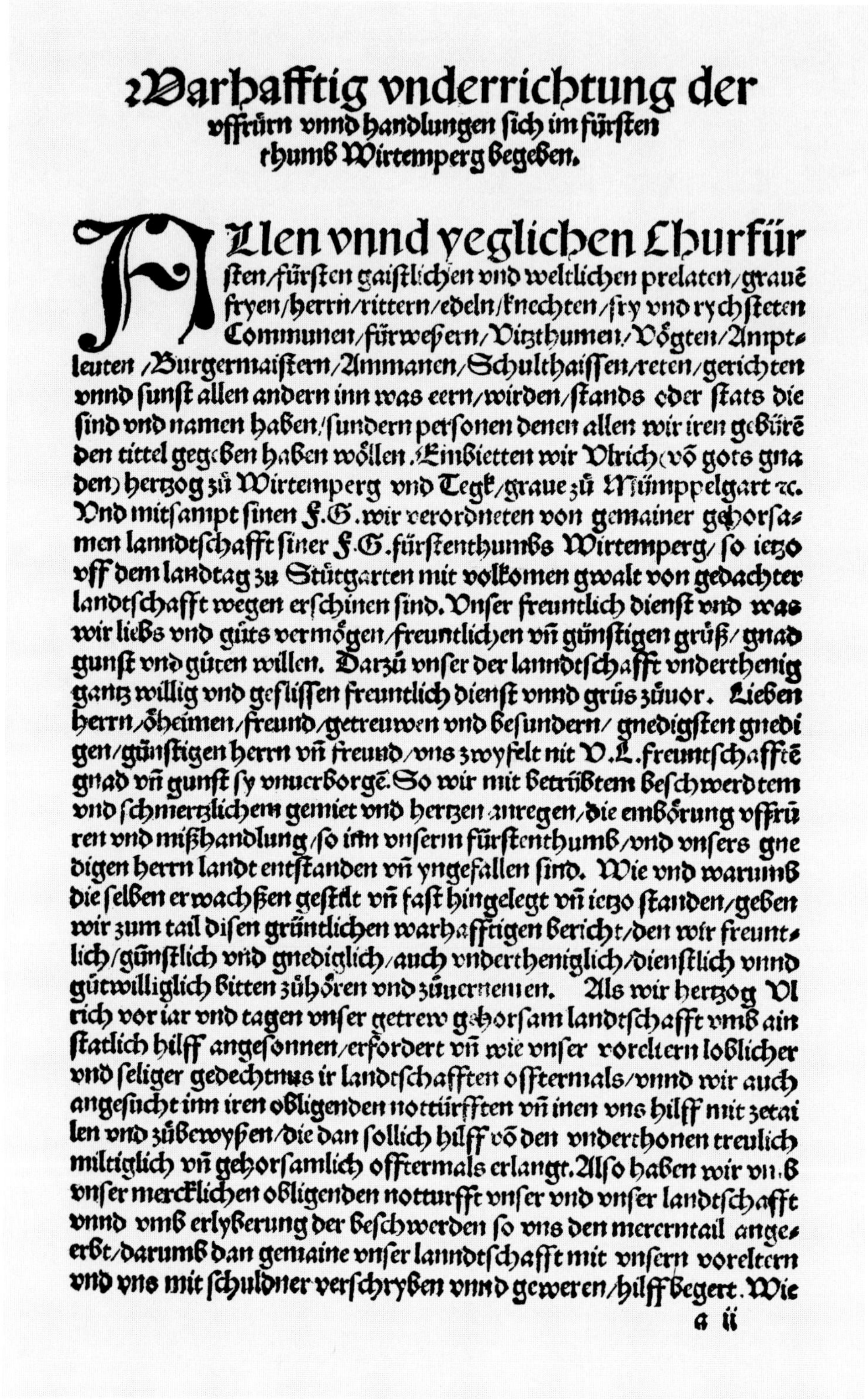

Warhafftig vnderrichtung der vffrürn vnnd handlungen sich im fürstenthumb Wirtemperg begeben.

Allen vnnd yeglichen Churfürsten/fürsten gaistlichen vnd weltlichen prelaten/grauē fryen/herrn/rittern/edeln/knechten/fry vnd rychsteten Communen/fürwesern/Vitzthumen/Vögten/Amptleuten/Burgermaistern/Ammanen/Schulthaissen/reten/gerichten vnnd sunst allen andern inn was eern/wirden/stands oder stats die sind vnd namen haben/sundern personen denen allen wir iren gebürē den tittel gegeben haben wöllen. Einbietten wir Vlrich (vō gots gnaden) hertzog zů Wirtemperg vnd Tegk/graue zů Mümppelgart ꝛc. Vnd mitsampt sinen F.G. wir verordneten von gemainer gehorsamen lanndtschafft siner F.G. fürstenthumbs Wirtemperg/so ietzo vff dem landtag zu Stůtgarten mit volkomen gwalt von gedachter landtschafft wegen erschinen sind. Vnser freuntlich dienst vnd was wir liebs vnd gůts vermögen/freuntlichen vn̄ günstigen grůß/gnad gunst vnd gůten willen. Darzů vnser der lanndtschafft vndertheni̇g gantz willig vnd geflissen freuntlich dienst vnnd grůs zůuor. Lieben herrn/öheimen/freund/getreuwen vnd besundern/gnedigsten gnedigen/günstigen herrn vn̄ freund/vns zwyfelt nit V.L. freuntschafftē gnad vn̄ gunst sy vnuerborgē. So wir mit betrübtem beschwerdtem vnd schmertzlichem gemiet vnd hertzen anregen/die embörung vffrūren vnd mißhandlung/so inn vnserm fürstenthumb/vnd vnsers gnedigen herrn landt entstanden vn̄ yngefallen sind. Wie vnd warumb die selben erwachßen gestilt vn̄ fast hingelegt vn̄ ietzo standen/geben wir zum tail disen gründtlichen warhafftigen bericht/den wir freuntlich/günstlich vnd gnediglich/auch vndertheniglich/dienstlich vnnd gůtwilliglich bitten zůhören vnd zůuernemen. Als wir hertzog Vlrich vor iar vnd tagen vnser getrew gehorsam landtschafft vmb ain statlich hilff angesonnen/erfordert vn̄ wie vnser voreltern loblicher vnd seliger gedechtnus ir landtschafften offtermals/vnnd wir auch angesůcht inn iren obligenden nottürfften vn̄ inen vns hilff mit zetailen vnd zůbewyßen/die dan sollich hilff vō den vnderthonen treulich miltiglich vn̄ gehorsamlich offtermals erlangt. Also haben wir vn̄ ß vnser mercklichen obligenden notturfft vnser vnd vnser landtschafft vnnd vmb erlyberung der beschwerden so vns den merertail angeerbt/darumb dan gemaine vnser lanndtschafft mit vnsern voreltern vnd vns mit schuldner verschryben vnnd geweren/hilff begert. Wie

a ii

»Warhafftig underrichtung der uffrürn unnd handlungen sich im fürstenthumb Wirtemperg begeben.« Ausschreiben Herzog Ulrichs und der Landschaft über den Aufstand des »Armen Konrad«, 16. August 1514. Der 19 Seiten umfassende Druck enthält die vom Herzog autorisierte Darstellung des Aufstandes: der Gründe, des Verlaufs, der Niederschlagung, der Verhöre und des Strafgerichts. Am Schluß werden alle geflüchteten Teilnehmer des Aufstandes im Remstal namentlich aufgeführt. Ihrer habhaft zu werden, sie ausgeliefert zu bekommen, war der eigentliche Grund des Ausschreibens, das sich an alle Herrschaften, Städte, Gemeinden und Beamten wendet.
Gezeigt wird der Titel und die erste Textseite.

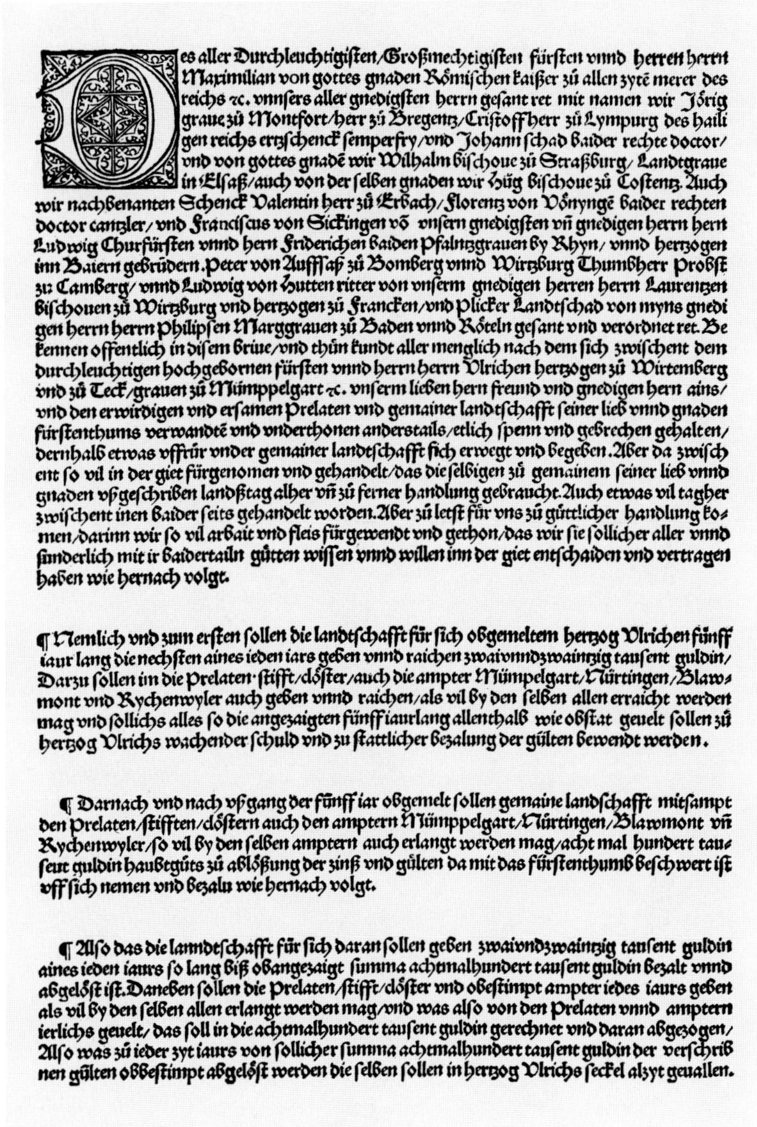
Des aller Durchleuchtigisten/Großmechtigisten fürsten vnnd herren herrn
Maximilian von gottes gnaden Römischen kaißer zů allen zytē merer des
reichs rc. vnnsers aller gnedigsten herrn gesant ret mit namen wir Jörig
graue zů Montfort/herr zů Bregentz/Cristoff herr zů Lympurg des haili
gen reichs ertzschenck semperfry/vnd Johann schad baider rechte doctor/
vnd von gottes gnadē wir Wilhalm bischoue zů Straßburg/ Landtgraue
in Elsaß/auch von der selben gnaden wir Hůg bischoue zů Costentz. Auch
wir nachbenanten Schenck Valentin herr zů Erbach/Florentz von Vönyngē baider rechten
doctor cantzler/vnd Francīscus von Sickingen vō vnsern gnedigsten vñ gnedigen herrn hern
Ludwig Churfürsten vnnd hern Friderichen baiden Pfalntzgrauen by Rhyn/ vnnd hertzogen
inn Baiern gebrůdern. Peter von Aufffaß zů Bomberg vnnd Wirtzburg Thumbherr Probst
zů Camberg/ vnnd Ludwig von Hutten ritter von vnserm gnedigen herren herrn Laurentzen
bischouen zů Wirtzburg vnd hertzogen zů Francken/vnd Plicker Landtschad von myns gnedi
gen herrn herrn Philipsen Marggrauen zů Baden vnnd Röteln gesant vnd verordnet ret. Be
kennen offentlich in disem briue/vnd thůn kundt aller menglich nach dem sich zwischent dem
durchleuchtigen hochgebornen fürsten vnnd herrn herrn Vlrichen hertzogen zů Wirtemberg
vnd zů Teck/grauen zů Mümppelgart rc. vnserm lieben hern freund vnd gnedigen hern ains/
vnd den erwirdigen vnd ersamen Prelaten vnd gemainer landtschafft seiner lieb vnnd gnaden
fürstenthums verwandtē vnd vnderthonen anderstails/etlich spenn vnd gebrechen gehalten/
dernhalb etwas vffrůr vnder gemainer landtschafft sich erwegt vnd begeben. Aber da zwisch
ent so vil in der giet fürgenomen vnd gehandelt/das die selbigen zů gemainen seiner lieb vnnd
gnaden vßgeschriben landßtag alher vñ zů ferner handlung gebraucht. Auch etwas vil tagher
zwischent inen baider seits gehandelt worden. Aber zů letst für vns zů güttlicher handlung ko-
men/darinn wir so vil arbait vnd fleis fürgewendt vnd gethon/das wir sie sollicher aller vnnd
sunderlich mit ir baidertailn gůtten wissen vnnd willen inn der giet entschaiden vnd vertragen
haben wie hernach volgt.

¶ Nemlich vnd zum ersten sollen die landtschafft für sich obgemeltem hertzog Vlrichen fünff
iaur lang die nechsten aines ieden iars geben vnnd raichen zwaivnndzwaintzig tausent guldin/
Darzu sollen im die Prelaten· stifft/clöster/auch die ampter Mümpelgart/Nürtingen/Blaw-
mont vnd Rychenwyler auch geben vnnd raichen/als vil by den selben allen erraicht werden
mag vnd sollichs alles so die angezaigten fünff iaurlang allenthalb wie obstat geuelt sollen zů
hertzog Vlrichs wachender schuld vnd zu stattlicher bezalung der gülten bewendt werden.

¶ Darnach vnd nach vßgang der fünff iar obgemelt sollen gemaine landschafft mitsampt
den Prelaten/stifften/clöstern auch den amptern Mümppelgart/Nürtingen/Blawmont vñ
Rychenwyler/so vil by den selben amptern auch erlangt werden mag/acht mal hundert tau-
sent guldin haubtgůts zů ablößung der zinß vnd gülten da mit das fürstenthumb beschwert ist
vff sich nemen vnd bezaln wie hernach volgt.

¶ Also das die lanndtschafft für sich daran sollen geben zwaivndzwaintzig tausent guldin
aines ieden iaurs so lang biß obangezaigt summa achtmalhundert tausent guldin bezalt vnnd
abgelößt ist. Daneben sollen die Prelaten/stifft/clöster vnd obestimpt ampter iedes iaurs geben
als vil by den selben allen erlangt werden mag/vnd was also von den Prelaten vnnd amptern
ierlichs geuelt/ das soll in die achtmalhundert tausent guldin gerechnet vnd daran abgezogen/
Also was zů ieder zyt iaurs von sollicher summa achtmalhundert tausent guldin der verschrib
nen gülten obbestimpt abgelößt werden die selben sollen in hertzog Vlrichs seckel alzyt geuallen.

Tübinger Vertrag vom 8. Juli 1514. Gleichzeitiger Druck.
Die hier gezeigte erste Seite des fünfseitigen Textes nennt die Vermittler des Vertrags; die drei kaiserlichen Räte Graf Jörg von Montfort, Erbschenk Christoph von Limpurg und Dr. Johann Schad, die Bischöfe Wilhelm von Straßburg und Hug von Konstanz sowie Räte der Pfalzgrafen Ludwig und Friedrich, des Bischofs von Würzburg und des Markgrafen Philipp von Baden. Dann folgt der erste Artikel, nämlich die Verpflichtung der Landschaft, dem Herzog jährlich 22 000 Gulden als Anteil an den Zinsen der Gesamtschuld von 800 000 Gulden zu bezahlen. Auf den nächsten Seiten folgen die der Landschaft gewährten Freiheitsrechte: Steuerbewilligungsrecht, Mitsprache über Krieg und Frieden, Freizügigkeit und Anspruch auf ordentliche Gerichtsverfahren.
Durch diese Grundrechte, die in ihrer klaren rechtsverbindlichen Formulierung für die damalige Zeit einmalig waren, erhielt der Tübinger Vertrag seine historische Bedeutung. Er blieb, von kurzen Unterbrechungen abgesehen, bis in die Zeit um 1800 als eine Art württembergisches Grundgesetz in Kraft.
Der abgebildete, bisher unbekannte Druck dürfte gleich nach Vertragsschluß hergestellt worden sein, denn er enthält im Unterschied zu dem bekannten Pergamentdruck, der 1964 faksimiliert wurde, die Nachurkunden noch nicht.

Die Ermordung des Hans von Hutten durch Herzog Ulrich am 8. Mai 1515 schadete dem Ansehen des Herzogs sehr und erregte großes Aufsehen im ganzen Reich. Nicht zuletzt deshalb, weil sich der Humanist und Poet Ulrich von Hutten (1488–1523), ein Verwandter des Ermordeten, der Sache annahm und in mehreren Flugschriften das Verbrechen anprangerte. Im Oktober 1516 wurde der Herzog deshalb vom Kaiser geächtet.

Ambrosius Volland (geb. 1468/1472 in Markgröningen, gest. 1551 in Stuttgart) wurde nach einer juristischen Ausbildung und Lehrtätigkeit 1503 Rat von Herzog Ulrich und war von 1516 bis 1522 dessen Kanzler. Danach stand er in Diensten des Salzburger Erzbischofs. 1533 wurde er dem jungen Herzog Christoph als Berater beigegeben und erschien in dessen Gefolge auf dem Augsburger Bundestag. Aus dieser Zeit stammt die abgebildete Medaille. Volland kehrte aber erst in seinem Todesjahr nach Württemberg zurück.

Albrecht Dürer skizzierte im Jahre 1519 die Belagerung von Stadt und Festung Asperg durch den Schwäbischen Bund, der das Land nach Herzog Ulrichs Überfall auf die Reichsstadt Reutlingen eroberte und den Herzog vertrieb. Die Festung ergab sich nach fünftägiger Beschießung am 25. Mai 1519. Die Stadt wurde nach 1534 beim Neubau der Festung am Fuß des Berges neu aufgebaut.

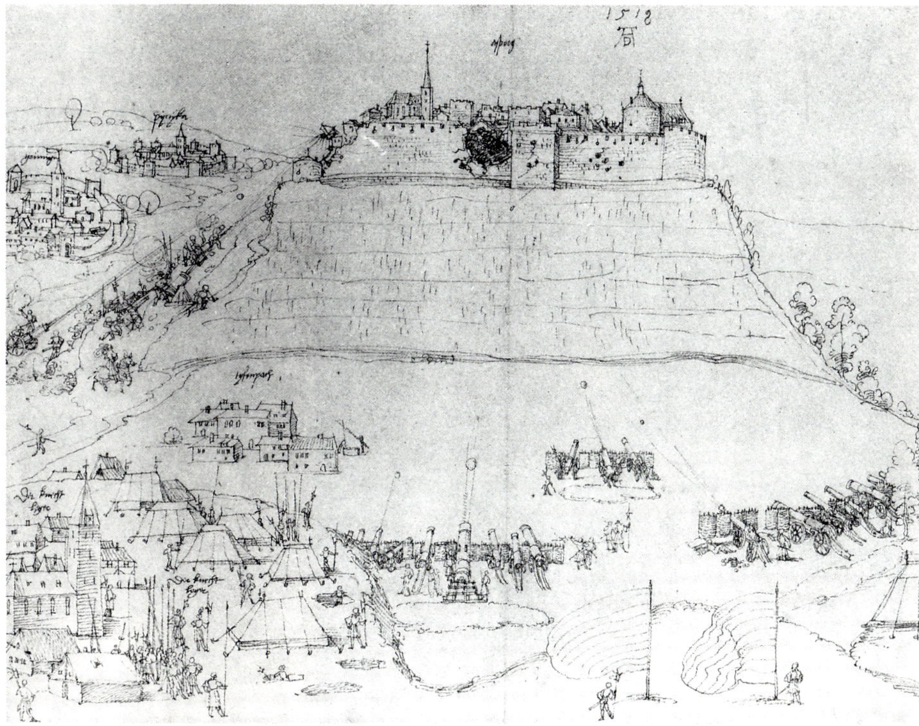

Zeugen der Zugehörigkeit von Württemberg zu Österreich in der Zeit von 1520 bis 1534 sind auch verschiedene Münzen. Zu den zwischen 1520 und 1530 in Stuttgart hergestellten Prägungen gehört als größtes Nominal ein Goldgulden Kaiser Karls V. von 1520 mit Porträt und den Wappen von Österreich, Burgund, Württemberg und Teck innerhalb eines Blumenkreuzes (links). In der Münzstätte Hall in Tirol entstanden ist ein Dukaten des Erzherzogs Ferdinand von 1525, der 1522 von Kaiser Karl V. zum Regenten in allen habsburgischen deutschen Landen ernannt wurde. Hier ist der württembergische Besitz durch die Erwähnung in der Rückseitenumschrift und die eingepfropfte Spitze im Wappen angesprochen (rechts).

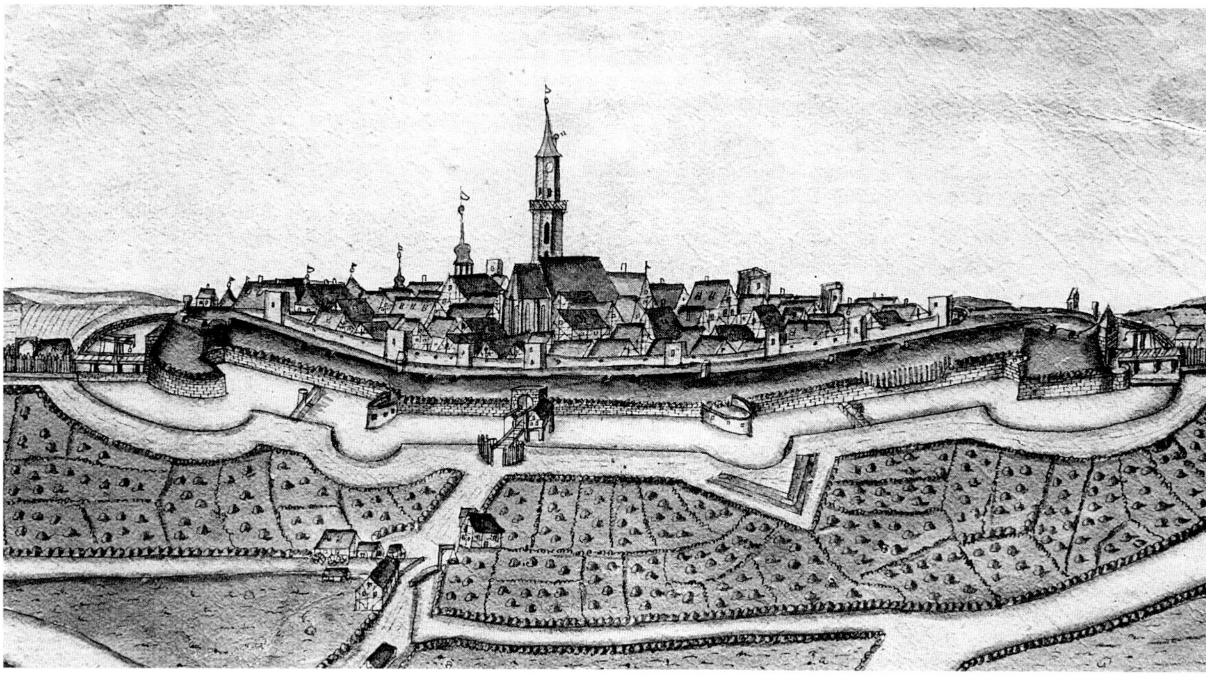

Schorndorf als frühneuzeitliche Festung, Ansicht von Andreas Kieser (1685). Nach der Rückeroberung Württembergs 1534 entschloß sich Herzog Ulrich, sieben Landesfestungen nach modernen fortifikatorischen Prinzipien ausbauen zu lassen, fünf Höhenburgen und zwei Stadtfestungen. Der Ausbau Schorndorfs wurde im wesentlichen 1538–1541 durchgeführt. Um die Stadt, die alte Stadtmauer mit den Türmen und den Stadtgraben wurde ein riesiger Erdwall aufgeschüttet, davor ein ebenfalls breiter Graben ausgehoben, in den man Wasser leitete. Der Wall wurde an vier Seiten mit Rondellen verstärkt, von denen das östliche (links) und das nördliche (rechts) zu sehen sind. Oben auf dem begrünten Wall sieht man Brustwehren mit Öffnungen für Geschützstellungen. Hinter dem linken Rondell steht ein vierseitiger Bau mit runden Türmen an den Ecken: das »Schloß«, Wohnung für den Kommandanten und die Garnison. Um in die Stadt zu gelangen, mußte man in tunnelartigen Gängen unter dem Wall und den Rondellen hindurch. Die Holzbrücken über den äußeren Graben waren mit Zugbrücken gesichert. Die spitzen Werke und die Vorbefestigungen jenseits des Grabens dürften aus dem 17. Jahrhundert stammen. An den Befestigungsarbeiten 1538–1541 haben zeitweise mehr als 1000 Handwerker und Hilfskräfte gearbeitet.

Höhenfestung Hohenneuffen. Um 1543 bis 1553 wurde vor die mittelalterliche Burg, die sich hinten etwa kreisförmig abhebt, ein gewaltiger durch Stützmauern gesicherter Erdwall aufgeschüttet. Er wird von mächtigen erdgefüllten Rundtürmen (links und rechts) und gegen die Bergseite von einer dreieckförmigen Spitze eingefaßt. Dieser Wall schirmte die Festung gegen die Albhochfläche völlig ab und war im 16. und noch im 17. Jahrhundert militärisch nicht zu überwinden. Auf der Rückseite fällt das Gebirge fast senkrecht ins Vorland ab. In die Festung gelangte man ursprünglich über eine vom Vorhof ansteigende, auf Steinpfeilern schwebende Brücke. Im Dreißigjährigen Krieg nach der Schlacht bei Nördlingen hielt sich die Festung trotz Einschließung und Belagerung 15 Monate lang und konnte nur durch Aushungerung bezwungen werden (1634/35).

Erhard Schnepf (1495–1558), württembergischer Reformator.
Als Herzog Ulrich 1534 die Regierung wieder übernahm, wurde der Marburger Theologieprofessor nach Württemberg berufen, um mit Ambrosius Blarer zusammen die kirchliche Reformation einzuführen. Diese Personalentscheidung bedeutete den Versuch, einen Ausgleich zwischen Luthers und Zwinglis Lehre zu erreichen, denn Schnepf war von Luther, Blarer von Zwingli beeinflußt. Im übrigen war Schnepf für den nördlichen Landesteil (»unter der Steige«), Blarer für den südlich Stuttgarts gelegenen (»ob der Steig«) zuständig. Das Experiment eines theologischen Ausgleichs schien zu gelingen, aber auf Dauer setzte sich Schnepf mit der lutherischen Auffassung durch. 1544 ging Schnepf als Theologieprofessor nach Tübingen, 1548 wegen des »Interims»« nach Jena.
Schnepf, in Weinsberg geboren, hörte als Student Luther bei der berühmten Heidelberger Disputation und ist vermutlich dadurch für ihn gewonnen worden.

Ambrosius Blarer (1492–1564), berühmter süddeutscher Reformator. Blarer, der aus einem vornehmen Konstanzer Geschlecht stammte, war zunächst Benediktiner, trat aber schon 1524 in seiner Heimatstadt als Prediger der neuen Lehre auf. In der Folge führte er in verschiedenen schwäbischen Reichsstädten die Reformation durch. 1534 wurde er von Herzog Ulrich zum gleichen Zweck nach Württemberg berufen, von wo er nach gewissen Differenzen 1538 wieder nach Konstanz zurückkehrte. Im folgenden Jahr war er in Augsburg tätig. Seit dem Augsburger Interim von 1548 hielt er sich in der Schweiz auf, wo er auch starb.
Die Medaillen auf Blarer, die er an Freunde selbst verschenkte, wurden von seinen Anhängern nachgegossen und als Erinnerungsstücke getragen.

Balthasar von Gültlingen (gest. 1563) war unter Herzog Ulrich Erbkämmerer des Herzogtums geworden und bei der Durchsetzung der Reformation einer der eifrigsten und fähigsten Mitarbeiter des Herzogs. Sein Grabmal in der Stadtkirche von Berneck wurde 1554, also 9 Jahre vor seinem Tod, von Joseph Schmid aus Urach angefertigt. Die für einen Protestanten typische, auch von Herzog Ulrich geführte Devise lautet »Verbum Domini Manet In Aeternum« (Das Wort Gottes bleibt in Ewigkeit).

Heinrich Füllmaurer in Tübingen malte 1541 das Bildnis des Botanikers Leonhard Fuchs (1501–1566), der dreißig Jahre lang an der Universität Tübingen lehrte, durch sein »Kräuterbuch« bis heute berühmt ist und dessen Name in der ihm zu Ehren so genannten Fuchsie fortlebt.

Johannes Stöffler (1452–1531). Als Pfarrer von Justingen schon bekannter Humanist und Gelehrter, 1511 Professor für Mathematik und Astronomie in Tübingen. Herausgeber verbesserter Kalender und astronomischer Schriften. Kosmograph, konstruierte Himmelsglobus. Freund von Reuchlin, verehrt von Melanchthon.

Eindrucksvolle Bildnisse des jugendlichen Herzogs Christoph (geb. 1515) noch aus seiner Prinzenzeit überliefern zwei prächtige großformatige Renaissancemedaillen. Die ältere, die die Jahreszahl 1524 trägt und dem Basler Formschneider Hans Lützelburger zugeschrieben wird, zeigt ein Brustbild des Neunjährigen mit breitem federgeschmücktem Hut, Harnisch, Hermelinmantel und Schmuckketten (oben). Zur Zeit der Entstehung dieser Medaille befand sich Christoph bemerkenswerterweise noch in österreichischer Obhut. Von der zweiten Medaille, die zehn Jahre jünger ist und von dem an verschiedenen Orten tätigen Christoph Weiditz gestaltet wurde, hat sich noch das geschnitzte Holzmodell erhalten (unten). Neben der künstlerischen Gesamtkomposition fasziniert diese Medaille durch ihre minutiöse Feinarbeit, wie sie in der Wiedergabe der Barthaare, des gekräuselten Hemdkragens oder des Pelzgewands deutlich wird. Sie zeigt den 19jährigen Christoph, der in der Umschrift prätentiös als »von Gottes Gnaden Herzog von Württemberg« bezeichnet wird, in der Phase seines Lebens, als er 1533/1534 nach der Flucht aus dem Gefolge Kaiser Karls V. auf dem Augsburger Bundestag nachdrücklich seine Ansprüche auf sein angestammtes Herzogtum anmeldete.

Anna Maria (1526–1589), Gemahlin Herzog Christophs, Tochter des Markgrafen Georg von Brandenburg-Ansbach. Christoph heiratete 1544 die Siebzehnjährige, deren Vater sich 1530 beim Augsburger Reichstag als entschiedener Anhänger Luthers bekannt hatte. Anna Maria gebar vier Söhne und acht Töchter. Nach dem Tod Christophs übernahm die 42jährige Witwe zusammen mit drei Fürsten die Vormundschaft über den einzigen überlebenden Sohn, Herzog Ludwig, und wurde an der Regierung beteiligt. Sie fiel jedoch einer geistigen Krankheit anheim und wurde 1571 der Vormundschaft entsetzt. Darauf lebte sie zurückgezogen im Schloß in Nürtingen.

In einer Kopie für die Ambraser Sammlung Erzherzogs Ferdinands II. von Tirol hat sich das lebensgroße Bildnis Herzog Christophs (1550–1568) erhalten, das Abraham de Hel um 1565 malte und das den Herzog, nach der spanischen Mode der Zeit gekleidet, gleichwohl mit beiden Beinen fest auf dem Boden stehend, in seinen letzten Lebensjahren zeigt.

Das Kloster Blaubeuren, wie es 1630 Gabriel Buzelin sah und wie es sich im wesentlichen bis heute erhalten hat. Das Kloster war allerdings 1535 aufgehoben und nach Herzog Christophs Klosterordnung von 1556 in eine evangelische Klosterschule verwandelt worden, die in veränderter Form heute noch besteht.

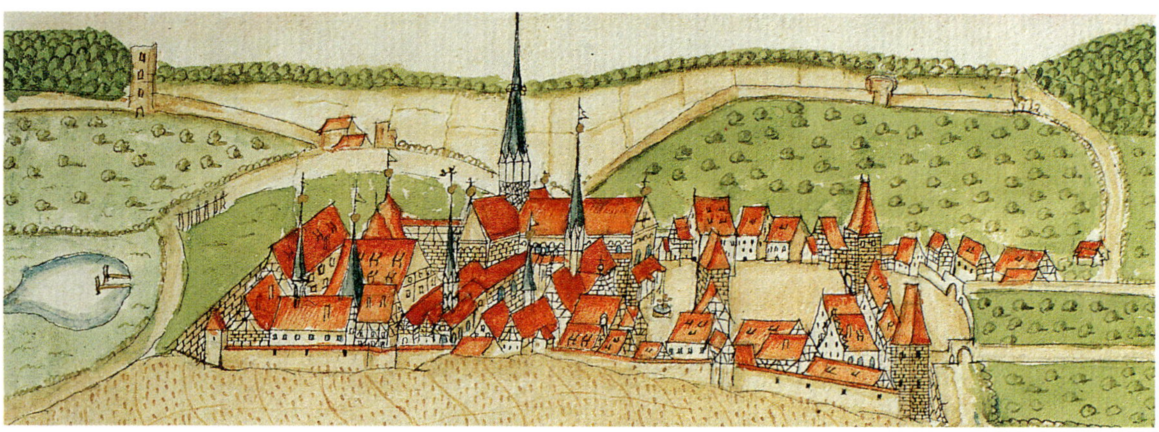

Herzog Ulrich hatte im Landshuter Krieg 1504 die Vogtei über das Zisterzienserkloster Maulbronn der Pfalz abgenommen. Auch Maulbronn bestand nach der Reformation als Klosterschule unter Leitung eines evangelischen Abtes weiter.

Titelblatt der Großen Kirchenordnung von 1559. Dieses große kirchlich-sozial-kulturelle Gesetzeswerk umfaßt 19 Einzelordnungen über das Bekenntnis, den Gottesdienst, die kirchliche Organisation, kirchliche Vermögen, das Eherecht, die Organisation der Schulen, das Evang. Stift, die Behandlung von Sektierern, die Tätigkeit von Ärzten, die Aufgabe der Stadtschreiber und über verschiedene Visitationen und Aufsichtsmaßnahmen. Die Texte des 530 Seiten umfassenden Werkes wurden unter aktiver Mitwirkung des Herzogs von dessen Räten (leitenden Regierungsbeamten) und Theologen verfaßt.
Auf dem Titelblatt das Wappen des Herzogs: In den vier Feldern die 3 Hirschstangen, die Rauten (Wecken) von Teck, die Reichssturmfahne von Markgröningen und die Barben von Mömpelgard; als Helmzier das Horn des württembergischen und der Bracke (Rumpf eines Jagdhundes) des Teck'schen Wappens.

Von Gottes
gnaden vnser Christoffs Her-
tzogen zů Würtemberg vnd zů Teckh/ Grauen
zů Mümpelgart/ ꝛc. Sumarischer vnd einfäl-
tiger Begriff / wie es mit der Lehre vnd Ceremonien in den
Kirchen vnsers Fürstenthumbs/ auch derselben Kirchen
anhangenden Sachen vnd Verrichtungen/ biß-
her geübt vnnd gebraucht / auch fürohin
mit verleihung Göttlicher gnaden
gehalten vnd volzogen wer-
den solle.

Getruckt zů Tüwingen/ Am jar
1559.

Das erste württembergische Landrecht von 1555, zweite Ausgabe von 1567. Um im Bereich des Zivil- und Prozeßrechtes die aus dem Mittelalter überkommene lokale Rechtsvielfalt zu überwinden, gab Herzog Christoph den Auftrag, alle regionalen und örtlichen Rechtsgewohnheiten zu sammeln und daraus ein einheitliches Landesrecht zu bilden. Das Unternehmen erwies sich als überaus schwierig und konnte dann doch nur mit Hilfe des an den Universitäten gelehrten römischen Rechts bewältigt werden. An der Rechtskodifizierung wirkten Verwaltungsbeamte, Universitätsjuristen und Mitglieder der Landstände mit. Das 1555 erlassene Landrecht gilt als bedeutender Fortschritt in der Rechtsgeschichte, es wurde zum Vorbild für andere Territorien.
Das Titelblatt zeigt über der Helmzier ein Band mit den Anfangsbuchstaben des Wahlspruchs von Herzog Christoph: Verbum domini manet in aeternum (das Wort des Herrn bleibt in Ewigkeit).

Der Arkadenhof des Stuttgarter Alten Schlosses ist die bedeutendste Schöpfung des baulustigen Herzog Christoph. Aberlin Tretsch hat ihn ab 1557 in einer eigentümlichen Mischung aus gotisierenden und antikisierenden Elementen errichtet.
Das Bild zeigt ihn noch mit den barocken Brüstungen und dem Dachausbau des 19. Jahrhunderts im Zustand vor dem Krieg.

Die Kapelle im Alten Schloß in Stuttgart, 1560–1562 von Aberlin Tretsch erbaut, wurde zwar 1864 im Innern gotisierend umgestaltet, ist aber als älteste, für den protestantischen Gottesdienst errichtete Kirche des Herzogtums ein Bau von großer kirchengeschichtlicher Bedeutung.

Von den Landschlössern Herzog Christophs hat sich das 1556–1565 erbaute Schloß in Göppingen am besten erhalten: Eine schlichte Vierflügelanlage, deren dekoratives Prunkstück die reich geschmückte Rebenstiege von Hans Neu ist.

Einfacher und nur teilweise erhalten ist das Jagdschloß in Pfullingen (1560–1567), als dessen Baumeister Aberlin Tretsch (um 1510–1578) genannt wird.

Für den „Sauerbrunnen“ in Göppingen errichtete Aberlin Tretsch ab 1557 ein neues Badegebäude, das, 1617 von Heinrich Schickhardt (1558–1634) um zwei Stockwerke erhöht und später vielfach umgebaut, im heutigen Christophsbad erhalten ist.

Als einer der großen herrschaftlichen Fruchtkästen hat sich derjenige in Rosenfeld aus dem Jahre 1581 erhalten, ein allein durch seine Größe und Proportionen wirkender Nutzbau in einfachen Formen.

Die Eisenhütten im Brenztal, die dem Kloster Königsbronn gehört hatten, brachte Herzog Christoph ab 1554 unter seine Kontrolle. Sie fertigten in großer Zahl gußeiserne Grab- und Ofenplatten mit reichem figürlichem und dekorativem Schmuck.
Ein frühes Beispiel von 1551 (Mitte) zeigt das herzogliche Wappen und das Wappen der Stadt Balingen. Ungefähr gleichzeitig dürften die Platten mit Tugenden und Lastern nach grafischen Vorlagen von Georg Pencz und anderen entstanden sein.

Herzog Ludwig (1568–1599) prunkliebend und baufreudig, fromm und wohlmeinend, liebte den Wein und die Jagd und war sicher kein besonders bedeutender Regent. Aber seine Regierungszeit verlief ohne große kriegerische Auseinandersetzungen, und das Herzogtum erfreute sich wachsenden Wohlstands. So ist Ludwigs Name mit einer Zeit der Kunst und Kultur im Lande verbunden, die im Bau des »Lusthauses« ihren über die Grenzen Württembergs hinaus beachteten und bewunderten Höhepunkt fand.

◀ Ein prächtiges Kleinod der Spätrenaissance ist ein Gnadenpfennig des Herzogs Ludwig aus den achtziger Jahren des 16. Jahrhunderts. Derartige Stücke wurden damals häufig als fürstliche Ehrengaben und sozusagen als Vorläufer der späteren Orden verliehen. Das vorliegende Exemplar ist aber ein besonderes Prunkstück, das vermutlich aus dem persönlichen Besitz des Herzogs stammt. Es besteht aus einer goldenen »Dose«, die von einer Goldschmiedeeinfassung mit Kette und Ring umgeben ist. Die beiden Hälften sind mit einem Scharnier verbunden und können mit Haken und Öse geöffnet und verschlossen werden. Die Vorderseite zeigt ein geharnischtes Brustbild des Herzogs, die Rückseite das behelmte Wappen mit seiner Devise. Auf den Innenseiten der beiden Hälften befinden sich Miniaturporträts des Herzogs (unten rechts, linke Hälfte) und seiner ersten Gemahlin Dorothea Ursula von Baden, die 1583 plötzlich verstarb (unten links, rechte Hälfte). Auf einem dazwischen eingefügten, drehbaren Goldplättchen ist das Bild von Ludwigs zweiter Frau Ursula von Pfalz-Veldenz angebracht (unten rechts, rechte Hälfte), während die Rückseite des Plättchens, auf dem die Bemalung teilweise abgegangen ist, nochmals die Devise des Herzogs und die Jahreszahl 1587 trägt (unten links, linke Hälfte).

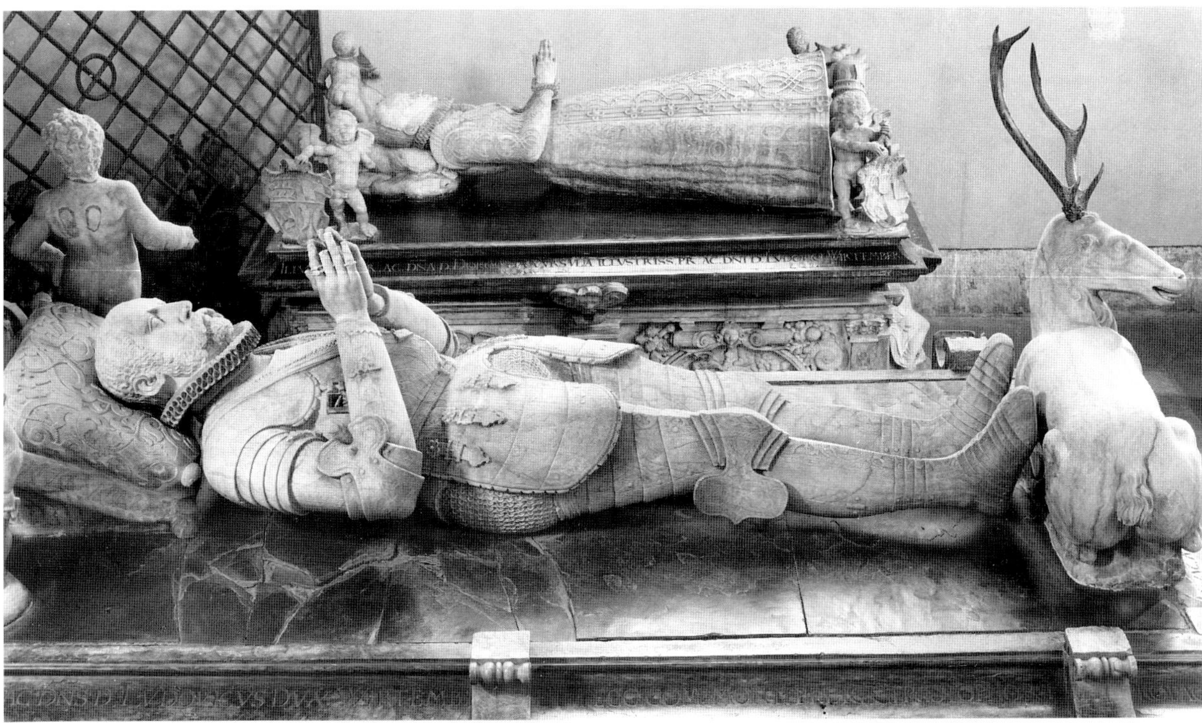

Die prunkvollsten Gräber in der Tübinger Stiftskirche sind die Hochgräber, die Herzog Ludwig noch bei Lebzeiten für sich und seine erste Gemahlin Dorothea Ursula von Baden (1559–1583) durch Christoph Jelin (um 1530–1610) anfertigen ließ.

In der Münzreihe von Herzog Ludwig nimmt ein Porträttaler des Jahres 1585 eine besondere Stellung ein. Er entspricht in dieser Gestaltung nicht den damaligen Reichsvorschriften und ist deshalb nicht als Kurantmünze, sondern als Fest- und Gedenkprägung anzusehen, die anläßlich der zweiten Vermählung des Herzogs angefertigt wurde.

Die sehr sorgfältige Vedute, die Matthäus Merian wohl 1623 oder 1624 vor Ort als Vorarbeit zu einem Stich aufgenommen hat, rückt den Prachtbau des Stuttgarter Lusthauses (etwa an der Stelle des heutigen Kunstgebäudes) in den Vordergrund und zeigt das Alte Schloß mit den hohen Kaminen von der Planieseite zwischen dem »Neuen Bau« Herzog Friedrichs links und der doppeltürmigen Stiftskirche rechts.

Der große Saal des Neuen Lusthauses in Stuttgart war wegen seiner stützenlosen Decke berühmt, die von Wendel Dietterlin 1590–1593 mit Jagdszenen, topographischen und religiösen Darstellungen geschmückt wurde.

Im Stuttgarter Lusthaus waren große Landtafeln aufgehängt, auf denen die »Ämter« des Herzogtums dargestellt waren. Erhalten hat sich allein die Karte des Stuttgarter Amts, die im Vordergrund Herzog Ludwig bei seiner Lieblingsbeschäftigung, der Jagd, zeigt, und im Hintergrund die Residenzstadt Stuttgart mit dem neuerbauten Lusthaus und der Stange für das Vogelschießen.

Die einzige Darstellung des Klosters Hirsau vor der Zerstörung findet sich auf dem Zinnsarg des 1677 hier verstorbenen Herzogs Wilhelm Ludwig von Württemberg. Sie wird hier in einer Umzeichnung des frühen 19. Jahrhunderts wiedergegeben und zeigt rechts vorne das Schloß, das Herzog Ludwig ab 1590 anstelle der Alten Abtei des Klosters durch Georg Beer für Jagd- und Badeaufenthalte errichten ließ. Es ging mit dem Kloster 1692 zugrunde.

Jakob Andreä (1528–1590). Theologe, von 1561 an Professor und Kanzler der Universität Tübingen. 1568 führte er die Reformation in Braunschweig-Wolfenbüttel ein, 1576 bis 1581 wirkte er im Kurfürstentum Sachsen. Sein kirchengeschichtlich bedeutendstes Werk war die theologische Einigung des deutschen Luthertums durch die Konkordienformel von 1577.

Martin Crusius (1526–1607), Altphilologe und Geschichtsschreiber. Crusius wirkte von 1559 an als hochangesehener Gelehrter in Tübingen. Sein Hauptwerk, die »Annales suevici«, sind eine überaus materialreiche Chronik Schwabens.

Nicodemus Frischlin (1547–1590), Tübinger Altphilologe und Poet. Der hochbegabte Dichter-Gelehrte hatte besonderen Erfolg am Hof Herzog Ludwigs in Stuttgart, wo seine lateinischen Komödien aufgeführt wurden. Durch sein ungezügeltes Temperament und seine Überheblichkeit machte er sich jedoch zunehmend Feinde unter Kollegen und bei Hofe. 1590 wurde er verhaftet und auf der Festung Hohenurach festgehalten. Bei einem Ausbruchsversuch stürzte er tödlich ab.

Michael Mästlin (1550–1631), Mathematiker und Astronom in Tübingen. Ursprünglich Theologe berechnete Mästlin schon 1576 einen neuentdeckten Fixstern mit einfachsten Hilfsmitteln richtig. 1580 wurde er Professor in Heidelberg, 1584, als Nachfolger Apians, in Tübingen. Er war Lehrer, Förderer und Freund Keplers.

Eine Inschrift oben auf der Plattform erinnert daran, daß Herzog Ludwig zusammen mit seiner Gemahlin Dorothea Ursula im Jahre 1581 den Turm des Straßburger Münsters bestiegen hat.

Eine Gesamtansicht der »Fürstlichen Hauptstatt Stuttgart« von Jonathan Sautter aus dem Jahre 1610 zeigt die Stadt von Südosten mit dem Lusthaus und Lustgarten zur Rechten, Kanzlei, Schloß und Neuen Bau in der Mitte, die Stiftskirche und die Stadt mit ihren Vorstädten dahinter und zur Linken.

Herzog Friedrich I.
(1593–1608)
brachte einen neuen,
frühabsoluti-
stischen Stil
in das bisher
eher
patriarchalische
Stuttgarter
Hofleben.

Besonders
stolz war er
auf den französischen
Michaelsorden und
den englischen
Hosenbandorden,
die er nach vielen Mühen
erlangt hatte und bei jeder
Gelegenheit zur Schau stellte.

Herzog Friedrich war seit 1581 mit Sybille von Anhalt (1564–1614) verheiratet, die ihm 15 Kinder gebar, von denen neun den Vater überlebten.

Matthäus Enzlin (1556–1613). Der Tübinger Rechtsprofessor wurde 1594 von Tübingen aus Berater Herzog Friedrichs, vor allem in staatsrechtlichen und geheimen Angelegenheiten. 1602 wurde er ständiger Geheimer Rat in Stuttgart und engster Mitarbeiter des Herzogs. Er beriet Friedrich hauptsächlich in der schwierigen Frage der Ablösung der österreichischen Lehensherrschaft über Württemberg, die 1599 schließlich gelang. Später vertrat er den Herzog im Streit mit den Landständen um eine Revision des Tübinger Vertrags und wirkte maßgebend bei der Ausschaltung der Landstände mit – ein Helfer bei der Durchsetzung frühabsolutistischer Ziele. Nach dem Tod des Herzogs wurde der unbeliebt gewordene, zum Teil verhaßte Enzlin wegen Amtsmißbrauchs und persönlicher Bereicherung – in Wahrheit aus politischen Gründen – zu lebenslänglicher Haft auf Hohenurach verurteilt . Als er den Verdacht von Geheimnisverrat auf sich zog, wurde er 1613 zum Tode verurteilt und auf dem Marktplatz in Urach hingerichtet.

Ein Zögling der Leonberger Lateinschule und ab 1589 des Tübinger Stifts war der 1571 in Weil der Stadt geborene Astronom, Physiker und Mathematiker Johannes Kepler (gest. 1630). Die nach ihm benannten Gesetze charakterisieren den Gang der Planeten. Trotz vieler Schwierigkeiten hielt er auch am kaiserlichen Hof und als Professor in Graz und Linz an seinem protestantischen Bekenntnis fest. Andererseits scheiterten verschiedene Versuche Keplers, wieder nach Württemberg zurückkehren zu können und in dortige Dienste zu treten, nicht zuletzt daran, daß er nicht bereit war, die Konkordienformel zu unterschreiben.

Prager Vertrag vom 24. Januar 1599. Kaiser Rudolf II. verzichtet als Haupt des Hauses Österreich auf die Lehensherrschaft über das Herzogtum Württemberg – gegen eine Abfindung von 400 000 Gulden. Herzog Friedrich hatte sich geweigert, die österreichische Lehensherrschaft anzuerkennen, weil seine Erbansprüche über seinen Vater vor die Zeit der Vertreibung Herzog Ulrichs und des Vertrages von Kaaden (1534) zurückgingen. Nach mehrjährigen Verhandlungen kam dieser Vertrag zustande, durch den Württemberg wieder unmittelbares Reichslehen wurde. Österreich behielt sich jedoch für den Fall, daß das Haus Württemberg aussterbe, das Recht der Nachfolge vor, versprach aber, dabei die Konfession nicht zu ändern.
Erste von neun Pergamentseiten, Siegel des Kaisers und Herzog Friedrichs.

Stets bemüht, sein Herzogtum zu vergrößern und eine Landbrücke zu den Besitzungen im Elsaß und in Burgund zu schaffen, ließ sich Herzog Friedrich 1604 vom Straßburger Bischof das Oppenauer Tal mit den Städten Oberkirch und Oppenau verpfänden. Die Pfandschaft wurde freilich 1634 wieder eingelöst und so prangt heute wieder das Straßburger Wappen am Oberen Tor von Oppenau, das übrigens nach einem Brand im Jahre 1630 von Heinrich Schickhardt (1558–1635) wieder aufgebaut wurde.

Im elsässischen Horburg, das seit 1324 zu Württemberg gehörte, hatte Graf Georg von Württemberg-Mömpelgard (1498–1558), der seit 1526 Mömpelgard regierte, im Jahr 1543 ein Schloß errichten lassen, das ab 1597 sein Sohn, Herzog Friedrich, durch Heinrich Schickhardt zu einer weitläufigen, hufeisenförmigen Anlage mit runden Ecktürmen und hohem Wall mit Torgebäude vor der offenen Seite ausbauen ließ. Es wurde 1675 zerstört.

MONUMENTS DISPARUS EN ALSACE.

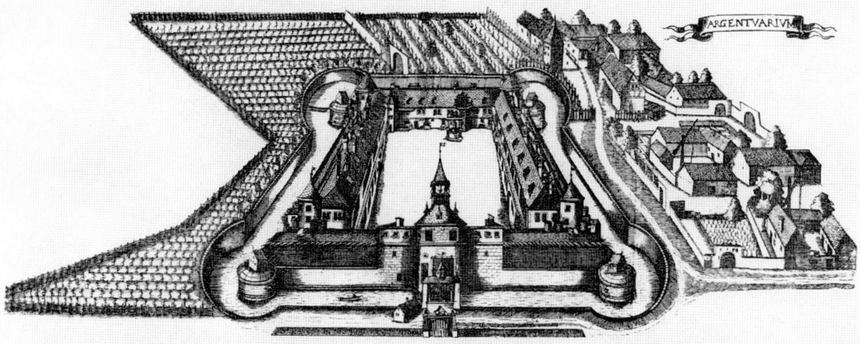

ANCIEN CHATEAU DE HORBOURG.

D'après une gravure en taille douce, sans indication de graveur ni légende autre que celle de la banderole « ARGENTVARIVM » et le mot « Strass nach » (partie déchirée).

Hauteur de l'original : $0^m,21$; largeur : $0^m,335$.

Ein 1583 bei Benningen gefundener Weihealtar kam zunächst in das Stuttgarter Lusthaus, wurde aber dann, weil man die Inschrift falsch interpretierte und den Stein als Grenzstein des römischen Reiches mißverstand, auf einem Sockel mit einer den Herzog Friedrich rühmenden Inschrift wieder aufgestellt. Er befindet sich heute im Württembergischen Landesmuseum.

Der sogenannte Herzogstein in Mühlacker, 1604. Der Stein stand früher südwestlich von Mühlacker, nahe der Enz, an der ehemaligen württembergisch-badischen Grenze. Herzog Friedrich unternahm von hier aus vom 15. März bis 14. April 1604 einen Umritt entlang der Landesgrenze rings um das Herzogtum herum. Der Pfeiler ist heute noch 2,37 m hoch (ein Aufsatz fehlt) und 68 cm breit. Die Inschrift weist auf die Grenzbegehung des Herzogs hin. Die Seiten rechts und links tragen das württembergische Wappen. Auf der Rückseite blieb das Feld leer. Das später als Grenzstein benutzte Denkmal befindet sich heute im Heimatmuseum.

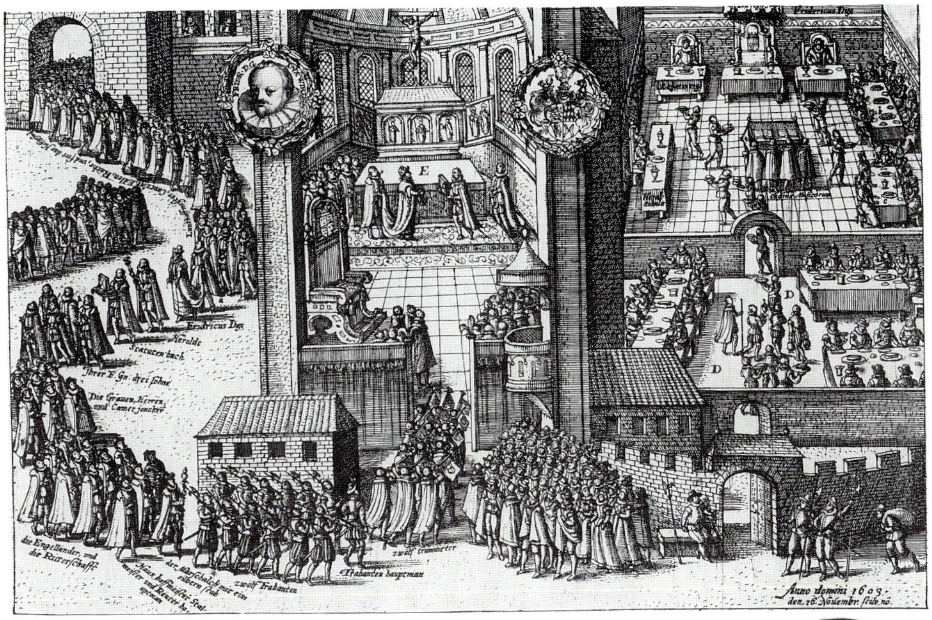

Am 16. November 1603 wurde Herzog Friedrich nach langen Bemühungen endlich der Hosenbandorden verliehen, eine Auszeichnung, die außerhalb Englands sonst nur ganz wenigen souveränen Monarchen zuteil wurde. Eine Delegation des englischen Königs überreichte das Ordenszeichen feierlich in Stuttgart. Den festlichen Zug vom Schloß zur Stiftskirche, die Übergabe des Ordens vor dem Altar und das Festbankett, bei dem wie auch in der Kirche ein leerer Thron den englischen König repräsentierte, schildert ein Stich aus dem Jahre 1603.

Anläßlich des Hoffestes von 1605 wurde auch eine kleine einseitige Medaille geprägt, die den Herzog im Schmuck des Hosenbandordens zeigt und als »Auswurfmünze« diente.

Hoffest zum 2. Jahrestag der Verleihung des Hosenbandordens (1605). Friedrich feierte die Ordensaufnahme in den folgenden Jahren in Stuttgart, besonders aufwendig im April 1605. Der »Aufzug« zum Turnier, der hier dargestellt ist, war ein fester Bestandteil festlicher Zeremonien, bei dem die Mitwirkenden in historischer oder mythischer Kleidung auftraten. Oben sieht man an 5. Stelle von links Herzog Johann Friedrich, den ältesten Sohn des regierenden Herzogs, darunter seine Brüder Ludwig Friedrich und Julius Friedrich zusammen mit drei Herzögen von Sachsen und anderen Adligen.

Das in den Jahren 1598–1602 von Heinrich Schickhardt (1558–1635) im Auftrag Herzog Friedrichs in Mömpelgard (Montbéliard) erbaute Kollegium scheint ein stattlicher Bau gewesen zu sein, der charakteristische Formen der württembergischen Schloßarchitektur des 16. Jahrhunderts wie die runden Treppentürme und die viereckigen Dachausbauten zeigte.

Die Kirche St. Martin in Mömpelgard wurde 1601–1607 ebenfalls von Heinrich Schickhardt erbaut, ein chorloser Predigtsaal, der innen und außen von Pilastern gegliedert ist und alle spätgotisch-mittelalterlichen Formen vermeidet. Nach einem ganz ähnlichen Plan wurde dann 1618/19 auch die Stadtkirche in Göppingen gebaut.

Die Ansicht von Urach aus einem fürstlichen Stammbuch des frühen 17. Jahrhunderts zeigt im Vordergrund, durch eine moderne Befestigungsanlage geschützt, die 1599 von Herzog Friedrich zur Förderung der Leinwandherstellung errichtete Vorstadt mit 29 Weberhäusern, die Bleiche, die der späteren Uracher Zeughandelskompanie die Waren zum Handel lieferte.

In Tübingen erbaute Georg Beer 1588–1592 das Collegium illustre, das heutige Wilhelmstift, das unter Herzog Friedrich in eine Ritterakademie umgewandelt wurde. Ein Stammbuchblatt von 1602 zeigt die Zöglinge beim Fußturnier im Innenhof.

Das Schloß Hellenstein über Heidenheim a. d. Brenz, an der östlichen Landesgrenze gelegen, war schon von Herzog Ulrich neu gebaut worden. Unter Herzog Friedrich wurde es modernisiert und zur Festung ausgebaut nach Plänen, die wohl ebenfalls von Heinrich Schickhardt stammen.

Am Aufgang zum Tübinger Schloß ließ der Herzog 1606/07 durch Heinrich Schickhardt und Hans Braun das triumphbogenartige Untere Tor errichten, dessen aufwendiger dekorativer und heraldischer Schmuck von Christoph Jelin (um 1530–1610) herrührt. Es zeigt zwischen martialischen Landsknechtsgestalten das herzogliche Wappen, umgeben von den Insignien des französischen St. Michaelsordens und des englischen Hosenbandordens.

Im »Baumeisterbuch« des Nürnberger Ratsbaumeisters Wolf Jacob Stromer (1561–1614) findet sich ein Aufriß des »Neuen Baues«, den Heinrich Schickhardt 1600–1608 als Marstall, Festsaal und Kunstkammer westlich des Schlosses in Stuttgart für Herzog Friedrich erbaute.

Herzog Friedrich ließ von Heinrich Schickhardt Pläne zeichnen für Schlösser, die nie fertiggestellt wurden, so für das 1606 begonnene Schloß in Calw, das an die Stelle der 1601 abgerissenen Burg treten sollte, das aber nicht über die Grundmauern hinaus gedieh .

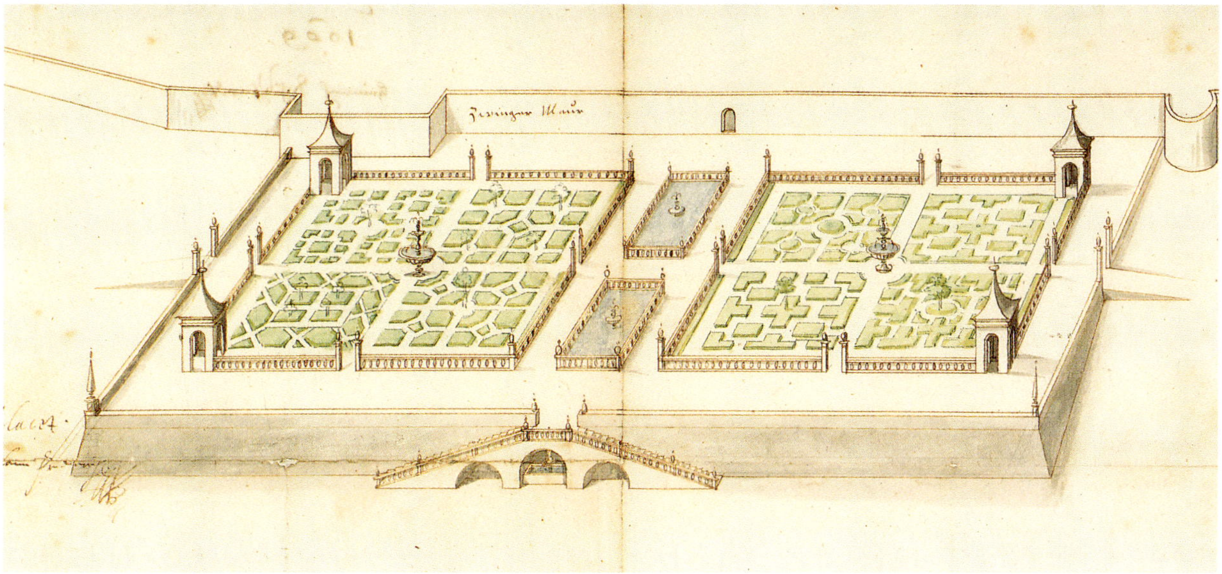

Für den Garten der Herzoginwitwe Sybille an der Südseite des Leonberger Schlosses fertigte Heinrich Schickhardt 1609 einen Entwurf, nach dem in unseren Tagen der in geometrische Muster eingeteilte, mit Brunnen und Pavillons besetzte Renaissance-Garten erneuert werden konnte.

Zu den Schlössern, die zwar von Heinrich Schickhardt geplant, aber nie fertiggestellt wurden, gehört auch das als Witwensitz vorgesehene Schloß in Backnang, mit dessen Bau 1606 begonnen und von dem nur ein Flügel fertiggestellt wurde.

Im Gegensatz zu den Kirchen in Mömpelgard und Göppingen griff Heinrich Schickhardt bewußt auf mittelalterliche Formen zurück, als er 1601–1608 die über Eck gebaute Kirche in Freudenstadt errichtete. Die 1944 zerstörte Decke war mit dem Wappen der württembergischen Amtsstädte geschmückt, die ebenfalls zerstörte Emporenbrüstung mit farbigen Stuckreliefs biblischen Inhalts von Georg Schmitt.

Die Kirche in Waldenbuch, Kreis Böblingen, wurde ab 1605 von Elias Gunzenhäuser erbaut. Charakteristisch ist die Wiederverwendung gotischer Zierformen vom Vorgängerbau und die Verwendung der Obergeschosse als Fruchtböden.

Die wichtigste Gründung Herzog Friedrichs ist Freudenstadt, das zur Sicherung der Paßstraße über den Kniebis, zur Förderung des Erzabbaus in Christophstal und vielleicht sogar als neue Hauptstadt eines zum Oberrhein hin vergrößerten Herzogtums gedacht war. Mit der Planung beauftragte er seinen Baumeister Heinrich Schickhardt (1558–1634). Im März 1599 wurde mit den Arbeiten begonnen. Die regelmäßige quadratische Anlage der Stadt im Stil der Spätrenaissance mit ihrem großen Marktplatz und den Arkaden der Häuserzeilen spiegelt die Eindrücke von Friedrichs Italienreise wider. Das in der Mitte des Platzes geplante Schloß wurde freilich nie gebaut.

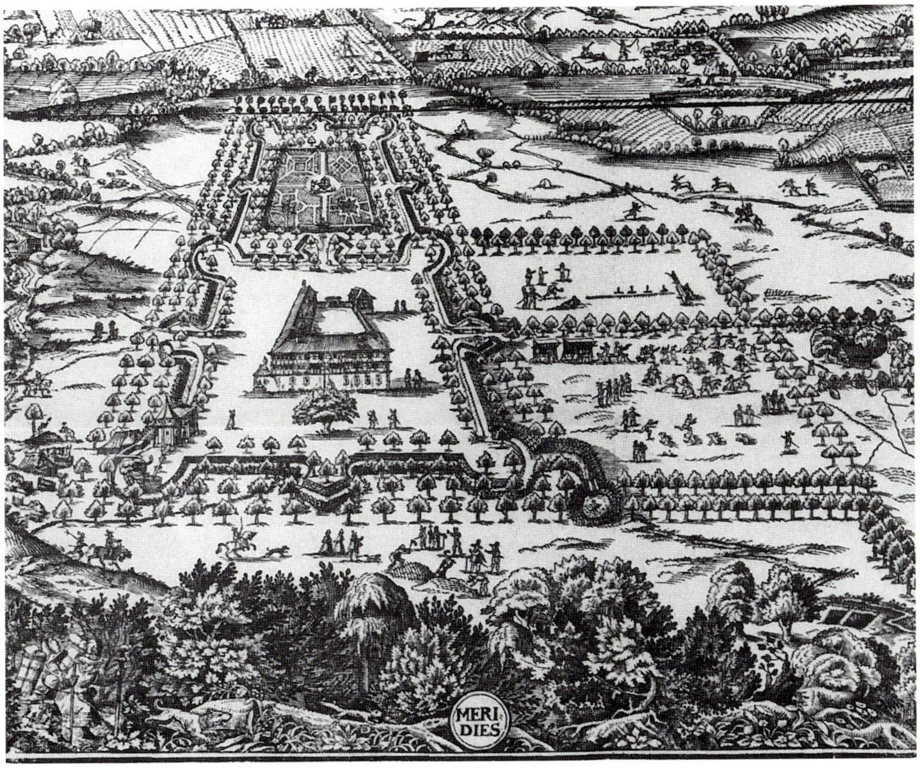

Das seit 1477 bekannte Schwefelbad in Boll ließ Herzog Friedrich ab 1594 von Heinrich Schickhardt neu erbauen und einen Lustgarten anlegen, dessen Aussehen in einem Stich von 1602 überliefert ist. Im 17. Jahrhundert hatte das »Boller Wunderbad« zeitweise großen Zulauf.

Im Stammbuch des Andreas Chemnitius, der 1601 als Mentor zweier adliger Studenten nach Tübingen kam, findet sich das lustige Bild eines Flößers auf dem Neckar, das Urbild der von den Tübinger Studenten verspotteten »Jockele«, die verharmlosende Darstellung eines mühseligen Berufsstandes.

Die Stellung und das Selbstverständnis der »Landschaft«, d. h. der ständischen Vertretung der Städte, Ämter und Prälaten, schlug sich auch in der Führung eines eigenen Siegels und in der Prägung von Landschaftsmedaillen nieder. Das Siegel wurde 1595 von Herzog Friedrich genehmigt und seit 1597 benutzt. Die Medaillen stammen aus dem 17. und 18. Jahrhundert. Die Siegelstempel und die Vorderseiten der Medaillen zeigen das württembergische Wappen über einem liegenden Hirsch und einer liegenden Hirschkuh. Auf den Rückseiten der Medaillen erscheint die thronende Concordia mit einem Bienenkorb, die in der Umschrift als »Nährmutter des Vaterlandes« bezeichnet wird. ▶

PATRIÆ CONCORDIA NVTRIX

Herzog Johann Friedrich im Alter von 15 Jahren (1597). Er besuchte damals das »Collegium illustre« in Tübingen.
Das Bild zeigt den heranwachsenden Fürstensohn in frühbarocker Kleidung. Hinter ihm die Stadt Tübingen, links Stiftskirche und Collegium illustre (heute Wilhelmsstift), rechts das Schloß Hohentübingen und die Unterstadt, oben die Devise »Schlecht und Recht« (im Sinne von »schlicht und recht«), unten die Unterschrift.

Barbara Sophie (1584–1636), Gemahlin von Herzog Johann Friedrich, Tochter des Kurfüsten Joachim Friedrich von Brandenburg. Die Hochzeit am 5. November 1609 war Anlaß zu einem prächtigen, zehn Tage währenden Fest in Stuttgart. Barbara Sophie hatte neun Kinder. Sie starb zwei Jahre nach der Besetzung des Landes durch kaiserliche Truppen im Exil in Straßburg (1636).

Herzog Johann Friedrich (1608–1628) hatte die Liebe zur Prachtentfaltung seines Vaters, aber nicht dessen Energie geerbt. Im beginnenden Dreißigjährigen Krieg versuchte er, obwohl 1608 Mitbegründer der evangelischen Union, neutral zu bleiben und sein Land aus dem Krieg herauszuhalten.

Feuerwerk zum Abschluß der Hochzeitsfeier Herzog Johann Friedrichs mit Barbara Sophie von Brandenburg im November 1609. Man erbaute eigens zu diesem Zweck ein künstliches Bergschloß, das in Flammen aufging. Davor stehen zwei wilde Männer mit einem Hirsch, einem Greifen, einem Bären und einem Löwen, die das württembergische, brandenburgische und anhaltische Wappen tragen. Aus ihren Körpern sollen 8000 Raketen und Feuerschläger gefahren sein. Zur Hochzeit Johann Friedrichs, der aufwendige Pracht und raffinierte Hofkultur liebte, kamen 39 fürstliche Personen, 52 Grafen und Freiherren, mehr als 500 ritterliche Adlige, 100 adlige Damen und Tausende an Begleitpersonal. Mit noch größerer Pracht feierte Johann Friedrich im März 1616 die Taufe seines zweiten Sohnes Friedrich — während einer Tagung der in der Union zusammengeschlossenen evangelischen Fürsten. Der Aufwand für solch ehrgeizige Feste und überhaupt für den steigenden Bedarf des Hofes erregte die lebhafte Kritik der Landstände. Der Dreißigjährige Krieg verbot dann weitere solcher spektakulärer Feierlichkeiten.

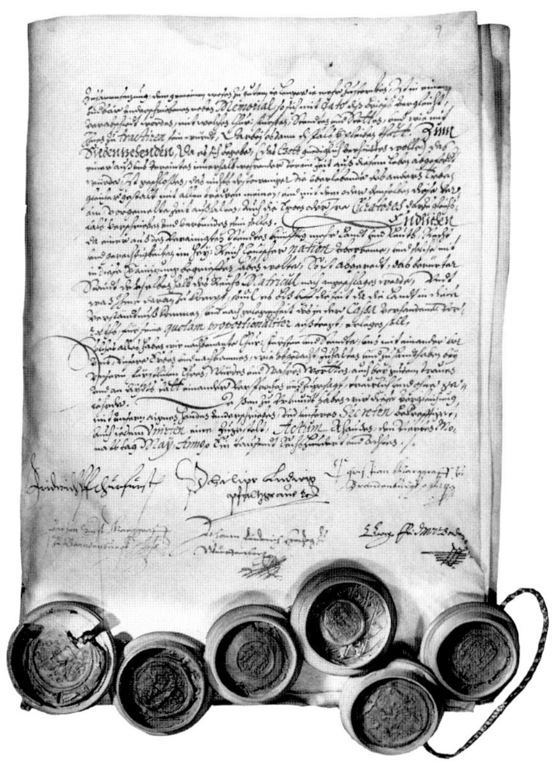

Vertrag über die Gründung der evangelischen Union am 14. Mai 1608 in Auhausen. Nachdem 1608 der Religionsfrieden nicht mehr erneuert worden war und einige evangelische Fürsten unter Protest den Reichstag verlassen hatten, wurde dieses Bündnis zur Erhaltung des Friedens und zur Verteidigung der verbündeten Länder geschlossen. Die »Union« erhielt eine feste Organisation unter Leitung des Kurfürsten von der Pfalz mit einem Kriegsrat und mit regelmäßigen Beiträgen der Mitglieder. Den Gründungsvertrag unterzeichneten Kurfürst Friedrich von der Pfalz, Pfalzgraf Philipp Ludwig von Neuburg, Markgraf Christian von Brandenburg-Bayreuth, Markgraf Joachim Ernst von Brandenburg-Ansbach, Herzog Johann Friedrich von Württemberg und Markgraf Georg Friedrich von Baden-Durlach. Später traten der Kurfürst von Brandenburg, der Landgraf von Hessen-Kassel, der Pfalzgraf von Zweibrücken und die Reichsstädte Ulm, Straßburg und Nürnberg bei. Erstmals schlossen sich damit lutherische und calvinistische Fürsten zu einem Bündnis zusammen. Letzte der neun Pergamentseiten mit den sechs Unterschriften und Siegeln.

Herzog Eberhard III. (1633–1674), Jugendbildnis um 1644 (links), Gemälde von 1651 (rechts).

Trotz seiner langen Regierungszeit ist über Herzog Eberhard III. erstaunlich wenig zu berichten: Die Ereignisse gingen über ihn hinweg, ohne daß er die Möglichkeit gehabt hätte, bestimmend einzugreifen.

Eberhard III. war zweimal verheiratet und hatte insgesamt 25 Kinder. Die Nachkommen stammen von der ersten Frau, der Wild- und Rheingräfin Anna Katharina, die er 1637 im Straßburger Exil geheiratet hatte. 1656 ging er eine zweite Ehe ein mit Maria Dorothea Sophia, die ihn um 24 Jahre überlebt hat.

Anna Katharina von Salm-Kyrburg (1614–1655) (links).

Maria Dorothea Sophia von Öttingen (1639–1698) (rechts).

Hans Kobenhaupt hat 1620 dieses prächtige Gefäß aus farbigem Achat geschnitten, eindruckvolles Zeugnis für die Prachtentfaltung am Stuttgarter Hof vor der Katastrophe des Dreißigjährigen Krieges.

Im fürstbrüderlichen Vergleich der Söhne Herzog Friedrichs vom 28. Mai 1617 erhielten die älteren Brüder Herzog Johann Friedrichs eigene Herrschaften, und zwar Ludwig Friedrich (1586–1631) Mömpelgard und Julius Friedrich (1588–1635) Weiltingen mit Brenz. Beide Brüder waren nach dem Tod von Johann Friedrich als Administratoren für den minderjährigen Eberhard III. tätig. Die ovale Goldmedaille von Ludwig Friedrich (links) trägt die Jahreszahl 1619 und stammt somit aus seiner Mömpelgarder Zeit. Die achteckige, mit Henkeln und einer Kette versehene Medaille von Julius Friedrich (rechts) nennt zwar seinen Administratortitel, spielt mit ihren Darstellungen aber wohl auf seine früheren militärischen Aktivitäten an.

E. H. Z. W. Nat: 1614

SERENISSIMA PRINCIPISSA AC DOMINA DOMINA
ANNA CATHARINA, PRINCIPISSA WURTEMBERGIÆ ET
TECCIÆ, COMITISSA MONTISBELGARDIÆ, DOMINA IN HEYDENHEIM NATA COMITISSA SYLVARUM ET RHENI.

SERENISSIMA PRINCIPISSA AC DOMINA DOMINA MARIA
DOROTHEA SOPHIA PRINCIPISSA WURTEMBERG: & TECCIÆ
COMITISSA MONTISBELGARD: DOMINA IN HEYDENH:
NATA COMITIS: OTING.

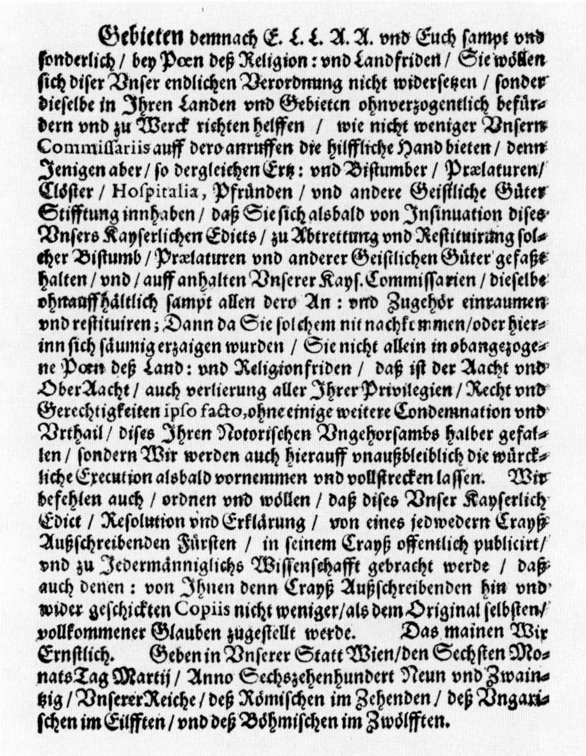

Gebieten demnach E. L. L. A. A. vnd Euch sampt vnd sonderlich / bey Pœn deß Religion: vnd Landfriden / Sie wöllen sich diser Vnser endlichen Verordnung nicht widersetzen / sonder dieselbe in Ihren Landen vnd Gebieten ohnverzogentlich befürdern vnd zu Werck richten helffen / wie nicht weniger Vnsern Commissariis auff dero anruffen die hilffliche Hand bieten / denn Jenigen aber / so dergleichen Ertz: vnd Bistumber / Prælaturen / Clöster / Hospitalia, Pfründen / vnd andere Geistliche Güter Stifftung innhaben / daß Sie sich alsbald von Insinuation dises Vnsers Kayserlichen Edicts / zu Abtrettung vnd Restituirung solcher Bistumb / Prælaturen vnd anderer Geistlichen Güter gefaßt halten / vnd / auff anhalten Vnserer Kays. Commissarien / dieselbe ohnauffhältlich sampt allen dero An: vnd Zugehör einraumen vnd restituiren; Dann da Sie solchem nit nachkommen / oder hierinn sich säumig erzaigen wurden / Sie nicht allein in obangezogene Pœn deß Land: vnd Religionfriden / daß ist der Aacht vnd OberAacht / auch verlierung aller Ihrer Privilegien / Recht vnd Gerechtigkeiten ipso facto, ohne einige weitere Condemnation vnd Vrthail / dises Ihren Notorischen Vngehorsambs halber gefallen / sondern Wir werden auch hierauff vnaußbleiblich die würckliche Execution alsbald vornemmen vnd vollstrecken lassen. Wir befehlen auch / ordnen vnd wöllen / daß dises Vnser Kayserlich Edict / Resolution vnd Erklärung / von eines jedwedern Crayß Außschreibenden Fürsten / in seinem Crayß offentlich publicirt / vnd zu Jedermänniglichs Wissenschafft gebracht werde / daß auch denen: von Ihnen denn Crayß Außschreibenden hin vnd wider geschickten Copiis nicht weniger / als dem Original selbsten / vollkommener Glauben zugestellt werde. Das mainen Wir Ernstlich. Geben in Vnserer Statt Wien / den Sechsten Monats Tag Martij / Anno Sechszehenhundert Neun vnd Zwaintzig / Vnserer Reiche / deß Römischen im Zehenden / deß Vngarischen im Eilfften / vnd deß Böhmischen im Zwölfften.

Restitutionsedikt Kaiser Ferdinands II. vom 6. März 1629, Schluß. Nach den Siegen Tillys und Wallensteins in Norddeutschland erließ der Kaiser aus eigener Vollmacht – unter Umgehung des Reichstages – dieses Edikt. Es bestimmte unter Berufung auf einen umstrittenen Artikel des Augsburger Religionsfriedens von 1555 u. a., daß alle landsässigen Klöster und Stifte, die nach dem Passauer Vertrag von 1552 reformiert wurden, der katholischen Kirche zurückzugeben seien. Das Edikt wurde auch auf die württembergischen Klöster angewandt, obwohl sie bereits nach 1535 reformiert worden waren. Sie waren nach dem Schmalkaldischen Krieg (1547) vorübergehend rekatholisiert und dann erst um 1555 aufs neue aufgehoben worden. Unter militärischem Druck wurden 1630 alle württembergischen Klöster mit Äbten und Mönchen wiederbesetzt, ihre Landgebiete dem Herzogtum entzogen und die Bevölkerung rekatholisiert. Erst nach dem Westfälischen Frieden wurden sie endgültig an Württemberg zurückgegeben.
Das Edikt, dessen Durchführung auch in Norddeutschland eine erhebliche Machtverschiebung zur Folge gehabt hätte, löste kräftige Gegenmaßnahmen aus, vor allem das Eingreifen des schwedischen Königs, das zu einer Wende des Krieges führte.

Belagerung von Villingen, 1633. Im Gefolge der Siege Gustav Adolfs drangen Truppen der württembergischen Landmiliz in katholische Nachbargebiete ein. Zwischen 1632 und 1634 wurde die vorderösterreichische Stadt Villingen dreimal belagert und bekämpft. Während die Reichsstadt Rottweil am 27. Dezember 1632 nach wenigen Tagen eingenommen wurde, hielt sich Villingen trotz Beschusses und trotz eines Versuches, die Stadt durch einen Dammbau zu überschwemmen, standhaft.

Die Niederlage der Schweden in der Schlacht von Nördlingen am 27. August bedeutete für das Land eine Katastrophe. Für die Habsburger dagegen war der Sieg so wichtig, daß sie ihn von Peter Paul Rubens in einem Gemälde verherrlichen ließen.

Beschießung von Schorndorf am 24. November 1634. Nach der Schlacht bei Nördlingen vom 27. August, als kaiserliche Truppen plündernd und sengend das Herzogtum Württemberg besetzten, übernahm der schwedische Oberst Taupadell die Verteidigung der Landesfestung Schorndorf. Er setzte sie in Verteidigungszustand, ließ die Vorstadt, in der 300 Menschen wohnten, abbrennen und verschaffte sich Proviantvorräte. Er hatte 2000 Soldaten und 1200 Pferde in der Stadt. Vom 26. Oktober an ließ Generalleutnant Gallas die Stadt mit sieben Regimentern einschließen. Als Taupadell Übergabeaufforderungen standhaft verweigerte, wurde Schorndorf am 24. November so heftig mit Granaten und Feuerkugeln beschossen, daß fast die ganze Stadt abbrannte. Am Tage darauf kapitulierte Taupadell gegen die Zusicherung freien Abzugs für die Besatzung.

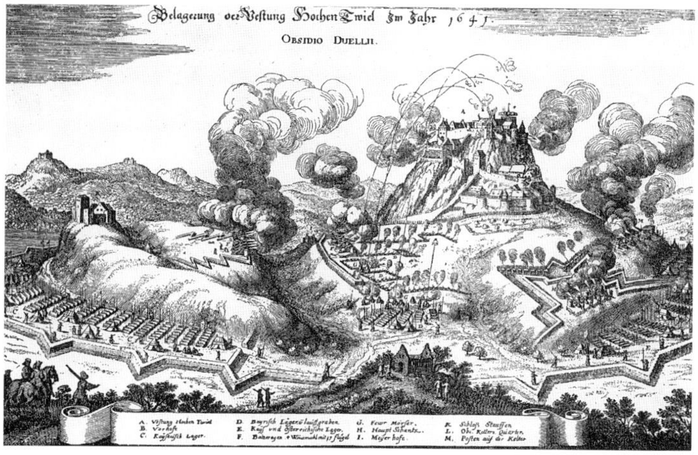

Belagerung des Hohentwiel im Jahre 1641. Als einzige württembergische Festung blieb der Hohentwiel im Dreißigjährigen Krieg unbezwungen. Der Major und spätere Oberst Konrad Widerhold hielt sie über fünf Belagerungen und zahlreiche Beschießungen hinweg und trotz vielfacher Aufforderungen zur Übergabe von 1634 bis zum Ende des Krieges. Selbst dem mehrfachen Befehl des eigenen Landesherrn, Herzog Eberhard III., der unter dem Druck des Kaisers den Hohentwiel ausliefern wollte, trotzte Widerhold, indem er sich direkt dem Befehl des schwedischen Generals Bernhard von Weimar unterstellte.

Die Besatzung Widerholds machte zahlreiche Ausfälle und fügte den Belagerern Schaden zu. Sie unternahm Streifzüge durch das Land, holte immer wieder Beute und Proviant, machte Gefangene, die gegen Lösegeld freigegeben wurden, und versetzte den Feinden, wo immer sie konnte, Schläge. Die Bevölkerung des Hegau und darüber hinaus litt schwer unter der württembergischen Festungsbesatzung.

Konrad Widerhold (1598–1667), Kommandant der Festung Hohentwiel.

Wilhelm Schickhardt (1592–1635), Theologe, Orientalist, Mathematiker, Astronom, Kartograph. Der geniale, vielseitige Gelehrte, in Herrenberg geboren, wurde 1614 Diakon in Nürtingen, 1619 Professor für biblische Sprachen in Tübingen, 1631 Professor für Mathematik und Astronomie als Nachfolger Mästlins. Er veröffentliche Schriften über Optik, Meteorologie und Planeten, erfand eine Himmelskugel und eine auf Logarithmen beruhende Rechenmaschine. Von 1624 an entwickelte er verbesserte Methoden einer Landesvermessung mit Hilfe der Triangulation und begann ab 1630 mit einer kartographischen Neuaufnahme Württembergs.

Jakob Löffler (1582–1638) . Der Jurist, der als Begleiter junger Edelleute in Deutschland, England und Frankreich viel gereist war, wurde 1615 Kanzler der württembergischen Nebenlinie in Mömpelgard und 1633 Kanzler in Stuttgart. Löffler verhandelte 1629 in Wien wegen der vom Kaiser geforderten Abtretung der württembergischen Klöster. Bei einer Gesandtschaft zu König Gustav Adolf erwies er sich als so gewandt und fähig, daß dieser ihn 1632 zum schwedischen Vizekanzler für deutsche Angelegenheiten ernannte. Löffler spielte darauf eine hervorragende Rolle bei den schwedisch-deutschen Bündnisverhandlungen, z. B. bei der Entstehung des Heilbronner Bundes.

Johann Valentin Andreä (1584–1654). Der Enkel Jakob Andreäas war 1639–1650 als Hofprediger in Stuttgart und Mitglied des Konsistoriums führender württembergischer Theologe. In seiner Jugend mit »Rosenkreutzer«-Ideen befaßt, kam er während ausgedehnter Studienreisen auch nach Genf, wo er das Leben einer reformierten Gemeinde mit ihrer Sittenstrenge bewundernd beobachtete. Als Dekan in Calw (1620–1638) leitete er Reformen ein, um Orthodoxie und christliches Leben in Einklang zu bringen. Von Stuttgart aus dehnte er sein Reformwerk auf ganz Württemberg aus, um in und nach den Kriegswirren eine geregelte Gemeindearbeit wiederzubeleben, die Bildung zu verbessern und durch die Einrichtung von »Kirchenkonventen« (nach Genfer Vorbild) die allgemeine Sittlichkeit zu heben.

Johann Konrad Varnbüler (1595–1657), Geheimer Rat und Diplomat. Nach dem Jurastudium Advokat beim Reichshofrat in Wien und Sekretär österreichischer Stände, 1633 Sekretär des von den Schweden dominierten Heilbronner Bundes. Nach der Flucht Herzog Eberhards III. im Jahre 1634 verhandelte Varnbüler unermüdlich, um dessen Rückkehr zu ermöglichen. Als Gesandter Württembergs bei den Westfälischen Friedensverhandlungen in Osnabrück (1643–1648) erreichte er es, daß Württemberg alle entzogenen Besitzungen, die Klöster und die abgetrennten Ämter, zurückerhielt. Dieser kaum zu erwartende Erfolg war seinen guten Beziehungen sowohl nach Wien wie zu den Schweden, vor allem aber seinem Verhandlungsgeschick und seiner integren Art zu danken. Herzog Eberhard belohnte ihn mit dem Rittergut Hemmingen, und der Kaiser erneuerte seiner Familie 1650 den Adel.

Repräsentanten der evangelischen und der katholischen Seite aus dem Dreißigjährigen Krieg im Münz- und Medaillenbild.

In der Folge des Siegeszuges von Gustav Adolf (reg. 1611–1632) durch Deutschland sind in einer ganzen Reihe von Orten Porträtprägungen und weitere Münzen des Schwedenkönigs entstanden. Aus Augsburg stammt beispielsweise ein Taler von 1632 (a). Vermutlich nach Gustav Adolfs Tod, der 1632 bei Lützen fiel, wurde ein undatierter, nicht eindeutig lokalisierter Taler des schwedischen Kanzlers Axel Oxenstierna (1583–1654) geprägt (b), der die schwedische Politik in Deutschland fortsetzte. An den in schwedischen Diensten stehenden Herzog Bernhard von Sachsen-Weimar (1604–1639), der 1634 in der auch für Württemberg fatalen Schlacht bei Nördlingen von den Kaiserlichen geschlagen wurde, erinnert eine Medaille auf die Eroberung von Breisach im Jahre 1638 (c). Die beiden Kaiser Ferdinand II. (reg. 1619–1637) und Ferdinand III. (reg. 1637–1657) sind jeweils durch zwei Kremnitzer Talerprägungen repräsentiert, und zwar der erstere durch eine Ausgabe von 1632 (d), der letztere durch ein Halbstück von 1657 (e). – Alle Münzen und die Medaille sind in Originalgröße abgebildet.

Münzen aus der Herzogszeit bis zum Ende des Dreißigjährigen Kriegs (1495–1648). Die mit der Herzogswürde verbundene Berechtigung zur Prägung aller silbernen und goldenen Nominale schlägt sich bei den größeren Münzsorten vor allem in einer Art Porträtgalerie nieder (a, d, g–k). Sie wird in einigen Fällen von Ausgaben unterbrochen, die den Reichsvorschriften gemäß nur das Wappen des Münzherrn und den kaiserlichen Doppeladler tragen (b, c und e). Das gelegentlich begegnende Bild des hl. Christophorus weist auf die Verwendung von einheimischem Silber hin (e). Der sonst in dieser Form nicht geprägte Hirschgulden (f) ist ein typisches Produkt der sogenannten Kipper- und Wipperzeit. – Alle Münzen sind in Originalgröße abgebildet.

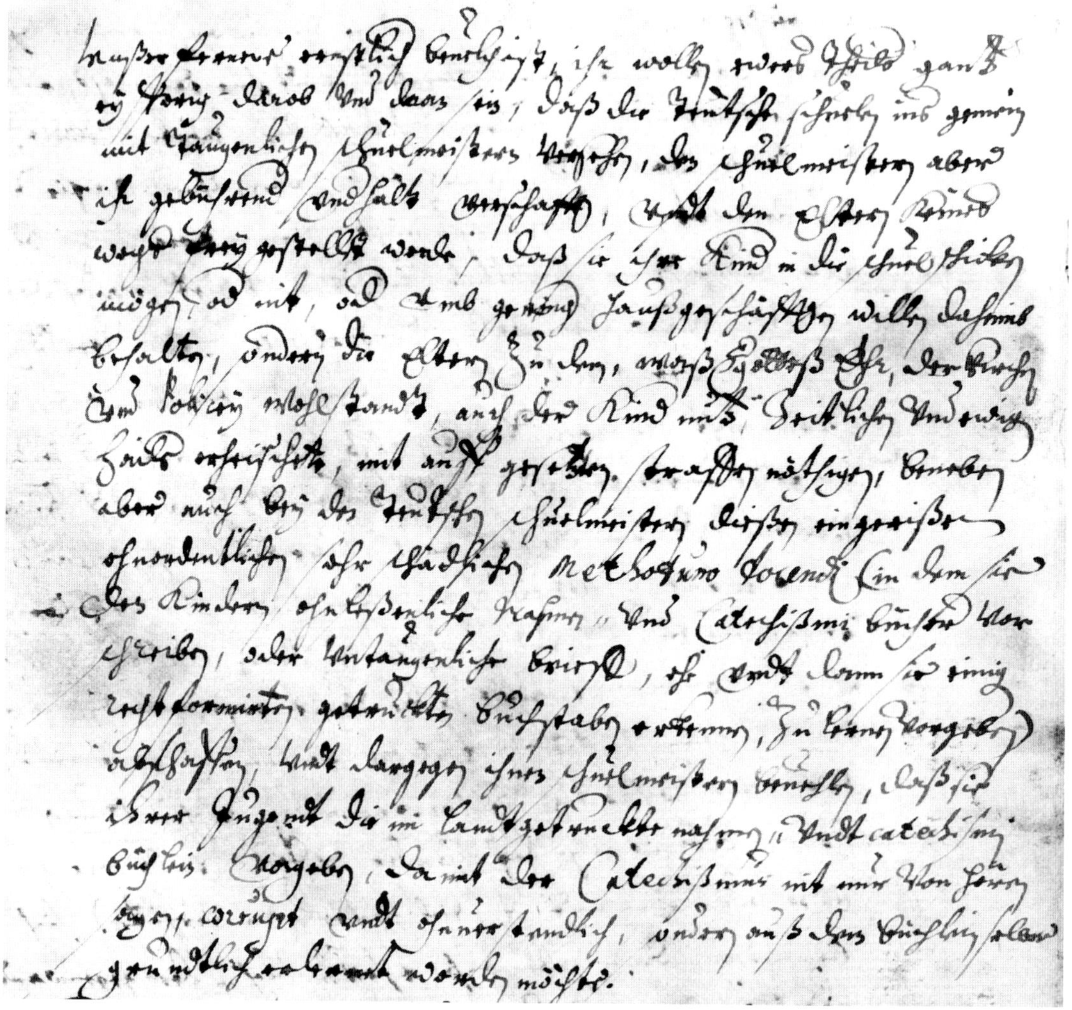

Erste Formulierung einer allgemeinen Schulpflicht in Württemberg. Sie steht im »Generalreskript« Herzog Eberhards III. vom 16. August 1649 über kirchliche, schulische und öffentliche Ordnung. Darin wird erstmals angeordnet, daß Eltern die Pflicht haben, ihre Kinder in die Schule zu schicken, und daß diese Verpflichtung durchzusetzen ist. Das Reskript nimmt Bezug auf die Kirchenleitung (»Synodus«), in der Johann Valentin Andreä führend tätig war. Es ist im Zusammenhang mit dem Reformwerk Andreäs zu sehen, der neben anderen Verbesserungen auch die Hebung der allgemeinen Bildung anstrebte. Durchführbar war die allgemeine Schulpflicht freilich nur bedingt, zumal es noch gar nicht überall Schulen gab. Aber das Ziel war festgelegt.

Das Reskript ist nur in einer zeitgenössischen Abschrift überliefert, deren dritte Seite mit dem entsprechenden Eintrag hier erstmals gezeigt wird. Der Text des oberen Teils lautet:

. . .unßer ferner ernstlich bevelch ist, ihr wollen ewers theils gantz eyffrig darob und daran sein, daß die teutsche schuelen insgemein mit taugenlichen schuelmeistern versehen, den schuelmeistern aber ihr gebührend underhalt verschafft undt den eltern keineswegs frey gestellt werde, daß sie ihre kinder in die schuel schicken mögen oder nit oder umb geringer haußgeschäften willen daheimb behalten, sondern die eltern zu dem, waß Gotteß ehr, der kirchen und policey wohlstandh, auch der kinder nutz, zeitlichen und ewigen hails erheischete, mit auffgesetzten straffen nöthigen . . .

Württemberg vom Ende des Dreißigjährigen Kriegs bis zum Ausgang des 18. Jahrhunderts

Paul Sauer

Der Wiederaufbau des Landes unter Herzog Eberhard III. (1648–1674)

Der Wiederaufbau des verwüsteten und eines Großteils seiner Bevölkerung beraubten Herzogtums war mühselig. Er nahm mehrere Jahrzehnte in Anspruch. Die Zahl der Einwohner erreichte gar erst wieder um 1720/30 den Vorkriegsstand. Zu den Menschen, die den Krieg im Land überlebt hatten, gesellten sich Rückkehrer, aus anderen, zum Teil weit entfernten Gegenden des deutschen Sprachgebiets hierher Verschlagene, Zuwanderer aus Oberschwaben, aus der Schweiz und aus sonstigen Landstrichen, in denen der Krieg weniger schlimm als in Württemberg gewütet hatte, schließlich Glaubensflüchtlinge aus Bayern, Tirol und Österreich. Durch Verminderung der Steuern und der rückständigen Zinsen sowie der auf den Gütern lastenden Schulden gab die Regierung Anreize zur Rekultivierung von Grund und Boden, durch strenge Taxordnungen hielt sie mit Blick auf die angespannte Lage der Landwirtschaft die Löhne der Handwerker niedrig. Vielerorts herrschte in der ersten Nachkriegszeit eine kaum vorstellbare Armut. Der Wiederaufbau der zerstörten Wohnhäuser sowie der öffentlichen Gebäude kam nur schleppend voran. Fast überall fehlte das Geld. Indes war bis Mitte der sechziger Jahre der größte Teil der Felder wieder bebaut, die meisten Weinberge wieder mit Reben bestockt. Das Gespenst des Hungers schien gebannt. Der Weinbau freilich, für Württemberg ein Wirtschaftsfaktor ersten Rangs, erlangte trotz aller Förderungs- und Strukturmaßnahmen wie der des Verbots der Obstmost- und der Bierherstellung, der Einführung ertragreicherer und qualitativ besserer Rebsorten nicht mehr die Vorkriegsbedeutung. Zu neuer Blüte gelangte die Tuch- und Leinenproduktion. 1648/50 wurde die Calwer Zeugmacherei wieder begründet. 1661 die Kompanie der Uracher Leinwandindustrie errichtet. Beide Unternehmen nahmen einen raschen Aufschwung; ihre Erzeugnisse fanden über die Reichsgrenzen hinaus Absatz. Die merkantilistisch orientierte Wirtschaftspolitik der Regierung suchte das einheimische Gewerbe vor lästiger fremder Konkurrenz zu schützen und ihm namentlich im Lande hinreichende Entfaltungsmöglichkeiten zu sichern, andererseits aber auch durch Exporterschwernisse für gewisse Produkte die Bedürfnisse des Binnenmarktes zu befriedigen. Im übrigen hielt sie an den traditionellen Formen der Rechts-, Sozial- und Wirtschaftsordnung fest.

Auch in der Verwaltung blieb es bei den bewährten Institutionen und Organisationsformen. Am Aufbau und an der Zahl der Ämter, ebenso der Zentralbehörden, änderte sich, sieht man von der Festlegung der Aufgaben des bereits 1628/29 geschaffenen Geheimen Rates ab, der als Beraterorgan des Herzogs in der Landespolitik einen maßgeblichen Part übernahm, kaum etwas. Eine Neuerung bildete lediglich die Kammerschreiberei: eine Reihe von kleinen territorialen Neuerwerbungen, die Herzog Eberhard III. 1649 zu einem Privatvermögenskomplex des Herzogshauses zusammengefaßt hatte. Vergeblich erhoben die Landstände gegen die Schaffung dieses dem Land und den Ämtern nicht integrierten, der Besteuerung durch die Landschaft nicht unterworfenen, in der ausschließlichen Verfügungsgewalt des Herzogs stehenden Besitzkomplexes Protest.

Herzog Eberhard III., ein auf seine Würde bedachter Fürst, der nach der unglücklichen Schlacht von Nördlingen viele Jahre in unfürstlicher Armut hatte zubringen müssen, neigte zu einer prunkvollen Hofhaltung. Freilich setzten einer solchen die geringen wirtschaftlichen Hilfsquellen des kleinen, weithin verwüsteten Landes zumindest in den ersten Nachkriegsjahren enge Grenzen. Die meist in einem desolaten Zustand befindlichen fürstlichen Schlösser konnten nach und nach notdürftig wieder hergestellt werden. Lediglich bei der Modernisierung und der Neuausstattung des unbewohnbar gewordenen Stuttgarter Residenzschlosses wurde nicht geknausert. Der herzogliche Hof hatte hier seinen Mittelpunkt, und Eberhard III. vertrat die Auffassung, Württemberg und sein Regentenhaus könnten im Reich und darüber hinaus nur durch eine glanzvolle fürstliche Repräsentation zu dem ihnen gebührenden Ansehen gelangen. Daß die führenden württembergischen Kirchenmänner und die Landstände darin unverantwortliche Verschwendungssucht sahen, kümmerte ihn wenig. Andere Barockfürsten taten es ihm gleich, oder sie überboten ihn gar noch bei weitem an höfischer Prunkentfaltung. Opernaufführungen, Ballette, Turniere, Rennen, Feuerwerke und als Großveranstaltungen aufgezogene Jagden gaben dem Hof Eberhards III. das Gepräge. Festlich begangen wurden auch Geburtstage von Angehörigen der herzoglichen Familie, ebenso Hochzeiten. Auch Leichenbegängnisse, so die seiner Gattin Anna Katharina 1655 und des auf einer Kavaliersreise verstorbenen Erbprinzen 1658, nahm Eberhard zum Anlaß zu eindrucksvoll inszeniertem Schaugepränge.

Der nach dem Westfälischen Frieden fortbestehende Antagonismus zwischen der Habsburger Kaisermacht und Frankreich hatte für Württemberg fatale Auswirkungen. Bei militärischen Konflikten französischen Heeren fast wehrlos preisgegeben, mußte es, falls es diesen keinen Widerstand entgegensetzte oder sich Frankreich gar politisch annäherte, mit Repressalien der Kaisermacht rechnen. Andererseits konnte ein weiterer Ausbau der österreichischen Vormachtstellung im deutschen Südwesten nicht in seinem Interesse liegen. Ein politisches Lavieren zwischen beiden Großmächten schien angezeigt. Dies war jedoch schwierig. Dennoch versuchte es Eberhard III., und er tat es nicht ohne Geschick. 1660 schloß er sich nach langem Zögern dem gegen den Kaiser gerichteten Rheinbund an. Hingegen stand er in den Türkenkriegen dem Reichsoberhaupt zur Seite (1663 und 1664). In der zweiten Häfte der sechziger Jahre tendierte er wieder stärker zu Frankreich. Um eine politisch etwas stärkere Position zu erreichen, plante er nach dem Beispiel anderer Reichsfürsten die Aufstellung eines stehenden Heeres. Die Landstände legten sich aber quer. Abgesehen von einer kleinen Leibwache und Garde, die sie dem Landesherrn zugestanden, hielten sie eine Reorganisation der Landmiliz und finanzielle Beiträge zum Unterhalt der Truppen des Schwäbischen Reichskreises für ausreichend. Vergeblich bemühte sich Eberhard, neben dem Bischof von Konstanz Kreisdirektor, den Schwäbischen Kreis politisch und militärisch zu aktivieren. Allein, der Kreis war konfessionell gespalten und politisch gelähmt. Die katholischen Kreisstände sahen ihren Rückhalt in Österreich, die evangelischen mehr in Frankreich.

Die kurze Regierungszeit Herzog Wilhelm Ludwigs (1674–1677) und die Herrschaft des Herzog-Administrators Friedrich Karl (1677–1693)

Im Juli 1674 erlag Eberhard III. einem Schlaganfall. In der Regierung des Landes folgte ihm sein 27jähriger Sohn Wilhelm Ludwig aus seiner ersten Ehe mit Anna Katharina von Salm (1614–1655). – In zweiter Ehe war Eberhard mit Gräfin Maria Dorothea Sophia von Öttingen (1639–1698) verheiratet gewesen. – Seit Mai 1674 befand sich das Reich im Krieg mit Frankreich. Zum Schutz seines Landes hatte Eberhard III. Bündnisverhandlungen aufgenommen, zum Abschluß brachte sie erst sein Nachfolger. Für Wilhelm Ludwig war es eine bittere Erfahrung, daß die kaiserlichen Truppen, die Südwestdeutschland gegen die Franzosen verteidigten, Württemberg beinahe ebenso schlimm bedrückten und aussogen, wie die vorübergehend in kleinen Abteilungen bis nach Freudenstadt und Sulz vorgedrungenen feindlichen Streitkräfte. Hieran änderten auch die militärischen Leistungen des Herzogs für das Reichsheer nichts. Das Land hatte weiterhin die Übergriffe der Kaiserlichen zu erdulden. Schon im Juli 1677, genau drei Jahre nach seinem Vater, starb Wilhelm Ludwig unerwartet in seinem Jagdschloß in Hirsau. Sein Tod traf Württemberg hart. Der Thronfolger Eberhard Ludwig, der einzige Sohn des Verstorbenen, war noch nicht einmal ein Jahr alt. Als Administrator setzte sich mit kaiserlicher Hilfe Friedrich Karl von Württemberg-Winnental, ein Bruder Wilhelm Ludwigs, durch. Magdalene Sybille, die verwitwete Herzogin, eine geborene Landgräfin von Hessen-Darmstadt, die gleichfalls eine Beteiligung an der Regierung und an der Vormundschaft gefordert hatte, mußte sich mit dem Titel einer Obervormünderin und mit geringem Einfluß auf die Regierungsgeschäfte begnügen.

Friedrich Karl war ein tatkräftiger, selbstbewußter Fürst. Ihm mißfiel, daß Württemberg der Willkür der Armeen der Großmächte ausgeliefert war und für deren Kriege hohe Opfer zu bringen hatte. Durch die Schaffung eines kleinen stehenden Heeres wollte er wenigstens einen beschränkten politisch-militärischen Handlungsspielraum gewinnen. Doch wie schon zu Zeiten Eberhards III. leisteten hiergegen die Stände entschiedenen Widerstand. Der Frieden von Nymwegen zwischen dem Kaiser und Frankreich (1678) beseitigte für kurze Zeit die Gefahr einer französischen Invasion. 1688 entbrannte der Krieg zwischen König Ludwig XIV. von Frankreich und dem Reich aufs neue. Noch im gleichen Jahr stießen französische Truppen nach Württemberg vor, plünderten und brandschatzten das Land. Herzog-Administrator Friedrich Karl hielt die Gelegenheit für günstig, seine »Armierungspläne« in die Tat umzusetzen. Er erhöhte das zu den Truppen des Schwäbischen Kreises zu stellende württembergische Militärkontingent und wandelte 1691, ungeachtet des heftigen Protestes der Landschaft, 6000 Mann der Landmiliz in ständige Soldtruppen um. Im Herbst 1692 geriet er jedoch bei einem Gefecht zwischen Pforzheim und Ötisheim in französische Gefangenschaft. Obwohl er sich dem Ansinnen Ludwigs XIV. widersetzte, Württemberg für neutral zu erklären, um es vor weiteren Verheerungen zu bewahren, ließ ihn dieser frei. Indes gelang es seinen Gegnern, den Landständen und der verwitweten Herzogin, ihn beim Kaiser durch falsche, seine Reichstreue in Abrede stellende Anschuldigungen zu diskreditieren. Das Reichsoberhaupt handelte wunschgemäß: Es erklärte den erst 16jährigen Erbprinzen Eberhard Ludwig durch ein zurückdatiertes Patent vom 20. Januar 1693 für volljährig, verpflichtete diesen und die verwitwete Herzogin, den Krieg an seiner Seite fortzuführen und den Geheimen Rat mit kaisertreuen Männern zu besetzen. Damit war das Amt des Administrators hinfällig, Friedrich Karl von der politischen Bühne verdrängt.

Das Herzogtum mußte die eindeutige Entscheidung für den Kaiser schwer büßen. Im Sommer 1693 überzog das französische Heer Württemberg mit Brand und Plünderung. Zahlreiche Dörfer und Städte wurden eingeäschert, viele Bewohner grausam gequält, dem Land eine riesige Kontributionssumme auferlegt und, um deren Zahlung sicherzustellen, Geiseln genommen.

Herzog Eberhard Ludwig (1693–1733)

Herzogin Magdalene Sybille hatte sich bemüht, ihrem Sohn eine streng pietistische Erziehung zu geben. Gleichzeitig hatte Herzog-Administrator, Friedrich Karl, der andere Vormund, ein prunkliebender Barockfürst, den Sinn des jungen Prinzen für eine glanzvolle Hofhaltung geweckt und ihm den zeitgemäßen Regierungsstil des fürstlichen Absolutismus nahegebracht. So hatten Mutter und Onkel in sehr unterschiedlicher, wenn nicht gegensätzlicher Weise zum Lebens- und Weltbild Eberhard Ludwigs beigetragen. Starke Eindrücke vermittelte dem 24jährigen die Kavalierstour, die ihn im Sommer 1700 inkognito an mehrere westeuropäische Höfe, so auch an den Hof von Versailles, führte. Der junge Herzog liebte kurzweilige Unterhaltung und Zerstreuung. Ernsthafte stetige Arbeit lag ihm nicht. Sein leicht beeinflußbarer Charakter kamen dem Hof und dem Geheimen Rat zustatten; sie bestimmten maßgeblich die Politik des Landes. Eine besondere Vorliebe hatte Eberhard Ludwig für die Jagd. 1702 stiftete er den Hubertusorden, den ersten württembergischen Hausorden; der Orden sollte seiner Freude an der Jagd höfisch angemessenen Ausdruck verleihen. Mit Schluß Ludwigsburg, mit dessen Bau er 1704 begann, schuf er sich nach dem Vorbild anderer Barockpotentaten für seinen Hof einen repräsentativen Mittelpunkt. Dieses Schloß war übrigens der erste größere Neubau der württembergischen Herzöge seit hundert Jahren.

Eine große Anziehungskraft auf Eberhard Ludwig übte das Kriegswesen aus. Er fühlte sich als Soldat und widmete dem Militärischen viel Zeit. Wenn die Landstände gehofft hatten, mit der Absetzung des Herzog-Administrators Friedrich Karl nicht länger mit der Forderung nach einem stehenden Heer konfrontiert zu sein, so sahen sie sich getäuscht. Eberhard Ludwig knüpfte an die Militärpolitik des Onkels an. 1695 legte er sich eine Leibgarde zu. Im Hauptquartier des von ihm verehrten Türkenlouis, des Markgrafen Ludwig Wilhelm von Baden-Baden, suchte er seine militärischen Kenntnisse zu vertiefen. Nach dem Friedensschluß von Rijswijk im Herbst 1697 verlangte die Landschaft die Entlassung der aus dem Dienst des Schwäbischen Kreises zurückkehrenden Haustruppen. Eberhard Ludwig verringerte sie zwar, verweigerte aber ihre gänzliche Abschaffung. Da die Stände auf ihrer Forderung beharrten, löste er den Landtag auf, den er eigens zum Zweck der Finanzierung dieser Truppen einberufen hatte. Der bereits 1701 ausbrechende Spanische Erbfolgekrieg, in dessen Strudel Württemberg bald hineingezogen wurde, machte das Verlangen der militärfeindlichen Landstände vorläufig nicht nur gegenstandslos, er ermöglichte vielmehr dem Herzog seine Truppen auf 6000 Mann zu erhöhen: 2000 Mann mußten zum Kreismilitär gestellt werden, die übrigen 4000 gab Eberhard Ludwig auf Kriegsdauer gegen entsprechende Subsidien in holländische Dienste. Der Krieg beflügelte die militärische Karriere des Herzogs. Binnen weniger Jahre stieg er zum Feldmarschall des Schwäbischen Kreises auf. 1713 erlangte er nach dem Tod Christian Ernsts von Brandenburg-Bayreuth vom Reich die Position eines evangelischen Generalfeldmarschalls. Obschon er sich auf verschiedenen Kriegsschauplätzen umsah und auch zeitweise höhere Kommandostellen bekleidete, verdankte er sein schnelles Avancement nicht seinen militärischen Fähigkeiten und Leistungen, sondern seinem fürstlichen Rang. Die Kaisermacht, die in Politik und Kriegführung immer mehr den Interessen Österreichs gegenüber denen des Reichs den Vorzug gab, honorierte, ohne irgendwelche Verpflichtungen einzugehen, damit auf die ihr genehmste Weise die Bündnistreue Württembergs. Dieses hielt trotz gravierender Nachteile an der Allianz fest, und es wurden ihm hierfür auch später nicht die geringsten territorialen oder finanziellen Entschädigungen zuerkannt.

Die Schaffung einer neunten Kur für Hannover 1692 schien dem Herzogtum Württemberg die Aussicht zu eröffnen, gleichfalls zum Kurfürstentum aufzusteigen, vermochte es doch darauf zu verweisen, daß es mit der Markgröninger Reichssturmfahne bereits de facto das Reichsbanner als Kuramt besaß, mit dem der Kaiser die Kur Hannover zunächst ausgestattet hatte. Indes unternahm Eberhard Ludwig damals keinen ernsthaften Versuch, die Kurwürde an sein Haus zu bringen.

Die standesgemäße Ehe, die der 21jährige Herzog 1697 mit Prinzessin Johanna Elisabeth von Baden-Durlach einging, war von der Vernunft bestimmt. Die beiden Ehegatten blieben einander fremd. Eberhard Ludwig fand in Wilhelmine von Grävenitz, der Schwester eines aus Mecklenburg nach Württemberg gekommenen jungen Offiziers, die Geliebte, mit der er während vieler Jahre aufs engste verbunden blieb. Der mächtigste Mann am Stuttgarter Hof, Johann Friedrich von Staffhorst, ehemaliger Hofmeister des Herzogs, nunmehr Hofmarschall und Geheimer Rat, hatte ihm diese attraktive und hochintelligente junge Frau zugeführt. Indes, Wilhelmine von Grävenitz, die selbstbewußte Tochter eines mecklenburgischen Kammerpräsidenten und Hofmarschalls, begnügte sich nicht mit der ihr zugedachten Rolle als Mätresse. Sie wollte die Ehefrau des Herzogs werden, und sie setzte 1707 die kirchliche Trauung durch. Es blieb jedoch nicht bei der auch sonst damals bei Fürsten üblichen Ehe zur linken Hand oder der morganatischen Ehe. Als die rechtmäßige Gattin Eberhard Ludwigs die Scheidung verweigerte, bestand der Herzog auf der Doppelehe. Hierbei mußte er sich über das große persönliche Risiko, das er damit auf sich nahm, im klaren sein. Der Kaiser konnte den Bigamisten in die Reichsacht erklären und absetzen. Im Land gingen die Wogen der Empörung hoch, als die Doppelehe des Herzogs bekannt wurde. Das Konsistorium schloß Eberhard Ludwig von der Teilnahme am Abendmahl aus. Die Landschaft nutzte die fatale Situation des Landesherrn, um verlorenes politisches Terrain zurückzugewinnen. Der Kaiser griff ein und zwang Eberhard Ludwig, seine zweite Ehe zu annullieren, Wilhelmine von Grävenitz aber verbannte er aus Württemberg. Damit war jedoch die Affäre nicht aus der Welt geschafft. Durch die von Johann Heinrich Schütz, dem Residenten der Hansestädte in Wien, vermittelte Scheinehe mit einem Grafen Würben, der für seine Bereitschaft hierzu durch die Ernennung zum württembergischen Landhofmeister und durch die Übertragung weiterer hoher Ämter honoriert wurde, konnte es die »Landhofmeisterin« wagen, in das Herzogtum zurückzukehren. Schütz gelang es, in langwierigen, zähen Verhandlungen Wien davon abzuhalten, die Grävenitz für den Bruch der vom Kaiser über sie verhängten Verbannung zur Rechenschaft zu ziehen. Die Gräfin Würben blieb die Mätresse Eberhard Ludwigs. Zusammen mit ihrem Bruder Wilhelm Friedrich und dem ihr nach wie vor sehr hilfreichen Schütz nahm sie bestimmenden Einfluß auf die Regierung des Herzogtums. Angehörige der Familien Grävenitz und Schütz besetzten die wichtigsten Ämter am Hof und in der Verwaltung; sie verdrängten die bisher herrschenden Familien aus ihren Schlüsselpositionen. Seit 1715 residierte Eberhard Ludwig mit der Gräfin Würben im Schloß Ludwigsburg. Er hatte inzwischen begonnen, im Anschluß an das Schloß eine Stadt zu bauen, die er 1724 zu seiner alleinigen und ständigen Residenz erhob. Stuttgart, seit Jahrhunderten Sitz des Hofes und der Regierung des Herzogtums, mußte seinen bislang unbestrittenen Rang als erste Haupt- und Residenzstadt der einer fürstlichen Laune entsprungenen Neugründung abtreten.

Seit 1692 hatte Frankreich wiederholt, freilich vergeblich, versucht, Württemberg auf seine Seite zu ziehen. Die Mißachtung der französischen Bündnisangebote war dem Land teuer zu stehen gekommen. Erst sein persönliches Zerwürfnis mit dem Kaiser in der Grävenitz-Affäre ließ Eberhard Ludwig seine bisher recht unwürdige, dem Herzogtum wenig vorteilhafte Rolle als treuer Paladin Österreichs erkennen. Jetzt war er zu einem Bündniswechsel bereit. Allein, er knüpfte an ihn exorbitante

Forderungen: Anerkennung als König von Franken, Annexion der niederschwäbischen Reichsstädte und hohe Subsidienzahlungen für die von ihm ins Feld zu stellenden Truppen. In beschränktem Maß war Frankreich durchaus gewillt, die Wünsche des württembergischen Herzogs zu erfüllen, so statt der utopischen Königswürde ihm einen Kurhut zu verschaffen. Ein Allianzvertrag kam jedoch nicht zustande. Frankreich war am Oberrhein in die Defensive gedrängt. Als Schutzschild für Württemberg wäre es aber nur in Betracht gekommen, wenn es in Süddeutschland die militärische Oberhand behauptet hätte. Der Friede von Utrecht im April 1713 machte alle Hoffnungen Eberhard Ludwigs auf eine wesentliche Verbesserung der politischen und territorialen Machtposition seines Landes zunichte. Immerhin gelang es ihm, in den folgenden beiden Friedensjahrzehnten seine Stellung im Land auszubauen. Sein absolutistisches Regiment wurde durch die Landschaft kaum gestört, ihre politischen Aktivitäten beschränkten sich auf die dem Herzog recht gefügigen Ausschüsse. Zur Berufung eines Landtages kam es während der Regierungszeit Eberhard Ludwigs nicht mehr. Den auch den Ständen verpflichteten Geheimen Rat schob das 1717 gegründete Konferenzministerium zur Seite, in der Landespolitik spielte er kaum noch eine Rolle. 1724 erreichte der Herzog, daß die Landschaft einen jährlichen Militärbeitrag von 360 000 fl bewilligte. Damit war die Beibehaltung der herzoglichen Haustruppen auch in Friedenszeiten gewährleistet, ein stehendes Heer, der »miles perpetuus«, in Württemberg von den Landständen endlich anerkannt, andererseits das auf den Krieg beschränkte Landesaufgebot als nicht mehr zeitgemäß aufgegeben. Freilich war die militärische Bedeutung des kleinen Truppenkorps gering. Es erhöhte durch bunte Uniformen und durch ein vor allem von Adligen repräsentiertes Offizierskorps den Glanz des Hofes, gab darüber hinaus dem Landesfürsten Gelegenheit, seinen Hang zur Soldatenspielerei zu befriedigen. Sehr gelegen war Eberhard Ludwig an einer Vermehrung der finanziellen Einnahmequellen des Landes. 1713 initierte er eine Steuerreform, deren Durchführung sich lang hinzog, insgesamt aber zu mehr Steuergerechtigkeit führte. Bereits 1709 hatte er einen Kommerzienrat ins Leben gerufen, der Handel und Handwerk belebende Impulse vermitteln, Manufakturen und Bergbau, überhaupt das wirtschaftliche Leben fördern sollte. All diesen Maßnahmen war aber nur ein recht bescheidener Erfolg beschieden. Viel für die Entwicklung von Handel und Gewerbe versprach sich der Herzog von der Ansiedlung von Glaubensflüchtlingen. So gestattete er um die Jahrhundertwende die Niederlassung von 2000 Waldensern in den westlichen Grenzgebieten Württembergs sowie die von 400 französischen Hugenotten in Cannstatt. Durch den Anreiz freier Religionsausübung suchte er auch für seine neue Residenz Ludwigsburg tüchtige ausländische Handwerker und Gewerbetreibende zu gewinnen. In dem streng lutherischen Land war man über die Zuwanderung vornehmlich kalvinistischer Glaubensflüchtlinge wenig erfreut. Die Ansiedler mußten sich mit Privatgottesdiensten begnügen.

Herzog Carl Alexander (1733–1737)

Am 31. Oktober 1733 starb Eberhard Ludwig. Der kränkelnde Erbprinz war ihm schon zwei Jahre im Tod vorausgegangen. Die Nachfolge fiel an Carl Alexander, den Sohn des einstigen Herzog-Administrators Friedrich Karl, des Begründers der Linie Württemberg-Winnental. Carl Alexander, 1684 geboren, der langjährige Kampfgefährte des Prinzen Eugen von Savoyen, hatte sich in hervorragender Weise als kaiserlicher General ausgezeichnet und war zeitweise Statthalter in Serbien gewesen. Er gehörte ohne Zweifel zu den kraftvollsten württembergischen Herrscherpersönlichkeiten. Seine hohe politisch-militärische Befähigung konnte freilich während der dreieinhalb Jahre, die ihm als Regierungszeit beschieden waren, nicht voll zur Geltung kommen. Im kaiserlichen Dienst war er zur katholischen Kirche übergetreten. 1727 hatte er Prinzessin Maria Augusta von Thurn und Taxis geheiratet. Die katholische Konfession des Erbfolgers hatte das Land schon zu Lebzeiten Eberhard Ludwigs mit Sorge erfüllt. Carl Alexander gab beruhigende Zusicherungen ab, die jedoch die Landstände nicht befriedigten. Nach der Regierungsübernahme rangen sie ihm das bindende Versprechen ab, an das Monopol der evangelisch-lutherischen Landesreligion nicht zu rühren, der katholischen Kirche keinerlei öffentliche Wirkungsmöglichkeiten zu geben und sich selbst auf katholische Privatgottesdienste im Schloßbereich zu beschränken. Daß die Religionsreversalien von 1733/34 zu einer der wirksamsten Waffen der neues Selbstbewußtsein gewinnenden Landstände werden sollten, ahnte damals allerdings noch kaum jemand. Nachdem Herzog Eberhard Ludwig bereits 1731 mit seiner langjährigen Mätresse Wilhelmine von Grävenitz verheiratete Gräfin Würben gebrochen hatte, bereitete nunmehr Carl Alexander der Herrschaft der Familien Grävenitz und Schütz im Land ein Ende. Immerhin konnten beide Familien dank der Intervention des Kaisers und des preußischen Königs einen nicht unerheblichen Teil ihres Vermögens retten und im württembergischen Beamtentum und Offizierskorps weiterhin eine bedeutsame Rolle spielen.

Bei seinem Regierungsantritt sah sich Herzog Carl Alexander mit einer ihn, den Soldaten, in besonderer Weise herausfordernden Situation konfrontiert. In dem kurz zuvor ausgebrochenen Polnischen Erbfolgekrieg standen sich Frankreich und der Kaiser gegenüber. Eberhard Ludwig hatte neutral bleiben wollen, zumal der Streit um die polnische Krone für Württemberg ohne Belang war. Carl Alexander hingegen stellte sich dem Kaiser zur Seite. Mit geringer Mühe erlangte er im Schwäbischen Kreis wie im Reich mit dem Rang des Generalfeldmarschalls die angestrebten höchsten Befehlshaberstellen. Im Feldzug gegen die Franzosen tat er sich durch persönliche Tapferkeit hervor. Das vom Feind belagerte Philippsburg vermochten er und sein Mitfeldherr, Prinz Eugen von Savoyen, nicht zu entsetzen. Doch gelang es ihm, sein Herzogtum durch vorsorgliche Verteidigungsmaßnahmen (Ettlinger Linien, Schanzen auf dem Kniebis) vor einer französischen Invasion zu bewahren. Solange der Krieg währte, stellten die Landstände, ungeachtet der Klagen des gemeinen Mannes über die ihm aufgebürdeten hohen Kriegssteuern, ohne Schwierigkeiten die vom Herzog für militärische Zwecke geforderten Geldmittel bereit. Mit Friedensschluß 1735 änderte sich dies. Carl Alexander wollte 12 000 Mann unter Waffen behalten. Ein drei Prozent der Landesbevölkerung umfassendes Friedensheer stand jedoch nach Auffassung des Großen Ausschusses der Landschaft in einem krassen Mißverhältnis zu der geringen Wirtschaftskraft des Herzogtums. Er weigerte sich, dem Verlangen des Landesherrn zu entsprechen. Andererseits lehnte es Carl Alexander ab, einen Landtag einzuberufen, um diesen über seine Pläne entscheiden zu lassen. Durch agitatorische Einwirkungen auf die Amtsversammlungen und durch säbelrasselnde Drohungen seiner Generale heizte er die Spannungen weiter an. Zusätzliches Öl ins Feuer goß er durch die selbstherrliche Art, mit der er sich über die ihm von der Landschaft bewilligten Mittel hinaus Gelder für den Unterhalt des Militärs, die Bezahlung der von Eberhard Ludwig übernommenen riesigen Kammerschulden sowie seine aufwendige Hofhaltung beschaffte. Hierbei bediente er sich des genialen jüdischen Finanzmannes Süß Oppenheimer, den er zum Geheimen Finanzrat sowie zum Kabinettsfiskal ernannte und dem er maßgeblichen Einfluß auf die Finanzverwaltung des Landes einräumte. Der Erschließung von Finanzquellen, wie sie Süß Oppenheimer ins Werk setzte, lag eine den wirtschaftlichen Verhältnissen Rechnung tragende Konzeption zugrunde, auch hatte sie einen durchaus fortschrittlichen Charakter. Die Bevölkerung aber sah in ihr nur die unstillbare Geldgier des Herzogs. Noch mehr aufgebracht war sie über die brutalen Praktiken, das zynisch-selbstsüchtige Gebaren des jüdischen Geheimen Finanzrats. Ihn betrachtete sie als den eigentlichen Landesverderber.

Daß Carl Alexander die starke politische Stellung der Landstände schwer erträglich war und daß er sich Gedanken über eine Verfassungsänderung machte, die den fürstlichen Absolutismus in Württemberg von den ihm bislang angelegten lästigen Fesseln befreite, ist keine Frage. Einer seiner engsten Vertrauten, General von Remchingen, der Chef des neuen Generalkriegsdirektoriums, hat in provozierenden Auftritten die Stände wiederholt mit der Möglichkeit ihrer Entmachtung geschreckt. Indes besaß der Herzog hinreichend politisches Gespür, um sich nicht unüberlegt zum gewaltsamen Staatsstreich hinreißen zu lassen. Von seinem Freund, Friedrich Karl Graf von Schönborn, einst Reichsvizekanzler und nunmehr Bischof von Würzburg, der ihn im Mai 1736 in Ludwigsburg besuchte und mit dem er sich in militärischen und politischen Fragen, ebenso in Familienangelegenheiten beriet, erbat er sich ein Gutachten über die Rechtsbeziehungen eines Fürsten zu seiner Landschaft. Das Gutachten sollte von dem Inhaber des neuerrichteten Lehrstuhls für Staatsrecht an der Würzburger Universität, einem Vertreter des fürstlichen Absolutismus, erstellt werden. Ungeduldig erwartet, traf dieses im Februar 1737 in Stuttgart ein. Schon die Überschrift ließ keinen Zweifel über die in dem Exposé vertretene Rechtsauffassung: »Die in ihre behörigen Schranken verwiesene Gewalt und Autorität deren Landständen in teutschen Fürstentümern, besonders in dem Herzogtum Würtenberg«. Lapidar stellte die Schrift fest, daß die Stände lediglich eine beratende Funktion hätten und nur bei der Veräußerung von Landesteilen gehört werden müßten. Keinerlei Autorität besäßen sie in Religions- und Kirchensachen. Der Herzog wäre somit nicht verpflichtet gewesen, ihnen besondere Religionsreversalien auszustellen.

Von einem Umsturz der Landesverfassung war Carl Alexander indes noch weit entfernt. Auch der Würzburger Bischof hielt alle derartigen Pläne für verfrüht. Die Probleme seien zu schwierig, meinte er. Ein Gespräch in Würzburg sollte der Klärung dienen und Gesichtspunkte des weiteren Vorgehens erörtern. Doch ehe dieses Gespräch zustande kam, starb Carl Alexander am 12. März 1737 gänzlich unerwartet. Sein jäher Tod traf das Land zu einem Zeitpunkt höchster Spannung. Gerüchte über einen bevorstehenden Staatsstreich, über eine Rekatholisierung des Landes machten die Runde. Beides war völlig aus der Luft gegriffen. Carl Alexander hatte sich strikt an die Vereinbarung mit den Ständen über den ihm und seiner Familie zugestandenen Privatgottesdienst gehalten. Zu irgendwelchen Rekatholisierungsversuchen hatte er nie die Hand geboten. Daß er als Landesherr die Beschränkung auf Privatgottesdienste im Schloßbereich als demütigend empfand und für seine Konfession zumindest denselben Freiraum wünschte, wie ihn die Reformierten im Land bereits hatten, wird man ihm wohl kaum verdenken können. Ebenso war es sein gutes Recht, wenn er eine andere Auffassung von der Rolle des Landesherrn vertrat als die Stände.

Der plötzliche Tod Carl Alexanders gab seine engsten Vertrauten der Rache und Verfolgung preis. General von Remchingen gelang die Flucht. Süß Oppenheimer, der verhaßte Jude, aber mußte »die volle Zeche bezahlen« und dies auch für etliche christliche Komplizen, die frei ausgingen. Das über ihn gefällte Todesurteil und die schimpfliche Hinrichtung in einem Käfig am Stuttgarter eisernen Galgen waren ein Akt grausamer Rache, mit unparteiischer Gerechtigkeit hatten sie wenig zu tun. Unter die Ära Carl Alexanders, die im nachhinein ausschließlich negativ gesehen wurde, zogen die wieder erstarkten Landstände einen gewaltsamen Schlußstrich. Die Religionsreversalien machten sie zu einem Bestandteil der Landesverfassung.

Die Regentschaft für den noch minderjährigen Carl Eugen: Karl Rudolf von Württemberg-Neuenstadt (1737–1738) und Karl Friedrich von Württemberg-Oels (1738–1744)

Von den drei Söhnen Carl Alexanders war der älteste, Carl Eugen, 1737 gerade neun Jahre alt. Wie schon so oft in der Geschichte des württembergischen Fürstenhauses mußte die Zeit bis zur Mündigkeit des Thronfolgers durch eine Regentschaft überbrückt werden. Das Testament des verstorbenen Herzogs hatte neben Herzog Karl Rudolf von Württemberg-Neuenstadt, dem nächsten fürstlichen Agnaten, der Herzogin-Witwe sowie dem Bischof von Würzburg die Vormundschaft übertragen und sie zugleich als Mitregenten vorgesehen. Auf die Aufforderung des Geheimen Rats und des engeren Landschaftsausschusses übernahm Karl Rudolf sofort die Administration des Herzogtums. Mit Hilfe der Landschaft gelang es, das zunächst der Herzogin-Witwe Maria Augusta zuneigende Offizierskorps auf die Seite des Administrators zu ziehen. Trotz der Intervention des Kaisers erlangte Maria Augusta keinen Einfluß auf die Regierung; sie mußte sich mit der Übertragung der Vormundschaft über ihre Söhne zufrieden geben. Völlig ausgeschaltet wurde der Würzburger Bischof, seine Proteste verhallten ungehört. Die Regierung des Landes, in dem der Geheime Rat und vor allem die Landstände verlorenes Terrain zurückgewinnen und sich eine starke Machtposition schaffen konnten, überforderten die Kräfte des 70jährigen Administrators. An seine Stelle trat bereits im Sommer 1738 Herzog Karl Friedrich von Württemberg-Oels. Wie sein Vorgänger zeigte sich Karl Friedrich den Landständen gegenüber allzu nachgiebig, so in seinem Bemühen, von diesen angeprangerte Mißstände zu beseitigen. Obwohl er im Österreichischen Erbfolgekrieg einige Tausend Württemberger in österreichischen Sold gab, machte er aus seiner Vorliebe für Preußen keinen Hehl. Politisch kam ihm dies nicht gerade zustatten. Er brachte es deshalb auch nicht fertig, sich der 1599 vertraglich festgelegten Anwartschaft Österreichs auf Württemberg zu entledigen, obwohl dafür gute Voraussetzungen bestanden. Die württembergischen Regimenter, die in Österreich frei wurden, trat er, da ihr Unterhalt im Herzogtum nicht gesichert war und die Landstände eine rigorose zahlenmäßige Verminderung der Haustruppen forderten, an Preußen ab. Er setzte auch durch, daß der Erbprinz und seine beiden Brüder zur weiteren Ausbildung an den Hof des Preußenkönigs Friedrich nach Berlin geschickt wurden. Freilich, die verwitwete Herzogin durchkreuzte zu einem guten Teil die Erziehungspläne des Administrators. Sie verleidete ihren Söhnen den Aufenthalt in Berlin, so daß diese ungestüm die Rückkehr in die Heimat verlangten. Friedrich II. von Preußen, dem aus politischen Gründen daran gelegen war, einen stärkeren Einfluß auf den Erbprinzen zu behaupten, sah, nachdem er ihn nicht länger an seinem Hof halten konnte, keine andere Möglichkeit, als beim Kaiser die Mündigsprechung des 16jährigen zu erwirken. Anfang Januar 1744 konnte er ihm in einem feierlichen Rahmen die entsprechende Urkunde des Reichsoberhaupts überreichen. Gleichzeitig erteilte er ihm in einem »Fürstenspiegel« im Sinne des aufgeklärten Absolutismus Ratschläge für eine verantwortungsbewußte, dem Wohl der Untertanen verpflichtete Regierung.

Herzog Carl Eugen (1744–1793)

Bereitwillig bestätigte der junge Herzog nach seiner Ankunft in Stuttgart die Landesverfassung einschließlich der Religionsreversalien. Der Politik vermochte er wenig abzugewinnen. Die Regierung überließ er dem Geheimen Rat, dessen Kopf der hochbefähigte August von Hardenberg war. Des Herzogs Hauptinteresse galt dem höfischen Leben, das er in Berlin und am markgräflichen Hof in Bayreuth kennengelernt hatte. Ihm wollte er auch in Stuttgart mehr Glanz verschaffen. Hierzu brauchte er die Landstände. Seine Zusage, die Residenz von Ludwigsburg nach Stuttgart zurückzuverlegen, honorierten diese mit einer großzügigen finanziellen Unterstützung bei dem von ihm in Angriff genommenen Bau einer »konvenablen Wohnung«, eines repräsentativen Schlosses, des heutigen Stuttgarter Neuen Schlosses, für den er zunächst den bereits in Ludwigsburg tätig gewesenen Baumeister Leopold Retti und nach dessen Tod 1751 den Architekten Philippe de La Guêpière verpflichtete.

Im Herbst 1748 heiratete er die erst 16jährige Prinzessin Elisabeth Friederike von Brandenburg-Bayreuth, die Nichte Friedrichs des Großen. Die Ehe schien unter einem guten Stern zu stehen. Carl Eugen war seiner Frau sehr zugetan. Ihr zuliebe, aber auch um die Attraktivität des Stuttgarter Hofs zu erhöhen, gründete er eine stehende Opernbühne; sie wurde am 31. August 1750, dem 18. Geburtstag Elisabeth Friederikes, eingeweiht. Für seine Oper gewann er Spitzenkräfte, so die berühmte Sopranistin Marianne Pirker, eine gebürtige Stuttgarterin. Von Rom, das er 1753 zusammen mit seiner Frau und dem Geheimen Rat von Hardenberg besuchte, brachte er den Kapellmeister von St. Peter, Niccolo Jommelli, mit. Unter der Leitung dieses ungemein produktiven Komponisten erlangte die Oper in Stuttgart, später nach der Verlegung des Hofes die Oper in Ludwigsburg, einen hervorragenden Ruf.

Indes, das gute Einvernehmen der beiden jungen Ehegatten währte nur kurze Zeit. Carl Eugen ließ sich in eine Vielzahl galanter Abenteuer ein und entfremdete sich so seine Gattin. Seit Beginn der fünfziger Jahre verschlechterte sich auch das Verhältnis zu den Landständen. Schuld daran waren die wachsenden Geldwünsche Carl Eugens. Da diese durch die Rentkammer und die ständischen Finanzzuwendungen nicht befriedigt wurden, erschloß sich der Herzog eigenmächtig neue Geldquellen. 1752 ging er, nachdem ein entsprechendes Abkommen mit Preußen gescheitert war, mit Frankreich einen Subsidienvertrag ein, der ihn gegen eine hohe finanzielle Entschädigung im Kriegsfall zur Stellung von 6000 Soldaten verpflichtete. 1756 brach der Siebenjährige Krieg aus. Carl Eugen mußte das zugesagte Subsidienkorps ins Feld stellen. Doch diese Truppe mußte erst gebildet werden, es standen kaum die Kader zur Verfügung. Mit den übelsten Tricks wurden junge Männer, Landwirtssöhne, Handwerker, aber auch kriminelle Elemente, angeworben bzw. zwangsrekrutiert. Ohne Grundausbildung und undiszipliniert wurde das Kontingent in Marsch gesetzt. Ein erheblicher Teil der Mannschaft lief davon. Brutal wurde eine Meuterei unterdrückt. Die Franzosen verzichteten bald auf die stark dezimierten kriegsuntüchtigen württembergischen Hilfstruppen, stellten die Subsidienzahlungen ein. Ein Subsidienvertrag mit Österreich schlug gleichfalls fehl. Die Württemberger waren für ihre Verbündeten nur eine Last. Carl Eugen zog verärgert seine Soldaten zurück und begnügte sich damit, zu Hause höfisch-friedlich Krieg zu spielen.

Die fortwährenden amourösen Eskapaden des Herzogs zerstörten seine Ehe. Seit 1756 lebte Elisabeth Friederike wieder bei ihren Eltern in Bayreuth; sie kehrte nicht mehr nach Stuttgart zurück. Mitten im Krieg (1758) reorganisierte Carl Eugen den Regierungsapparat. An die Spitze des Geheimen Rats, nunmehr sein gefügiges Machtinstrument, stellte er den Grafen Montmartin, eine höchst fragwürdige Persönlichkeit. Montmartin verstand es, sich unentbehrlich zu machen. Der Herzog überließ ihm die Zügel der Regierung, zumal er in ihm den schlagkräftigen Mitstreiter in dem an Härte ständig zunehmenden Kampf gegen die Landstände sah. Er selbst konnte sich so weitgehend seinen künstlerischen Neigungen widmen. 1757 ließ er sich durch den früheren Bayreuther Schauspieler Uriot eine

Schauspielbühne errichten, zwei Jahre später rief er die Ludwigsburger Porzellanmanufaktur ins Leben, 1761 die »academie des arts«, ein Bildungsinstitut für Maler und Bildhauer, später auch für Tänzer. Der bekannte Bildhauer Lejeune, der bis 1753 an der französischen Akademie in der Villa Medici gewirkt hatte, nahm nicht nur entscheidenden Anteil an der Gründung der Ludwigsburger Porzellanmanufaktur, sondern zusammen mit dem Maler Guibal bestimmte er auch maßgeblich die Entwicklung der herzoglichen Kunstschule.

Montmartin suchte sich derweilen die Landstände gefügig zu machen. Hierbei scheute er sich nicht, seine immensen Geldforderungen gegenüber der Landschaft, wenn er es für angebracht hielt, durch Militäreinsatz gewaltsam durchzusetzen. Der berühmte Staatsrechtler und Landschaftskonsulent Johann Jakob Moser, der gegen solche kriminellen Praktiken scharfen Protest einlegte, mußte 1757 sein »Aufbegehren« mit fünf Jahren härtester Haft auf dem Hohentwiel büßen. Er war übrigens nicht der erste völlig Unschuldige, den Carl Eugen aufs schlimmste mißhandelte und jahrelang seiner Freiheit beraubte. Bereits im Jahr zuvor war es der großen Sängerin Marianne Pirker, einer Vertrauten der Gattin des Herzogs, nicht besser gegangen. Und wenige Jahre später bekam der Oberst Rieger, der über die Maßen dienstwillige Gehilfe des Herzogs bei der Zwangsrekrutierung der französischen Subsidientruppe 1756, wegen angeblich landesverräterischer Kontakte zu dem preußischen Feind, eine vierjährige Festungshaft zudiktiert. In der Landeswohlfahrt und Wirtschaft neue Wege einschlagend, umging Herzog Carl Eugen bei der Beschaffung des dafür erforderlichen Geldes und bei der zugleich von ihm ins Werk gesetzten sozialen Steuerreform die Landstände. Allein die Ämter weigerten sich, die vom Landesherrn selbstherrlich verfügten Steuererhebungen durchzuführen. Die Stadt Stuttgart, die sich hierbei besonders widerspenstig zeigte, wurde 1763 mit der Verlegung des Hofes nach Ludwigsburg bestraft. Die aufs übelste brüskierte Landschaft verklagte den Herzog wegen fortgesetzten Verfassungsbruchs beim Reichshofrat in Wien. Das nach jahrelangen rechtlichen Auseinandersetzungen schließlich verkündete Urteil des Reichshofrats von 1770, der bekannte »Erbvergleich«, gab der Landschaft in ihren sämtlichen Klagepunkten Recht. Die württembergische Verfassung war damit vom Reich bestätigt. Die herzogliche Regierung mußte alle Gelder, die sie sich ohne Zustimmung der Landstände beschafft hatte, innerhalb einer bestimmten Frist zurückerstatten. Das absolutistische Regiment Herzog Carl Eugens hatte sich nicht zu behaupten vermocht. Die lange arg gebeutelten Landstände hatten die Oberhand behalten.

Indes vollzog sich in eben jenen Jahren ein tiefgreifender Wandel in der Lebens- und Weltsicht des Herzogs. Das Gewalttätig-Cholerische in seinem Charakter brachte er zwar nie ganz unter Kontrolle, doch er vermochte es jetzt durch den Intellekt zu zügeln. Mehr und mehr wurde er der aufgeklärte Regent, der, auf das Wohl seiner Untertanen bedacht, Kunst und Wissenschaft in seinem Land eine Heimstatt schaffen wollte. 1770 legte er auf dem soeben fertiggestellten Schloß Solitude, in ländlicher Zurückgezogenheit lebend, die Grundlagen für die fünf Jahre später nach Stuttgart verlegte Hohe Carlsschule, eine Bildungseinrichtung, die sich an zukunftsweisenden pädagogischen Ideen orientierte und sich unvoreingenommen neuen Erkenntnissen auf geistes- wie naturwissenschaftlichem Gebiet öffnete. Sie wurde die »Pflanzschule« für eine große Zahl hochbefähigter und vielseitig gebildeter Offiziere, Juristen, Ärzte, Verwaltungsbeamten, Naturwissenschaftler und Künstler. So sind aus ihr hervorgegangen der Dichter Friedrich Schiller, der Naturwissenschaftler Georges Cuvier, der Baumeister Nikolaus Friedrich Thouret, der Bildhauer Johann Heinrich Dannecker, der Maler Philipp Friedrich Hetsch, der Kupferstecher Johann Gotthard Müller. Daß sie Kaiser Josef II. 1781 zur Universität erhob, hatte seine Berechtigung.

Zu Beginn der siebziger Jahre begegnete Carl Eu-

Turris Antonia, die Lehrtafel der Prinzession Antonia in der Kirche von Bad Teinach. Dieses Tafelgemälde in der Form eines großen Flügelaltars verbindet in kunstvoller Symbolik die christliche Heilsgeschichte mit jüdisch-kabbalistischem Weltbild, ist der Versuch einer bildhaft wiedergegebenen Universalkonzeption religiöser Erkenntnis. Stifterin ist die gelehrte Prinzessin Antonia (1613–1679), die Schwester Herzog Eberhards III.. Die Tafel wurde etwa 1660–1663 von Johann Friedrich Gruber gemalt und ist in der gleichzeitig erbauten Kirche aufgestellt.
Gezeigt wird die Außenseite der linken Flügeltür: der Hochzeitszug der Sulamith zu Christus, dem himmlischen Bräutigam. Die Braut Sulamith ist an dem Monogramm ihrer Agraffe als Prinzessin Antonia erkennbar.

Nur drei Regierungsjahre waren dem ältesten Sohn Herzog Eberhards III., Herzog Wilhelm Ludwig (1647–1677), beschieden. Ein Schlaganfall traf ihn am 23. Juni 1677 im Hirsauer Schloß, das im Hintergrund seines Porträts wiedergegeben ist.

Herzogin Magdalene Sybille von Hessen-Darmstadt (1652–1712), Gemahlin Herzog Wilhelm Ludwigs, war nach dessen Tod Vormünderin ihres erst einjährigen Sohnes Eberhard Ludwig und erlangte so Einfluß auf die Geschicke des Landes.
In den Nöten der Franzosenkriege zeichnete sie sich durch ihr wohltätiges Verhalten aus und wurde von der pietistischen Geschichtsschreibung als „eine Mutter in Israel", „Fürbitterin und Säule des Landes" gepriesen.
Das Bild zeigt sie als trauernde Witwe in der fürstlichen Gruft der Stuttgarter Stiftskirche.

Im Schloß Stetten im Remstal, das ihr als Witwensitz zugewiesen war, ließ die fromme Herzogin Magdalene Sybille 1681/82 eine große Kapelle einrichten mit reichem emblematischem Bilderschmuck an Decke und Wänden, Kanzeln für Predigt und Orgel an den Seiten des Altars.

Herzog Friedrich Karl (1652–1698), der Begründer der Winnentaler Linie des Hauses Württemberg, führte nach dem frühen Tod seines Bruders Wilhelm Ludwig (1677) 16 Jahre lang energisch die Regierung als Vormund seines Neffen Eberhard Ludwig.

Herzog Eberhard Ludwig (1677 (1688)–1733) war gerade ein Jahr alt, als sein Vater, Herzog Wilhelm Ludwig, starb. Schon mit 17 Jahren für volljährig erklärt, tat er sich zunächst durch Prachtentfaltung und kriegerische Unternehmungen hervor. Er brachte es bis zum Kaiserlichen Generalfeldmarschall.

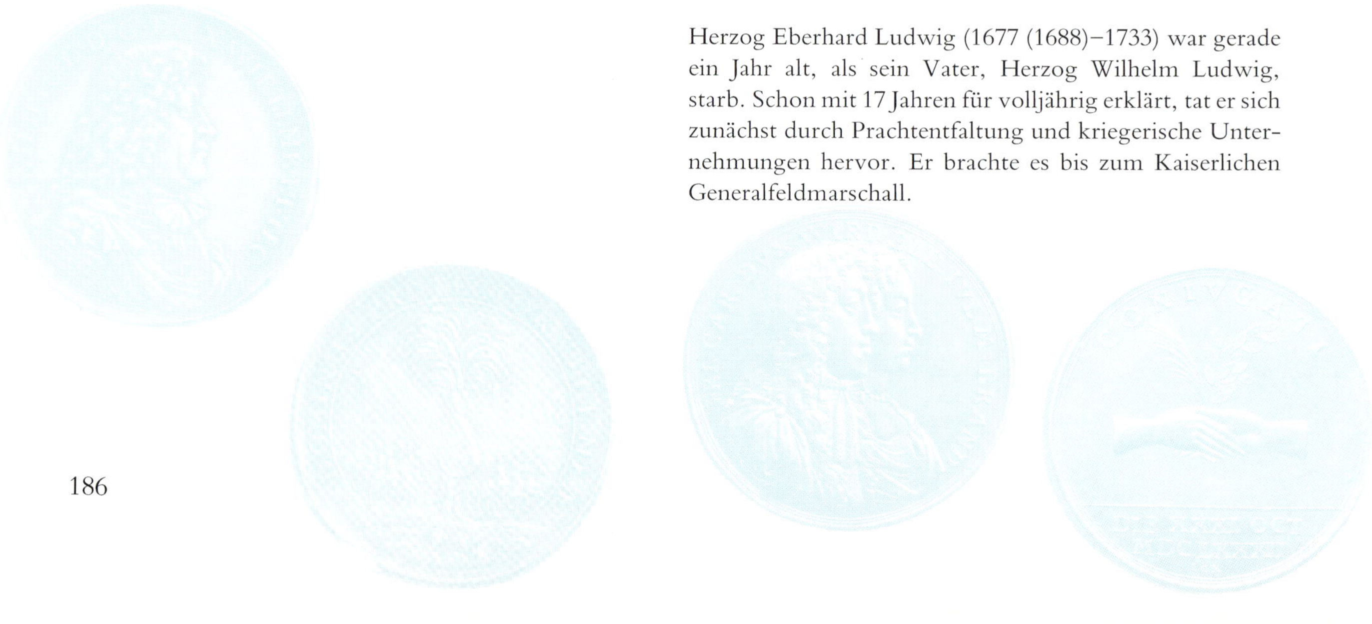

Die Standarte Herzog Eberhard Ludwigs aus dem Jahr 1719 zeigt auf der Vorderseite das württembergische Wappen mit der Kette des vom Herzog 1702 gestifteten Jagdordens, auf der Rückseite die von einem starken Arm gehaltene Reichssturmfahne: „Für Gott und das Reich“!

Zum Entsatz der von den Türken belagerten Stadt Wien setzte der Schwäbische Reichskreis einige Regimenter in Marsch. Das Bild zeigt die Anwerbung der Soldaten sowie den Aufmarsch der Truppen vor Ulm am 30. August 1683.

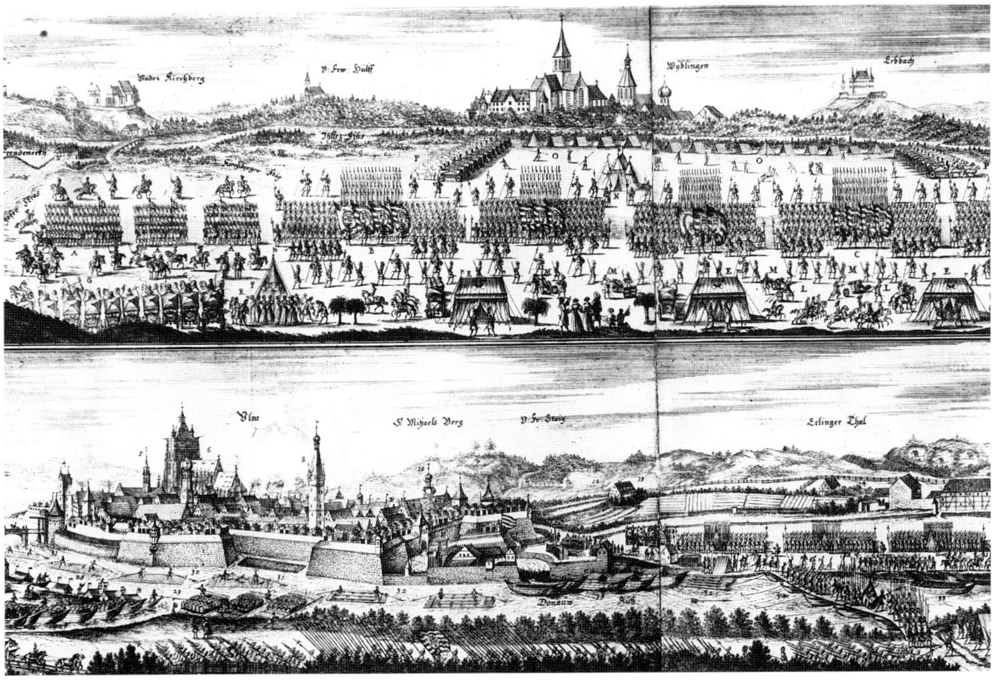

Claude Louis Hector, Herzog von Villars (1653–1734), war der französische Marschall und Heerführer im Spanischen Erbfolgekrieg, der 1707 in Württemberg einfiel, Schorndorf eroberte und das Land ausplündern ließ.

Die Erinnerung an die Leiden des Herzogtums während der Einfälle der Franzosen 1688, 1689 und 1692 ist vor allem mit dem Namen des „Mordbrenners" Mélac verbunden, des französischen Generals Ezéchiel Comte de Mélac, dessen Truppen u. a. Calw und Hirsau verbrannten, Marbach und Tübingen verwüsteten und dessen Name so verhaßt war, daß man in Württemberg noch lange die Hunde nach ihm benannte.

Bald nach der Zerstörung durch die Franzosen 1692 ließ der Herzogadministrator Friedrich Karl die Ruinen des Klosters Hirsau von dem Calwer Maler Johann Jacob Bock in mehreren Ansichten aufnehmen, wobei ihn besonders der Zustand des Schlosses interessierte. Wir verdanken diesen Bildern fast alle Informationen über die Gebäude des Klosters, die nach dem Brand zumeist noch bis zum Dachansatz aufrechtstanden.

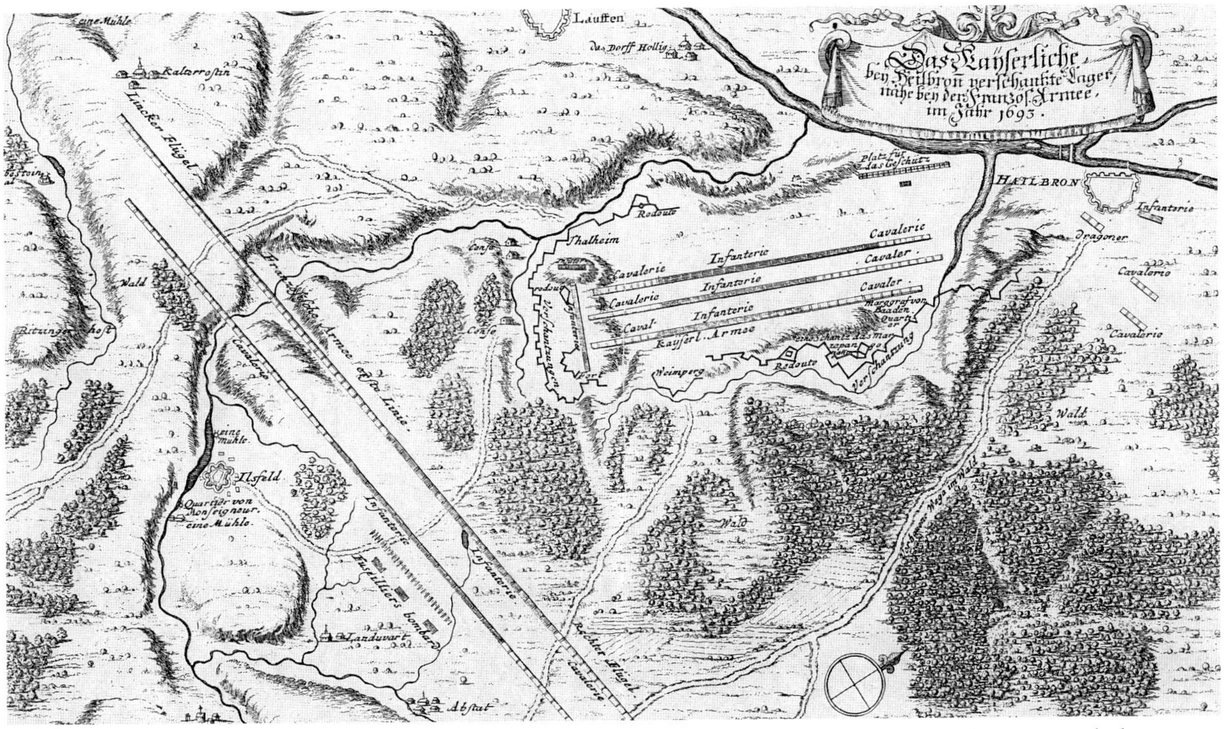

Kaiserliches Militär bei Heilbronn. Im Juli 1693 drangen französische Truppen nach Württemberg ein und überzogen das Land mit Brand und Plünderung. Anfang September gelang es den Reichstruppen, sie aus Südwestdeutschland zu vertreiben.

Das nach dem Stadtbrand von 1692 erbaute Haus Schill in Calw zeugt vom Wohlstand der „Companieverwandten", d. h. der Familien, die seit 1650 zusammen die Calwer Zeughandelkompanie betrieben, das größte wirtschaftliche Unternehmen im alten Herzogtum, das ungefähr 700–800 Zeugmacher beschäftigte.

Das Stuttgarter Schloß mit dem ab 1686 von Mathias Weiß als Gegenstück zum Südostturm von 1578 neuerbauten Rundturm an der Südwestecke, der Neue Bau und der Garten der Herzogin als Hintergrund des nächtlichen Leichenbegängnisses der Herzogin Maria Dorothea Sophia im Jahr 1698.

Im Auftrag des Administrators Friedrich Karl begann der Kriegsrat Andreas Kieser 1680 mit der Kartierung der württembergischen Forste und der Anlage von Forstlagerbüchern, die er mit farbigen Ansichten aller in dem jeweiligen Forst gelegenen Dörfer, Städte, Klöster und Schlösser schmückte. Wenn das Werk auch unvollendet blieb, so verdanken wir ihm doch die Kenntnis vom Aussehen von Hunderten von württembergischen Orten am Ende des 17. Jahrhunderts.

Winnental

Bebenhausen

Calw

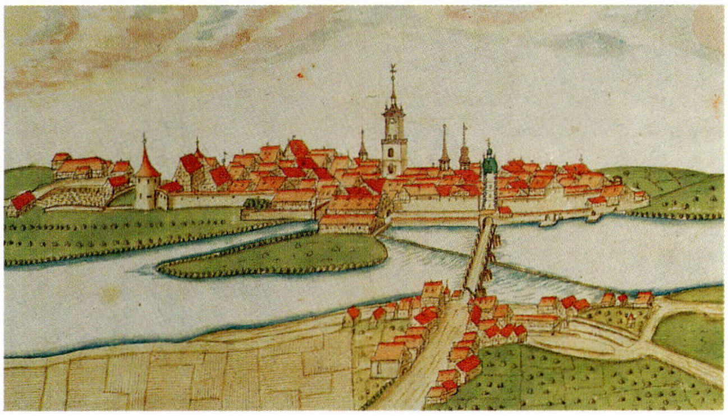

Cannstatt

Im Zuge einer grundlegenden Schulreform wurde das bisherige Stuttgarter »Pädagogium« 1685 in ein »Gymnasium Illustre« umgewandelt, das den Erfordernissen der Zeit nach einer angemessenen Vorbereitung der Schüler auf das Universitätsstudium Rechnung trug. Im Zusammenhang damit errichtete man auch einen Neubau des Schulgebäudes in der unmittelbaren Nähe des alten Pädagogiums (heute Gymnasiumstraße/Kronprinzstraße). Nachdem schon 1685 eine größere Zahl von Medaillen geprägt worden war, die bei der feierlichen Grundsteinlegung am 27. März ausgeteilt wurden, fertigte man auch zur Einweihung am 13. September 1686 eine Medaille an (Bild). Sie zeigt ein Porträt des Administrators Friedrich Karl und – wie die Medaillen zur Grundsteinlegung – eine Ansicht des neuen Schulgebäudes.

Kirche der Waldensersiedlung in Neuhengstett, Krs. Calw. 1699 und 1700 ermöglichte Herzog Eberhard Ludwig die Ansiedlung von 2000 Waldensern in Württemberg. Im Westen des Landes entstanden sieben waldensische Gemeinden: Schönenberg, Pinache mit Serres, Groß- und Kleinvillars, Lucerne, Perouse, Nordhausen im Zabergäu und Neuhengstett.

Johann Osiander (1657–1724) aus der berühmten Tübinger Professorensippe, rettete im Jahre 1688 durch sein Verhandlungsgeschick, vielleicht auch aufgrund von Beziehungen, die er als schwedischer Hofmeister in Paris geknüpft hatte, die Stadt und Festung Tübingen vor der Zerstörung durch die Franzosen.

Schlacht bei Höchstädt an der Donau (Bayerisch Schwaben) am 13. August 1704. Prinz Eugen von Savoyen und der englische Feldherr Marlborough errangen einen glänzenden Sieg über das französisch-bayerische Heer. Die geschlagenen Franzosen zogen sich auf das linke Rheinufer zurück. Kurfürst Maximilian II. Emanuel von Bayern schloß sich ihnen an; sein Land wurde österreichischer Verwaltung unterstellt.

Herzog Carl Alexander hatte 1727 die schöne, reiche und ehrgeizige Prinzessin Maria Augusta (1708–1756), Tochter des Fürsten Anselm von Thurn und Taxis, geheiratet, die ihren Gemahl um fast 20 Jahre überlebte und sich energisch um die Ausbildung und Erziehung ihrer unmündigen Kinder kümmerte.

Die kurze Regierung des Herzogs Carl Alexander (1733–1737) aus der Winnentaler Linie, der 1712 zur katholischen Kirche übergetreten war und neben dem Prinzen Eugen von Savoyen als einer der hervorragendsten Feldherrn seiner Zeit galt, war von heftigen konfessionellen Auseinandersetzungen überschattet.

Schlacht bei Cassano an der Adda am 16. August 1705. In dieser verlustreichen Schlacht des Spanischen Erbfolgekriegs, an der im Gefolge des Prinzen Eugen von Savoyen Herzog Carl Alexander von Württemberg teilnahm, behaupteten die Franzosen unter Vendôme das Feld gegenüber den kaiserlichen Truppen. Erst im folgenden Jahr vermochte Prinz Eugen die Franzosen bei Turin zu besiegen und die Oberhand in Italien zu gewinnen.

Denkmal im Hof des Schlosses Winnental für den Mops Herzog Carl Alexanders. Der Herzog ließ dieses Monument im Jahr 1733 errichten. Der Hund war sein Begleiter in den Türkenkriegen gewesen und hatte, nachdem er seinen Herrn bei Belgrad verloren hatte, den Weg allein nach Winnental gefunden.

Herzog Carl Alexander, der als kaiserlicher Feldmarschall vor allem militärische Interessen hatte, kümmerte sich auch um die Modernisierung der württembergischen Festungen, die zumeist hoffnungslos veraltet waren. Während Pläne für eine Neubefestigung der Teck nicht über erste Arbeiten hinauskamen, wurde der Hohenneuffen ab 1736 von Anton von Herbort zu einer modernen Festung ausgebaut.

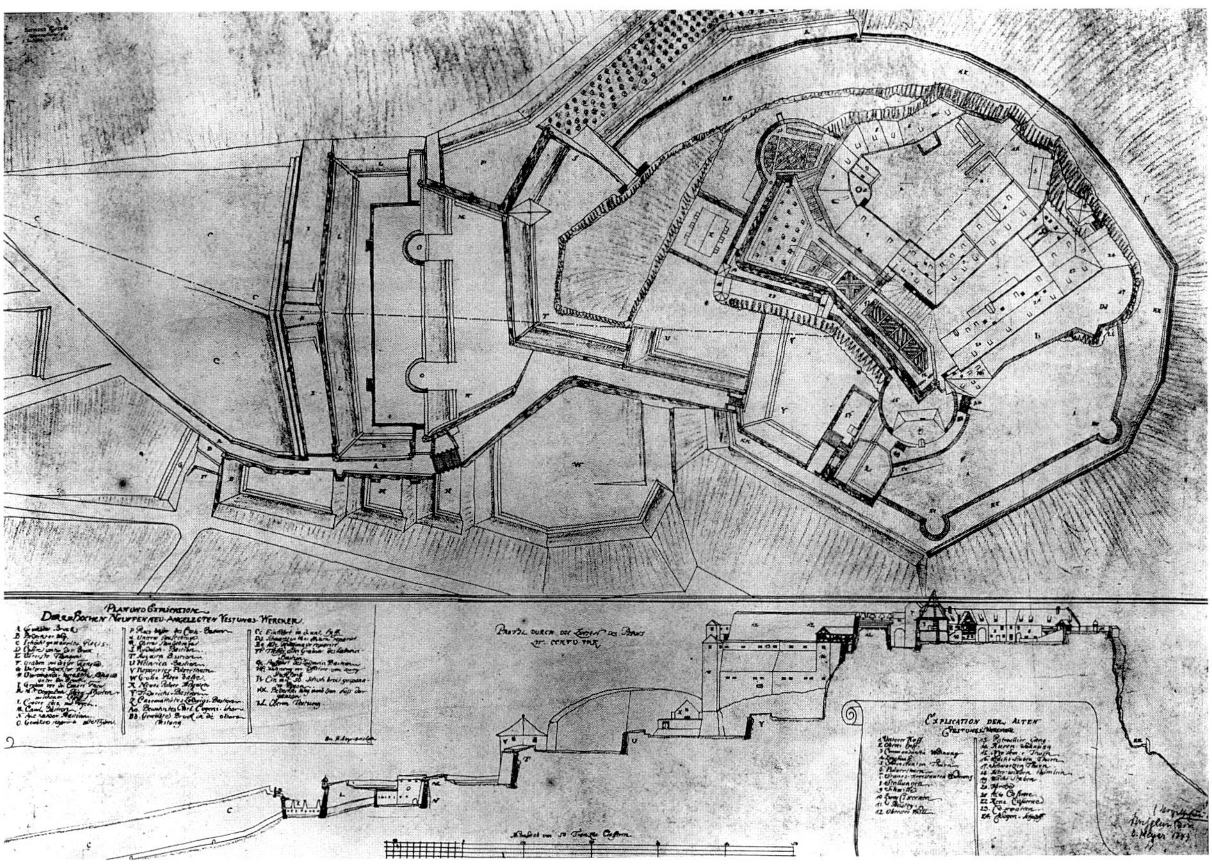

Jud Süß Oppenheimer (ca. 1692–1738), Geheimer Finanzrat und Kabinettsfiskal Herzog Carl Alexanders, wurde nach dem plötzlichen Tod seines fürstlichen Gönners vor Gericht gestellt, in einem Schauprozeß wegen seiner rücksichtslosen Praktiken bei der Erschließung neuer Geldquellen zum Tod verurteilt und hingerichtet. Etliche seiner christlichen Komplizen gingen straffrei aus.

»Herzogin Maria Augusta und Herzog-Administrator Karl Rudolf führen den kleinen Carl Eugen dem Throne zu.«
Beim Tode Carl Alexanders waren die drei Söhne Carl Eugen, Ludwig Eugen und Friedrich Eugen noch minderjährig, so daß die Landstände Karl Rudolf von Württemberg-Neuenstadt (1737–1738) und Karl Friedrich von Württemberg-Oels als Administratoren einsetzten.

Das Schloß in Kirchheim diente vom 17. bis 19. Jahrhundert mehreren württembergischen Herzoginnen als Witwensitz, zuletzt 1794 bis 1811 Franziska von Hohenheim, der zweiten Frau Herzog Carl Eugens.

Da der Erbprinz, der spätere Herzog Carl Eugen, beim Tode Carl Alexanders erst 9 Jahre alt war, mußte wieder eine vormundschaftliche Regierung eingesetzt werden. Nachdem das Testament des Verstorbenen, das die Mutter des Prinzen, Herzogin Maria Augusta, als Regentin vorsah, für ungültig erklärt worden war, übernahm zunächst Herzog Karl Rudolf (1667–1742) aus der Neuenstadter Linie die Regentschaft, ein alter General, der schon ein Jahr darauf die Regierung an den Herzog Karl Friedrich von Württemberg-Oels (1690–1761) abgab, der bis zur vorzeitigen Mündigkeitserklärung Carl Eugens im Jahr 1744 die Regierungsgeschäfte führte.

Herzog Carl Eugen (1744–1793) ließ sich auf seiner Romreise im Jahr 1753 von Pompeo Batoni (1708–1787) in ganzer Figur und in betont lässiger und eleganter Haltung malen. Wohl seit der Gründung durch den Herzog 1765 gehört das Bildnis der Württembergischen Landesbibliothek.

Schon als Vierzehnjähriger soll sich Carl Eugen in die damals neunjährige Prinzessin Elisabeth Sophie Friederike von Brandenburg-Bayreuth (1732–1780) verliebt haben, die er dann 1748 auch tatsächlich heiratete. Die Hochzeit wurde mit unerhörter Pracht gefeiert, aber die Ehe wurde unglücklich und die Gatten trennten sich 1756. Die Herzogin lebte zunächst in Neuenstadt und dann bis zu ihrem Tode in Bayreuth.

Herzog Carl Eugen hatte Franziska, geb. von Bernerdin (1748–1811), 1774 zur Reichsgräfin von Hohenheim erhoben, 1769 kennengelernt. Die zu dieser Zeit noch mit einem Herrn von Leutrum verheiratete Franziska wurde die »Favoritin« des Herzogs und nach dem Tode der Herzogin Elisabeth Friederike 1785 seine zweite Gemahlin. Ihr Takt, ihre Frömmigkeit und ihre Klugheit, vor allem aber ihr wohltätiger Einfluß auf den Herzog, machten sie zu einer im Herzogtum hochverehrten und bis heute populären Gestalt.

Von Friedrich dem Großen verfaßter »Fürstenspiegel« für den jungen, vom Kaiser soeben mündig gesprochenen Herzog Carl Eugen von Württemberg vom Februar 1744. In diesem für die Denkweise des Verfassers und seine politischen Maximen höchst aufschlußreichen Dokument erteilte der preußische König dem jungen Fürsten im Sinne der Zeit Ratschläge für eine verantwortungsbewußte, am Wohl des Landes orientierte Regierung.

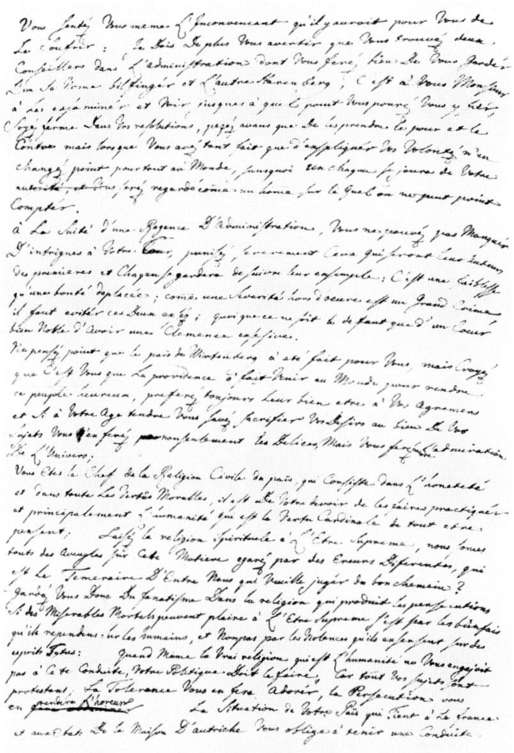

Herzogliche Hirschjagd bei Leonberg am 8. Oktober 1748. Zu den zur Zeit Herzog Carl Eugens als glanzvolle Hofveranstaltungen aufgezogenen Jagden wurde eine große Zahl von Hirschen und anderen jagdbaren Tieren von der zu Jagddiensten verpflichteten männlichen Landbevölkerung zum Abschuß durch den Landesherrn und seine Jagdgäste zusammengetrieben.

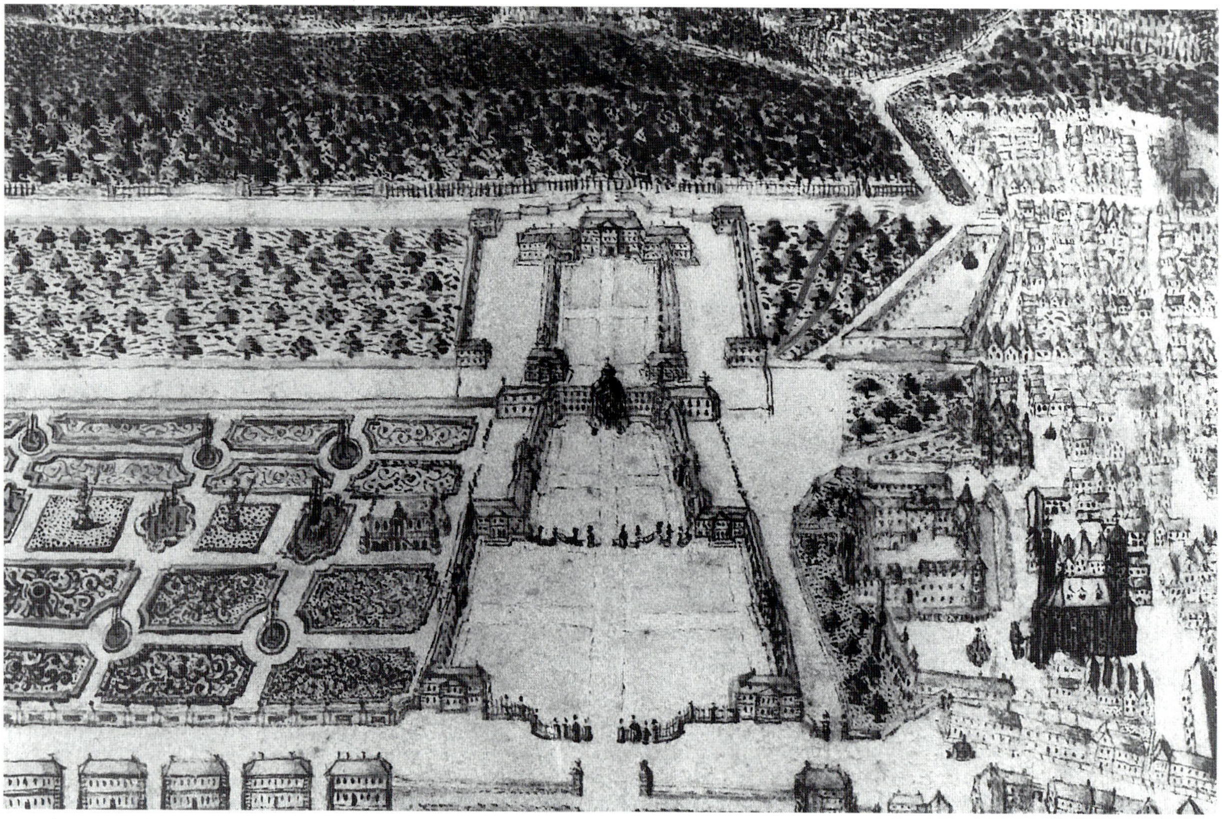

Im Jahre 1740 hatte Carl Eugen in Stuttgart den Grundstein zu einem Kasernenbau gelegt, der später, ab 1775, die Hohe Carlsschule beherbergen sollte. Er lag hinter dem späteren Neuen Schloß, das ab 1746 als Residenzschloß erbaut wurde, da das Alte Schloß in keiner Weise mehr den Ansprüchen an eine moderne Hofhaltung genügen konnte. Dennoch wurde ab 1764 der Hof wieder nach Ludwigsburg verlegt.

Eine Vorstellung von dem erlesenen Geschmack mit dem das Neue Schloß ausgestattet wurde, gibt der Entwurf von Philippe de la Guêpière für die Bibliothek aus dem Jahre 1756.

Auf beherrschender Höhe und mit der Ludwigsburger Residenz durch eine schnurgerade Allee verbunden, entstand 1764/69 das Lustschloß Solitude, zu dem Philippe de la Guêpiére die Pläne lieferte, und das einige Jahre lang Schauplatz der rauschenden Feste des Hofes war.

Das Schloß Solitude war von ausgedehnten Park- und Gartenanlagen umgeben, in denen neben Kirche und Opernhaus u. a. auch eine Militärakademie ihren Platz fand, die aber 1775 nach Stuttgart verlegt und als Hohe Carlsschule berühmt wurde.

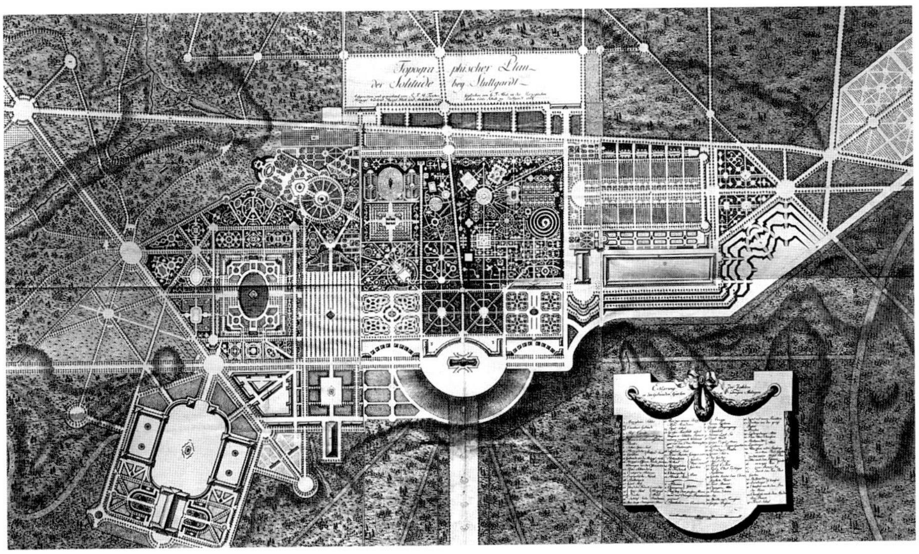

Gleichzeitig mit der Solitude ließ Carl Eugen 1760–1765 durch Philippe de la Guêpiére das »Seehaus« errichten, das erst unter König Friedrich den heutigen Namen Monrepos erhielt und 1801–1804 von Nikolaus Thouret umgebaut wurde.

Ab 1783 entstand das zierliche klassizistische Schlösschen Scharnhausen nach Plänen von Reinhard Ferdinand Heinrich Fischer (1746–1813), das Herzog Carl Eugen nach der Inschrift am Gebälk »CAROLO OTIO« – sich zur Erholung – erbaut hat. Der Teich wurde später zugeschüttet, das Areal von Kronprinz Wilhelm als Fohlenhof und später als Gestüt genutzt.

Herzog Carl Eugen schenkte das Schloßgut Hohenheim 1772 seiner Lebensgefährtin Franziska, die 1774 zur Reichsgräfin von Hohenheim erhoben wurde. Ab 1785 wurde auch das Schloß, in dem heute die Universität Hohenheim untergebracht ist, als letzter großer Schloßbau des Herzogs nach Plänen von Reinhard Ferdinand Heinrich Fischer erbaut, während die seinerzeit berühmten Gartenanlagen mit zahlreichen Kleinarchitekturen schon seit 1772 angelegt worden waren.

Herzog Carl Eugen ließ 1779 das wenige Jahre zuvor in Bad Teinach errichtete Opernhaus nach Stuttgart versetzen und durch Reinhard Ferdinand Heinrich Fischer als »Kleines Theater« umbauen. Es war das erste, für jedermann zugängliche Theater in Stuttgart und brannte 1802 ab.

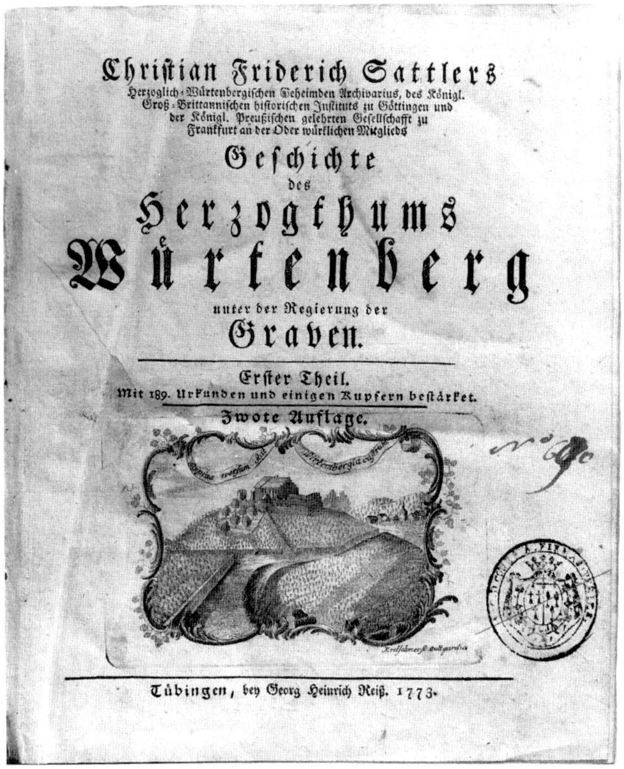
Christian Friderich Sattlers
Herzoglich-Würtenbergischen Geheimden Archivarius, des Königl. Groß-Brittannischen historischen Instituts zu Göttingen und der Königl. Preußischen gelehrten Gesellschafft zu Frankfurt an der Oder würklichen Mitglieds
Geschichte
des
Herzogthums
Würtenberg
unter der Regierung der
Graven.
Erster Theil.
Mit 189. Urkunden und einigen Kupfern bestärket.
Zwote Auflage.
Tübingen, bey Georg Heinrich Reiß. 1773.

Titelblatt der Geschichte des Herzogtums Württemberg von Christian Friedrich Sattler. Dieses 18bändige Werk gliedert sich in drei Teile: die Geschichte des Herzogtums von den ältesten Zeiten bis zum Jahr 1260 (Band 1), die Geschichte des Herzogtums unter der Regierung der Grafen (Bd. 2–5) und die Geschichte des Herzogtums unter der Regierung der Herzöge (Bd. 6–18). Das in erster Auflage zwischen 1757 und 1783 veröffentlichte Standardwerk ist vor allem wegen der in ihm ganz oder teilweise abgedruckten, im Original nicht mehr vorhandenen historischen Quellen auch heute noch unentbehrlich.

Ballettmeister Gaetano Vestris (1729–1808). Der aus Florenz gebürtige Tanzkünstler begeisterte das Publikum. Der Pariser »Tanzgott« wurde in den sechziger Jahren von Herzog Carl Eugen während der Karnevalszeit jeweils für drei Monate gegen ein fantastisch hohes Honorar an den württembergischen Hof verpflichtet. Und die große Oper der französischen Hauptstadt gestand dies zu, um diesen Publikumsliebling nicht zu verlieren.

Niccolo Jommelli (1714–1774), Hofkapellmeister in Stuttgart und Ludwigsburg von 1753 bis 1769, zuvor Kapellmeister von St. Peter in Rom. Unter der Leitung dieses ungemein produktiven neapolitanischen Komponisten erlangte die württembergische Hofoper europaweit einen ausgezeichneten Ruf: Die anderthalb Jahrzehnte in Stuttgart und Ludwigsburg bedeuteten den Höhepunkt des künstlerischen Schaffens Jommellis: Er trat mit einer Vielzahl von Opern und anderen musikalischen Werken hervor.

Oberbaudirektor Reinhard Ferdinand Heinrich Fischer (1746–1813) mit seiner Familie. Der Schüler des Malers Nicolas Guibal und des Architekten Pierre Louis Philippe de la Guêpière bestimmte in der zweiten Hälfte der Regierungszeit Herzog Carl Eugens maßgeblich die württembergische Baukunst. Er erbaute u. a. die Schlösser in Scharnhausen und Hohenheim.

Johann Jakob Moser (1701–1785), der berühmteste Staats- und Völkerrechtler seiner Zeit. Seit 1751 Württembergischer Landschaftskonsulent, geriet er in scharfen politischen Gegensatz zu Herzog Carl Eugen und wurde von diesem von 1759 bis 1764 auf den Hohentwiel inhaftiert. Er hatte maßgeblichen Anteil am Zustandekommen des »Erbvergleichs« zwischen Herzog und Ständen im Jahr 1770. Seine bekanntesten wissenschaftlichen Werke: »Teutsches Staats-Recht« (52 Bände, 1737–1754), »Neues Teutsches Staats-Recht« (27 Bände, 1766–1782) und »Versuch des Neuesten europäischen Völkerrechts« (1777–1780).

Nach Plänen von Jakob Salzmann wurde 1580 bis 1585 das Landschaftshaus in der Stuttgarter Turnierackervorstadt erbaut. Das Gebäude bildete bis zum Beginn des 19. Jahrhunderts das Zentrum der landständischen Aktivitäten im Herzogtum Württemberg.

1775 fand die Carlsschule nach ihrer Verlegung von der Solitude nach Stuttgart Aufnahme in der von Oberbaudirektor David von Leger 1740 bis 1745 erbauten und von Baudirektor R. F. H. Fischer 1775 für die Zwecke der Schule umgestalteten und erweiterten Unteren Kaserne nahe dem noch im Bau befindlichen Neuen Schloß. Der 1944 zerstörte Gebäudekomplex war zwar als Kaserne geplant gewesen, hatte aber nie als solche gedient.

Der an den Speisesaal der Carlsschulzöglinge anschließende säulengeschmückte Kuppelbau, der die »Rotunde« oder das »Tempelchen« genannt wurde, war ein architektonisches Kleinod. Paul Bonatz hat ihn als »einen der schönsten Räume der Welt« bezeichnet. Hier pflegte Herzog Carl Eugen mit Franziska von Hohenheim und auserwählten Gästen zu speisen, wenn er dem Essen der Zöglinge beigewohnt hatte.

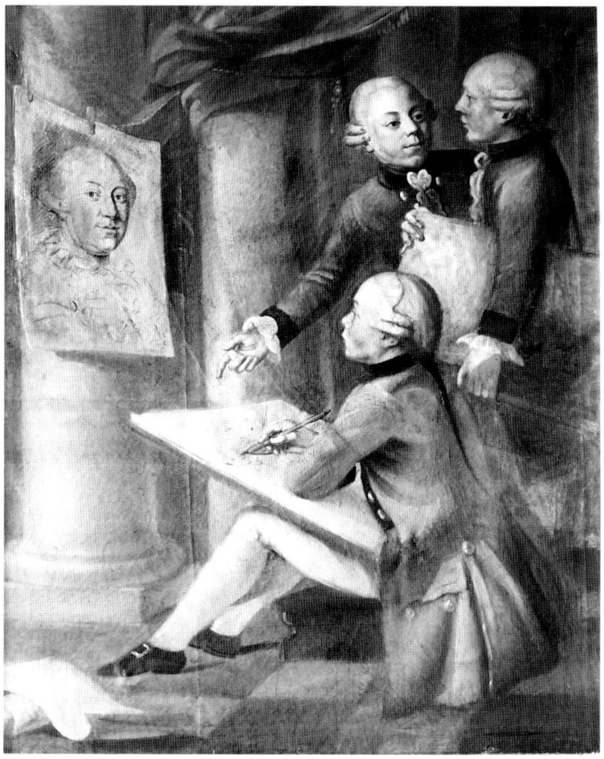

Um 1775 entstand das Bild der drei Carlsschüler in ihren blauen Uniformfräcken, von denen einer damit beschäftigt ist, ein Bild des Herzogs »zur Übung« abzuzeichnen.

Nachdem Seine Herzogliche Durchlaucht gnädigst geruhet
bey Höchst Erlaucht Derselben Herzoglichen Militair Academie zu Stuttgard, zu erzielung eines guten
Fortgangs und Unterhaltung eines beständigen Eyfers der Jugend in ihren Academischen Exercitien und Studien
so wohl, als auch besonders in einer edlen und wohlgesitteten Aufführung jährliche Preise auszusezen, und bey Aus-
arbeitung der auf den gnädigst angeordneten Stiftungs Gedächtnüß Tag in dem Jahr Eintausend Sieben-
hundert Siebenzig und Sieben, von Sr. Herzoglichen Durchlaucht selbst gnädigst ausgewählten, und in Höchst
erlaucht Derselben Höchster Anwesenheit öffentlich judicirten Preißstücken der Herr Juncker

Ulrich Lebrecht von Mandelsloh
aus dem Hauß Teutenwinckel in Mecklenburg, 17 ½ Jahr alt,
eines daselbstigen Freyherrns nachgelassener Sohn

Den Preiß in der allgemeinen Welt, und besondern Würtembergs Geschichte

wegen seiner darinnen erprobten vorzüglichen Geschicklichkeit erhalten; Als wird ein solches zu seiner Legitimation
unter Vordrückung des Herzoglichen Militair Academie Insiegels anmit beurkundet.
Stuttgard den Vierzehnten Decembris, Eintausend Siebenhundert Siebenzig und Sieben.

Sr. Herzogl. Durchlaucht zu Würtemberg,
Würckl. Intendant der Herzogl. Militair Academie
Obrist Lieutenant und Flügel Adjutant, auch
Chevalier de l'Ordre Militaire de St. Charles,
C. Seeger

Preisurkunde und Preismedaille der Carlsschule. Um den Lerneifer der Zöglinge anzuspornen und sie zu einer »edlen und wohlgesitteten Aufführung« anzuhalten, hatte Herzog Carl Eugen Preise ausgesetzt, die er alljährlich am Stiftungstag der Akademie überreichte. Die Preise bestanden aus Urkunden und Medaillen. Friedrich Schiller erhielt im Jahr 1779 allein drei solcher Preise: in der praktischen Medizin, in der Arzneimittellehre und in der Chirurgie.

Jugendbildnis des Dichters Friedrich Schiller (1759–1805).

Christian Friedrich Daniel Schubart (1739–1791), Dichter und Publizist. Er war von 1777 bis 1787 auf Befehl von Herzog Carl Eugen auf der Festung Hohenasperg inhaftiert.

Große Truppenschau vor dem Neuen Schloß in Stuttgart anläßlich des Besuchs des russischen Großfürsten Paul und seiner Gattin Maria Feodorowna, der geborenen Prinzessin Sophie Dorothee, Tochter von Herzog Friedrich Eugen von Württemberg, am 26. September 1782.

Aus Anlaß des oben dargestellten Besuchs von Großfürst Paul und seiner Gattin Maria Feodorowna , malte Philip Friedrich Hetsch für den Marmorsaal des Neuen Schlosses in großer Eile ein Deckenbild, zu dem Nicolas Guibal den Entwurf geliefert hatte. Das Bild zeigte die Huldigung Württembergs vor dem fürstlichen Paar und wurde 1944 zerstört.

Friedrich Christoph Oetinger (1702–1782), Pfarrer und Dekan in verschiedenen Orten, zuletzt Prälat in Murrhardt. Oetinger war einer der großen Theologen des 18. Jahrhunderts. Der bedeutendste Schüler Johann Albrecht Bengels, stark beeinflußt von der Naturmystik Jakob Böhmes und der Kaballa, in seinen späteren Lebensjahren auch mit dem schwedischen »Geisterseher« Emanuel Swedenborg in Verbindung stehend, prägte dem württembergischen Pietismus den Zug zum Geheimnisvollen ein. Mit seiner Theosophie wirkte er auf Hegel, aber auch auf die Anthroposophie.

Johann Albrecht Bengel (1687–1752), Präzeptor (Lehrer) an der Klosterschule in Denkendorf (1713–1741), Propst von Herbrechtingen (1741–1749), Prälat von Alpirsbach und Konsistorialrat (1749–1752). Als Vermittler zwischen der lutherischen Rechtfertigung durch den Glauben und einer pietistischen Erfahrungs- und Heiligungsfrömmigkeit bestimmte er maßgeblich die weitere geistliche Entwicklung der evangelischen Kirche Württembergs und gab namentlich dem schwäbischen Pietismus sein besonderes Gepräge.

Johann Friedrich Flattich (1713–1797), zunächst Garnisonsgeistlicher auf dem Hohenasperg, dann Pfarrer in Metterzimmern und in Münchingen. Der mit viel Mutterwitz begabte, als »schwäbisches Original« in der Erinnerung der Bevölkerung fortlebende pietistische Theologe, der jedermann, auch seinem Landesherrn Herzog Carl Eugen, unverblümt seine Meinung zu sagen pflegte, war eine Erzieherpersönlichkeit von hohen Graden. Er nahm sich schwer Erziehbarer an, ebenso der sozial Benachteiligten. Als seelsorgerischer »Informator« bemühte er sich um die Verbreitung eines sich im Alltagsleben bewährenden Christentums.

Die um das Jahr 1770 konstruierte erste verwendbare Rechenmaschine Philipp Matthäus Hahns für alle Grundrechnungsarten. Der pietistische Theologe Philipp Matthäus Hahn (1739–1790), Pfarrer in Onstmettingen, Kornwestheim und Echterdingen, verfügte über eine geniale Begabung auf mathematisch-technischem Gebiet. Seine Uhren, astronomischen Geräte, Rechenmaschinen und anderen feinmechanischen Erzeugnisse erregten weit über Württemberg hinaus Aufsehen. Herzog Carl Eugen, sein Landesherr, schätzte ihn hoch und nahm ihn gegenüber dem Konsistorium in Schutz, das sich mit seiner Theologie schwer tat.

Das Kännchen aus Ludwigsburger Porzellan aus der Zeit um 1780 zeigt das Gebäude der 1758 gegründeten Manufaktur.

Nur zwei Jahre (1793–1795) regierte Herzog Ludwig Eugen, der Bruder Herzog Carl Eugens, ein alter Offizier, aus dessen Zeit nur zu erwähnen ist, daß er 1794 die Hohe Carlsschule schloß.

Die drei herzoglichen Brüder, wohlbeleibte ältere Herren zu Pferd: Der regierende Herzog Carl Eugen in der Mitte, sein Nachfolger Ludwig Eugen ihm zur Seite und links der Stammvater aller späteren Württemberger, Herzog Friedrich Eugen (1795–1797).

Herzogin Friederike Sophie Dorothee von Brandenburg-Schwedt (1736–1798), seit 1753 evangelische Gemahlin des katholischen Herzogs Friedrich Eugen. Alle zwölf aus dieser Ehe stammenden Kinder (darunter der spätere König Friedrich) wurden evangelisch erzogen. Durch diesen Kindersegen war der Fortbestand des Hauses Württemberg gesichert – das Herzogspaar wurde zu den Stammeltern aller heute lebenden Angehörigen des Hauses Württemberg.

Auch dem zweiten Bruder Carl Eugens, Herzog Friedrich Eugen, waren nur zwei Regierungsjahre (1795–1797) vergönnt, die in eine Zeit voll kriegerischer Auseinandersetzungen fielen. Friedrich Eugen hat jedoch die Voraussetzungen dafür geschaffen, daß Württemberg die Napoleonischen Kriege nicht nur ungeschmälert überstand, sondern vergrößert und als Königreich aus ihnen hervorging.

Johann Baptist Lampi malte 1797 deren Tochter Sophie Dorothee von Württemberg, die Zarin Maria Feodorowna (1759–1828), eine Schwester des späteren Königs Friedrich von Württemberg, die seit 1776 mit Zar Paul I. von Rußland verheiratet war. Sie wurde die Mutter des Zaren Alexander I., der also ein richtiger Vetter von König Wilhelm I. von Württemberg war.

Elisabeth, eine 1767 geborene Tochter von Herzog Friedrich Eugen und Friederike Sophie Dorothee von Brandenburg-Schwedt (also eine Schwester des späteren Königs Friedrich), wurde 1788 mit Erzherzog Franz von Österreich, dem späteren Kaiser Franz II. (bzw. Franz I. von Österreich), vermählt, starb aber bereits zwei Jahre später. An diese Hochzeit erinnern zwei ähnlich gestaltete, verschieden große Medaillen, die in verschiedenen Metallen aufgelegt wurden.

Kampf um die Neckarbrücke bei Cannstatt zwischen österreichischen und französischen Truppen am 21. Juli 1796. Vergeblich versuchten hier die Österreicher den nach Württemberg vorgedrungenen Franzosen den Übergang über den Neckar und damit deren weiteres Vordringen zu verhindern. Sie mußten sich nach heftigem Gefecht zurückziehen. Das Herzogtum Württemberg war den feindlichen Besatzern preisgegeben. Durch einen Waffenstillstand wollte Herzog Friedrich Eugen dem Land Schlimmeres ersparen. Doch er hatte harte Bedingungen in Kauf zu nehmen. Da sich das Kriegsglück schon kurz darauf wendete, bekam der Herzog wegen des eigenmächtig abgeschlossenen Waffenstillstands das Mißfallen des Kaisers zu verspüren.

Konradin Abel (1750–1823), Landschaftssekretär 1774, Landschaftskonsulent 1791–1802, war einer der führenden Köpfe der Landstände in ihrem Kampf gegen Herzog Friedrich II. 1800/01 suchte er in Paris als landständischer Gesandter die Unterstützung der französischen Regierung bei der Durchsetzung eines entscheidenden politischen Mitspracherechts der Landschaft im Herzogtum zu gewinnen.

Luise Stockmayer geb. Frommann (1769–1846) widersetzte sich zusammen mit ihrem Mann, dem Landschaftssekretär Friedrich Amandus Stockmayer d. J. im Herbst 1804 dem Eingriff von Kurfürst Friedrich in die landschaftliche Kassenverwaltung, indem sie die vom Kurfürsten zur Prüfung angeforderten Rechnungsunterlagen versteckte. Die »patriotische Diebin« der Landschaftsrechnungen wurde wegen dieser mutigen Tat, die weit über das Herzogtum hinaus Aufsehen erregete, auf kurfürstlichen Befehl mehrere Wochen inhaftiert.

Münzen von 1670 bis 1736. Die Münzprägung in der zweiten Hälfte des 17. und in der ersten Hälfte des 18. Jahrhunderts ist bei den größeren Sorten dadurch bestimmt, daß die Serie repräsentativer Taleremissionen (a–d) im ersten Viertel des 18. Jahrhunderts stark reduziert und in den dreißiger Jahren ganz unterbrochen wird. Im Vordergrund steht seit 1731 die gewinnversprechende Karolinenprägung (g und k), die besonders nachhaltig von dem unter Carl Alexander tätigen Münzpächter Jud Süß Oppenheimer betrieben wird. Als weitere Goldmünzen werden daneben nur ganz vereinzelt Dukaten aufgelegt (f und i). Das größte gängige Silbernominal sind in dieser Zeit „Landmünzen" zu 30 Kreuzern (e und h). – Alle Münzen sind in Originalgröße abgebildet.

Münzen von 1737 bis 1803. Die Talerreihe aus den rund 70 letzten Jahren der Herzogszeit vereinigt vier nur kurz regierende Administratoren und Herzöge (a, b, e und f) mit den beiden markanten Herrscherpersönlichkeiten dieses Zeitraums (c und d sowie g und h). Münzgeschichtlich bedeutsam ist der Übergang vom Reichstaler (a–c) zum Konventionstaler (d–h). Bei der Wappendarstellung erscheint seit 1794 eine siebenfeldrige Form (e–g) und dann 1803 der gespaltene kurfürstliche Schild (h). – Alle Münzen sind in Originalgröße abgebildet.

Die Könige von Württemberg

Paul Sauer

Herzog Kurfürst und König Friedrich (1797–1816)

Der Ende 1797 43jährig zur Regierung gelangte Herzog Friedrich II., der älteste Sohn von Herzog Friedrich Eugen und von dessen Frau Friederike Sophie Dorothee, einer geborenen Prinzessin von Brandenburg-Schwedt, war ein hochbegabter, selbstbewußter und willensstarker Regent. Sein politisches Handeln orientierte sich, obgleich seine osteuropäischen Denkvorstellungen entlehnte Auffassung vom Gottesgnadentum des Herrschers und seine cholerische Natur häufig einen gegenteiligen Eindruck vermittelten, am Wohl seiner Untertanen und seines Landes. Das militärische und politische Handwerk hatte er im Dienst seines Großonkels Friedrichs des Großen von Preußen und der Kaiserin Katharina der Großen von Rußland erlernt. Wie schon seinem Vater fiel es auch ihm nicht leicht, sich in die Verhältnisse des rund 600 000 Einwohner zählenden Herzogtums Württemberg, in dem er erst seit wenigen Jahren lebte, hineinzufinden, die Mentalität seiner Untertanen zu verstehen. Das »Mitregieren« der Landschaft kam ihn hart an. Doch die Landstände besaßen in der Bevölkerung einen starken Rückhalt. In den Auseinandersetzungen mit ihnen gewann er nur wenig politisches Terrain. Lediglich ihre frankreichfreundlichen Aktivitäten in der Außenpolitik, die eine der seinigen entgegengesetzte Zielrichtung hatten, vermochte er mit Hilfe des Reichsoberhaupts wiederholt zu dämpfen. Verheiratet war Friedrich in erster Ehe mit Prinzessin Auguste Karoline Friedrike Luise von Braunschweig und Lüneburg gewesen. Aus dieser sehr unglücklichen Verbindung waren mehrere Kinder hervorgegangen, darunter Prinz Friedrich Wilhelm Karl, der spätere König Wilhelm I., und Prinzessin Katharina, die nachmalige Königin von Westfalen. Erst zehn Jahre nach dem Tod seiner ersten Frau in Estland (1787) – sie lebte zuletzt von ihm getrennt – heiratete Friedrich ein zweites Mal: Prinzessin Charlotte Auguste Mathilde von Großbritannien. Diese Ehe blieb kinderlos.

Die 19jährige Regierungszeit Friedrichs war überschattet von Kriegen. Von Anfang an erfuhr er schmerzlich die militärisch-politische Ohnmacht seines kleinen Landes. Vergeblich bemühte er sich, Württemberg aus dem 1799 ausgebrochenen Zweiten Koalitionskrieg herauszuhalten. Weder Frankreich noch das diesem feindlich gegenüberstehende Österreich respektierten die Neutralität des Herzogtums. Notgedrungen schloß sich Friedrich der habsburgischen Kaisermacht an. Allein, sein militärisches Engagement wurde von Wien nicht honoriert. Er mußte im Frühjahr 1800 sein Land den Franzosen preisgeben und sich mit seinen Truppen dem Rückzug der kaiserlichen Armee in die österreichischen Stammlande anschließen. Erst ein Jahr später, einige Monate nach Friedensschluß, konnte er nach Württemberg zurückkehren. Enttäuscht und gedemütigt wurde er sich bewußt, daß er seinem Land mit der Preisgabe an feindliche Besatzer zu viel zugemutet hatte. Hinfort war seine Politik darauf gerichtet, das Herzogtum niemals wieder in eine ähnlich fatale Situation zu bringen.

Um Württemberg ein stärkeres politisches Gewicht zu verschaffen, erschien ihm dessen territoriale Vergrößerung dringend geboten. Er setzte deshalb große Erwartungen in das Ergebnis der Verhandlungen über Entschädigungen für die von Frankreich annektierten württembergischen linksrheinischen Herrschaften. Solche Entschädigungen waren bereits 1797 im Frieden von Campo Formio zugesagt worden. Zur Disposition standen nach französischer Auffassung rechtsrheinische geistliche Territorien sowie Reichsstädte. Im Reichsdeputationshauptschluß vom 25. Februar 1803 erlangte Herzog Friedrich II., der alle diplomatischen Kanäle und namentlich auch seine verwandtschaftlichen Beziehungen zum russischen Zarenhaus genutzt hatte, mit einem Bevölkerungszuwachs von 120 000 Menschen Ersatz für die linksrheinischen Verluste: die Fürstpropstei Ellwangen, die Reichsabtei Zwiefalten, die Frauenklöster Heiligkreuztal, Rottenmünster und Margrethausen, das Ritterstift Comburg, die Abtei Schöntal, die bisher dem Kloster Muri in der Schweiz gehörende Hälfte des Dorfes Dürrenmettstetten, das adlige Damenstift Oberstenfeld sowie die neun Reichsstädte Aalen, Esslingen, Giengen, Heilbronn, Reutlingen, Rottweil, Schwäbisch Gmünd, Schwäbisch Hall und Weil der Stadt. Außerdem durfte sich Friedrich wie sein badischer Nachbar, Markgraf Karl Friedrich, die Kurfürstenwürde beilegen; er stieg damit in den Kreis der ersten Fürsten des Reiches auf. Die neuerworbenen Gebiete gliederte er nicht dem altwürttembergischen dualistischen Ständestaat ein, sondern er faßte sie zu einem absolutistisch regierten Staat Neuwürttemberg mit dem Regierungssitz Ellwangen zusammen. Für die Landstände des Herzogtums, die ihre Mitregierung auch auf die Entschädigungslande hatten ausdehnen wollen, war dies ein schwerer Schlag.

Im Begriff gegen Österreich und Rußland zu Felde zu ziehen, zwang Napoleon, innerhalb weniger Jahre vom General zum Kaiser der Franzosen und zum mächtigsten Mann Europas aufgestiegen, im Oktober 1805 den württembergischen Kurfürsten in seine militärische Gefolgschaft. Schon nach wenigen Wochen hatte der geniale französische Usurpator den Feldzug zu seinen Gunsten entschieden, und obwohl das kleine württembergische Kontingent hieran so gut wie keinen Anteil gehabt hatte, trug Friedrich reichen Gewinn davon. Er durfte den größten Teil der österreichischen Gebiete in Schwaben mit den Zentren Horb und Rottenburg seinem Land einverleiben und sich den Königstitel beilegen. Als nunmehr souveräner Monarch – bei der engen Bindung an den übermächtigen französischen Alliierten war es lediglich eine Souveränität nach innen – konnte er sich der Mitregierung der Stände entledigen, und er säumte nicht, dies zu tun. Seit Anfang 1806 galt im Gesamtland ausschließlich der Wille des absolutistischen Herrschers. König Friedrich fügte die vielen heterogenen Territorien durch die Vereinheitlichung und zweckmäßige Organisation der Verwaltung wie des Gerichtswesens zu einem modernen Staat zusammen. Durch das Religionsedikt vom 15. Oktober 1806 erhielten die Angehörigen der römisch-katholischen und der reformierten Kirche neben der evangelisch-lutherischen Konfession die volle staatsbürgerliche Gleichberechtigung.

Im Sommer 1806 mußte sich König Friedrich dem von Napoleon geschaffenen Rheinbund anschließen. Er tat dies mit äußerstem Widerstreben. Nicht zuletzt ihm war es zuzuschreiben, wenn der innere Ausbau der Föderation unterblieb. Immerhin ermöglichte der Rheinbund Friedrich wie den anderen süddeutschen Alliierten des Kaisers der Franzosen die Mediatisierung der Territorien der kleineren Reichsfürsten wie der Hohenlohe, der Thurn und Taxis, der Truchsesse von Waldburg oder der Fürstenberg sowie der Gebiete der Reichsgrafen. Durch diese Fürstentümer und Grafschaften erfuhr der König von Württemberg einen weiteren Machtzuwachs. In den Feldzügen gegen Preußen 1806/07 und gegen Österreich 1809 zeigte sich das württembergische Heer den französischen Streitkräften ebenbürtig. 1809, als Württemberg durch den Aufstand der Tiroler und Vorarlberger selbst zum Kriegsschauplatz zu werden drohte, organisierte Friedrich in Oberschwaben eine wirksame militärische Abwehr und hielt so den siegreich nach Österreich vordringenden Armeen Napoleons den Rücken frei. Mit unbarmherziger Härte schlug er in Mergentheim einen gegen die württembergische Herrschaft ausgebrochenen Aufstand nieder. Auch im Nellenburgischen erstickte er aufflackernde Unruhen.

Nach langwierigen Verhandlungen in Paris wurden 1810 die Grenzen der süddeutschen Staaten endgültig festgelegt. Württemberg mußte einige Gebietsteile im Westen, darunter auch etliche Städte und Landgemeinden, die seit Jahrhunderten Bestandteile des Herzogtums gewesen waren, an Baden abtreten. Es konnte dafür seine Landeshoheit nach Osten erweitern. So wurde jetzt die alte Reichsstadt Ulm württembergisch. Insgesamt erhielt das Königreich 120 000 zusätzliche Untertanen. Im Vergleich mit der vornapoleonischen Zeit hatten sich die Bevölkerung und das Staatsgebiet Württembergs ungefähr verdoppelt. Dennoch war König Friedrich enttäuscht. Er hatte sich einen wesentlich größeren Gebietszuwachs versprochen. Doch dies konnte und wollte ihm Napoleon, der in gleicher Weise auch die Territorialwünsche Badens und Bayerns zu befriedigen hatte, nicht zugestehen. Insbesondere schmerzte Friedrich, daß Nellenburg, die württembergische Landbrücke zur Schweiz, an Baden fiel. Württemberg blieb ein kleines Land, angewiesen auf den Schutzschild einer Großmacht oder den eines Staatenbundes, in den es eingebunden war.

Nur mit Mühe hatte sich Friedrich der Aufforderung Napoleons, dessen Machtbesessenheit zunehmend zum politisch-militärischen Hasardspiel wurde, widersetzen können, Truppen nach Spanien in den dort gegen die französische Herrschaft entbrannten Volkskrieg zu entsenden. Ein gleiches war ihm nicht mehr möglich, als der Kaiser der Franzosen im Frühjahr 1812 mit einem gewaltigen Truppenaufgebot gegen das russische Zarenreich zu Felde zog. Die Katastrophe der Großen Armee im Spätherbst jenes Jahres traf auch Württemberg hart. Bis auf wenige hundert Überlebende gingen die 15 800 Mann seines Truppenaufgebots in den Eiswüsten Rußlands elend zugrunde. König Friedrich machte aus seiner tiefen Betroffenheit zum großen Ärger seines übermächtigen Verbündeten keinen Hehl. Dennoch mußte er ihm im Frühjahr und Sommer 1813 mit neuaufgestellten Truppenverbänden bei den Kämpfen in Sachsen, Schlesien und in der Mark Brandenburg weiterhin militärische Gefolgschaft leisten. Erst nach der Völkerschlacht von Leipzig im Oktober 1813 und dem Rückzug der Franzosen hinter den Rhein, konnte es Friedrich wagen, sich aus der ungleichen Allianz, in der er sich aber trotz seiner geringen Machtbasis nie zum Satelliten, d. h. zum reinen Befehlsempfänger, hatte erniedrigen lassen, zu lösen und sich den alliierten Mächten zur endgültigen Niederringung Napoleons anzuschließen. Auf dem Wiener Kongreß wurde die territoriale Integrität Württembergs bestätigt. Mit seinen Vergrößerungswünschen hatte König Friedrich indes auch jetzt keinen Erfolg. Seine Vorstellung von einem zwei bis zweieinhalb Millionen Einwohnern zählenden Staat, der stark genug war, um bei einem französischen Angriff hinhaltenden Widerstand zu leisten, bis die Armeen Österreichs und Preußens herangerückt waren, blieb ein Wunschtraum.

1815 scheiterte er mit seinem Versuch, dem Königreich eine Verfassung zu oktroyieren, ehe ihm der in der Bildung begriffene Bund deutscher Staaten, der nachmalige Deutsche Bund, möglicherweise eine solche aufzwang. Freilich hatte er auch erkannt, daß nach dem Wegfall des äußeren Drucks das Volk an der Mitverantwortung für den Staat beteiligt werden mußte. Der absolutistische Herrscherwille reichte jetzt nicht mehr aus, um dem aus vielen heterogenen Bestandteilen gewaltsam zusammengefügten künstlichen Staatsgebilde ein festgefügtes, dauerhaftes Fundament zu geben. Das altwürttembergische Bürgertum solidarisierte sich mit dem Bürgertum der ehemaligen Reichsstädte und mit dem mediatisierten Adel. Die Ständevertreter lehnten das Gnadengeschenk des Königs ab, sie forderten die Rückkehr zum guten alten Recht, d. h. die Wiederherstellung der altwürttembergischen Verfassung mit gewissen zeitgemäßen Veränderungen und die Ausdehnung dieses Staatsgrundgesetzes auf die neuwürttembergischen Gebiete. Die Standpunkte von Monarch und Landständen standen sich schroff gegenüber. Die Folge waren jahrelange Verfassungskämpfe. Ihr Ende erlebte König Friedrich nicht mehr. Er starb nach kurzer Krankheit am 30. Oktober 1816. Seinem Sohn und Nachfolger König Wilhelm I. gelang schließlich unter dem Druck der maßgeblich von den beiden deutschen Großmächten Österreich und Preußen bestimmten verfassungsfeindlichen Entwicklung eine Einigung mit den Landständen. Am 25. September 1819 wurde im Ludwigsburger Schloß der Verfassungsvertrag vom König und von den Repräsentanten der Bevölkerung feierlich unterzeichnet. Württemberg besaß nunmehr einen aus zwei Kammern, der Kammer der Standesherren und der Kammer der Abgeordneten, bestehenden Landtag. Obwohl die Kammer der Abgeordneten erst durch die Verfassungsreform von 1906 zur echten Volkskammer wurde – zuvor gehörten ihr neben den gewählten Vertretern der Oberamtsbezirke und der sieben »guten Städte« die sogenannten Privilegierten an: Vertreter der Ritterschaft, der Kirchen und der Universität –, bildete sie doch fast von Anfang an das offizielle Forum, auf dem über die Rechte der Staatsbürger diskutiert, Übergriffe der Regierung und Verwaltung zur Sprache kamen, kulturelle, soziale und wirtschaftliche Probleme erörtert wurden. Ähnlich wie die Zweite Kammer im benachbarten Großherzogtum Baden bildete sie die Vorschule für das erste gesamtdeutsche Parlament, die Frankfurter Nationalversammlung von 1848/49. In Stuttgart und Karlsruhe wurden erstmals mit dem Selbstbewußtsein des liberalen Bürgertums die Forderungen nach Freiheit und Einheit des deutschen Volkes erhoben.

König Wilhelm I. (1816–1864)

König Wilhelm I., 1781 geboren, hatte sich als Heerführer in den Feldzügen von 1814 und 1815 gegen Napoleon ausgezeichnet und genoß im Volk hohes Ansehen. Als Kronprinz hatte er sich recht liberal gegeben und sich gesamtdeutschen Bestrebungen gegenüber aufgeschlossen gezeigt. Indes war er noch stark den Denkkategorien des aufgeklärten Absolutismus verhaftet, und als König standen ihm die Interessen seines Landes vornean. Er mißtraute den beiden deutschen Großmächten Österreich und Preußen. Als Ideal schwebte ihm ein engerer Zusammenschluß der deutschen Mittel- und Kleinstaaten, des sogenannten Dritten Deutschlands, vor, wobei den Königreichen Bayern, Sachsen, Hannover und Württemberg eine Schlüssel- und Leitungsfunktion zufallen sollte. Allein, die Interessen der Staaten des Dritten Deutschlands waren zu unterschiedlich, um sie auf einen Nenner bringen zu können. Der 1815 gegründete Deutsche Bund, dem König Friedrich nur mit größtem Widerwillen beigetreten war, weil er sich seine mühsam errungene Souveränität nicht hatte beschneiden lassen wollen, blieb während der 48 Jahre umfassenden Regierungszeit Wilhelms I. die politische Organisation, die insbesondere die deutschen Mittel- und Kleinstaaten vor dem Ausgeliefertsein an fremde Mächte, wie dies zu Zeiten Napoleons der Fall gewesen war, bewahrte.

Der zweite württembergische König war um einen ihm gemäßen Regierungsstil bemüht. Dies brachte er schon dadurch zum Ausdruck, daß er sich obwohl er dieselben Taufnamen wie sein Vater – Friedrich Wilhelm Karl – führte, als Regentenname nicht Friedrich II., sondern Wilhelm I. beilegte. Er verminderte den Aufwand des Hofes, paßte das Militär der Leistungskraft des kleinen Königreichs an, organisierte die staatliche Verwaltung sowie das Gerichtswesen neu und zweckmäßig, räumte den Kommunen eine weitgehende Selbstverwaltung ein. Da er für die Jagd wenig übrig hatte, fiel es ihm leicht, die berechtigten Klagen der Untertanen über übermäßige Wildschäden und Jagddienste abzustellen. 1817 beseitigte er die Leibeigenschaft. Seine Reformen gewährleisteten dem Land ein hohes Maß an Ordnung und innerer Sicherheit.

Die ersten Jahrzehnte der Regierung König Wilhelms I. waren eine Zeit großer wirtschaftlicher Bedrängnis. Die Bevölkerung war in stetigem Ansteigen begriffen. Da die Landwirtschaft noch immer die Haupterwerbsquelle bildete, fanden in ihr die neu ins Erwerbsleben tretenden jungen Menschen häufig keine Existenzmöglichkeit mehr. Die meisten Handwerksberufe, zumal in den Landgemeinden, waren übersetzt. Deshalb fristete auch ein erheblicher Teil der Handwerker ein kärgliches Dasein. Die Aussichten auf eine grundlegende Verbesserung der wirtschaftlichen Situation waren ungünstig. Das durch anormale Witterungsverhältnisse und eine katastrophale Mißernte verursachte Hungerjahr 1816/17, das vielen Menschen harte Entbehrungen auferlegte, konnte überwunden werden, – König Wilhelm I. und Königin Katharina, die russische Zarentochter, hatten tatkräftig mitgeholfen, die schlimmen Auswirkungen der Hungerkatastrophe zu lindern –. Doch auch nach 1817 blieb die Not groß. Tausende suchten sich der wirtschaftlichen Misere durch die Auswanderung nach Osteuropa und nach Amerika zu entziehen. Sie hofften, sich in den Zufluchtsländern eine gesicherte Existenz aufbauen zu können. Einem Teil gelang dies unter harten Mühen – manchmal erst in der zweiten Generation. Andere freilich starben und verdarben, ehe sie im fremden Land Fuß gefaßt hatten. In der Heimat hörte man von diesen Verschollenen nichts mehr. Indes nicht alle Auswanderer verließen Württemberg aus wirtschaftlichen Gründen. Für viele, schwärmerischen Richtungen des Pietismus anhängend und davon überzeugt, daß das Ende der Welt bevorstehe, standen, so vor allem 1817, als König Wilhelm I. das von seinem Vater ein Jahrzehnt zuvor verschlossene Tor zur Auswanderung wieder öffnete, religiöse Beweggründe im Vordergrund. Sie wollten ihrer christlichen Glaubensüberzeugung frei leben und im Osten der Wiederkunft Christi, die aller Wahrscheinlichkeit nach in Palästina, dem heiligen Land, erfolgte, näher sein. Das von den Türken beherrschte Palästina war Einwanderern noch verschlossen, aber Südrußland bis jenseits des Kaukasus stand ihnen offen. Kein Wunder, wenn damals große Scharen nach dem Osten zogen, in Bessarabien, in der Ukraine und im Gebiet des Kaukasus Siedlungen gründeten, die bald aufblühten und trotz eines sehr wechselhaften Schicksals bis in den Zweiten Weltkrieg hinein Bestand hatten.

Wilhelm I. sah mit Sorge, wie ein Teil seiner lebenstüchtigsten und fleißigsten Untertanen Zuflucht im Ausland suchte. Wirtschaftlich ließ sich nur schwer eine Wende zum Besseren erreichen. Daß indes langsame, aber stetige Fortschritte im Bereich der Landwirtschaft erzielt wurden, verdankte Württemberg König Wilhelm und dessen sachkundigen Beratern. Sie waren unermüdlich tätig, durch neue Anbau- und Produktionsmethoden, durch den Einsatz verbesserter Ackerbaugeräte, die Hebung der Viehzucht, die bessere Nutzung des Naturdüngers, die Verwendung besseren Saatguts bei Getreide und bei den als Volksnahrungsmittel kaum zu überschätzenden Kartoffeln die landwirtschaftlichen Ertragsverhältnisse und damit das Einkommen der bäuerlichen Bevölkerung zu steigern. Mit der Gründung der Brüdergemeinde Korntal, deren Leitung der seitherige Leonberger Bürgermeister Gottlieb Wilhelm Hoffmann übernahm, sollte durch eine verlockende Alternative die Auswanderung aus religiösen Gründen gedämpft werden. Korntal wurde in der Tat rasch zu einem geistlichen Zentrum des Landes mit Schulen, Erziehungsheimen usw. Freilich war es nur eine Gemeinde, doch sie gab Zeugnis von einem neuen Geist in Württemberg. Die evangelisch-lutherische Landeskirche umfaßte nicht mehr das Gesamtspektrum evangelischer Gläubigkeit. Gruppen, die einen religiösen Sonderweg suchten, meldeten sich zunehmend zu

Wort. Sie entwickelten sich zu freikirchlichen Bewegungen, vermochten allerdings die staatskirchliche Aufsicht nicht abzustreifen und sich so auch nicht, abgesehen von Korntal, in Leben und Lehre ungehindert zu entfalten. Dies änderte sich erst mehr als fünfzig Jahre später 1872, als das Gesetz betreffend die religiösen Dissidenten-Vereine die Bildung religiöser Gemeinschaften außerhalb der vom Staat als öffentliche Körperschaften anerkannten Kirchen freigab.

Von den rund zwei Dritteln der Gesamtbevölkerung, die sich zur evangelisch-lutherischen Konfession bekannten, war die Mehrheit Altwürttemberger. Die evangelische Landeskirche des Königreichs stand deshalb sehr stark in der Tradition des Kirchenwesens des früheren Herzogtums. Das vom Staat 1806 an sich gezogene Kirchengut bekam sie allerdings nicht mehr zurück. Im wesentlichen auf die altwürttembergischen Landesteile beschränkt blieb der Pietismus. Die Rechtsverhältnisse der römisch-katholischen Kirche mit dem Königreich Württemberg regelte das Konkordat von 1827. Die Katholiken erhielten ihr geistliches Zentrum in Rottenburg, dort hatte auch der Bischof der für Württemberg neugeschaffenen, zur Oberrheinischen Kirchenprovinz gehörenden Diözese seinen Sitz. Wie schon unter König Friedrich behielten die beiden großen Kirchen den Charakter von Staatsanstalten; die Geistlichen waren Staatsbeamte.

Unter Wilhelm I. vollzog sich die Emanzipation der württembergischen Juden, deren Rechtsstellung bereits König Friedrich im Wege von Einzelverordnungen deutlich verbessert hatte. Am Anfang stand das Gesetz vom 25. März 1828 »in Betreff der öffentlichen Verhältnisse der israelitischen Glaubensgenossen«. Es machte aus Schutzjuden württembergische Untertanen, die »allen bürgerlichen Gesetzen unterworfen waren und alle Pflichten und Leistungen der übrigen Untertanen zu erfüllen hatten«. Die rechtlichen Beschränkungen, die den Juden auch danach noch auferlegt waren, fielen im Lauf der folgenden Jahrzehnte, die letzten 1864 und 1869. Der Staat nahm in gleicher Weise wie schon auf die evangelische und die katholische Kirche bestimmenden Einfluß auf die israelitische Religionsgemeinschaft. Er verfügte die Bildung von »Israelitischen Kirchengemeinden« und von Rabbinaten, ebenso ordnete er die Schaffung einer Landesorganisation, der Israelitischen Oberkirchenbehörde, an. Die Emanzipation ermöglichte den erstaunlichen sozialen Aufstieg der kleinen religiösen Minderheit. Juden taten sich auf wirtschaftlichem Gebiet hervor, nicht weniger im Kultur- und Geistesleben.

Die Verfassung von 1819 beeinträchtigte die politische Führungsrolle König Wilhelms I. in keiner Weise. Im Gegenteil: Sie war gewissermaßen auf seine Bedürfnisse zugeschnitten. Virtuos nutzte er ihr Instrumentarium, um selbst bei wechselnden politischen Konstellationen seinem Herrscherwillen uneingeschränkt Geltung zu verschaffen. Die Untertanen hatten Anteil am Staat, sie trugen ihn mit, die entscheidenden Direktiven aber gingen vom Monarchen aus. Er ernannte die Minister; nur ihm, nicht dem Landtag, waren sie verantwortlich. Von einem leitenden Minister konnte allenfalls während der Revolution von 1848/49 die Rede sein. Freilich beschränkte Wilhelm I. die Macht des sogenannten Märzministeriums schon dadurch, daß er ihm lediglich einen provisorischen Charakter zugestand. Die Mitglieder waren keine Minister, lediglich Staatsräte. Dem engsten Beratergremium des Monarchen, dem Geheimen Rat, gehörten zwar auch die Minister an, daneben aber Persönlichkeiten, die der König in dieses Gremium berufen hatte.

Während der Revolution taktierte Wilhelm I. geschickt. Er gab zunächst den Freiheitsbestrebungen weitgehend nach, hielt sich im übrigen aber stark zurück, um politisch möglichst viel Terrain zu behaupten. Im Frühjahr 1849 war er entschlossen, die von der Frankfurter Nationalversammlung verabschiedete Reichsverfassung abzulehnen. Doch da ihm das Militär die Gefolgschaft gegen das Ministerium Römer versagte, mußte er seinen Widerstand aufgeben. Dies bedeutete für ihn eine harte Demütigung. Indes kam ihm die weitere Entwicklung entgegen. Angesichts der extremen Forderungen des nach Stuttgart übergesiedelten Rumpfparlaments, das einseitig Partei für die badischen Republikaner ergriff, schlossen sich Monarch und Regierung zu einer Interessengemeinschaft zusammen. Auch dem Kopf des Märzministeriums, Friedrich Römer, war ebensowenig wie dem König daran gelegen, daß Württemberg in den Strudel der kriegerischen Auseinandersetzungen in Baden und in der Rheinpfalz hineingezogen wurde. Die Regierung löste das Rumpfparlament gewaltsam auf und erstickte durch die Entsendung von Militär in verschiedenen Landesteilen demokratisch-republikanische Erhebungen. Für sein am Wohl des Königreichs orientiertes politisch gemäßigtes Agieren erntete Römer jedoch keinen Dank. Wilhelm I., in vorrevolutionäre Bahnen zurücklenkend, ersetzte schon bald das Märzministerium durch eine konservativere Regierung. Die drei verfassungberatenden bzw. -revidierenden Landesversammlungen 1849/50, die die Verfassung von 1819 in einem freiheitlichen Sinn umgestalten wollten, scheiterten. König Wilhelm I. war wiederum der unangefochtete Souverän in seinem Land. Wie vor der Revolution übte er bestimmenden Einfluß auf die Regierung und auf die Landstände aus. Erst gegen Ende seiner 48jährigen Regierungszeit mußte er der freiheitlichen Entwicklung mehr Raum geben.

Außenpolitisch besaß die Stimme des greisen Monarchen großes Gewicht, auch wenn es ihm nicht gelang, die reale Machtbasis Württembergs zu vergrößern. Einen Höhepunkt erreichte sein Ansehen 1857, als sich Zar Alexander II. von Rußland und Kaiser Napoleon III. in Stuttgart trafen, äußeres Zeichen dafür, daß sich Rußland und Frankreich einander wieder annäherten, nachdem sie sich in dem erst kurz zuvor beendeten Krimkrieg feindlich gegenübergestanden hatten.

Wilhelm I. förderte, wie wir gehört haben, nachhaltig die Landwirtschaft. 1817 rief der »König der Landwirte« (›rex agricolarum‹), wie er respektvoll genannt wurde, als landwirtschaftliche Leistungsschau das Cannstatter Volksfest ins Leben, im Jahr darauf errichtete er das Landwirtschaftliche Institut Hohenheim, das 1847 zur Akademie, 1904 zur Hochschule erhoben wurde. Eine bedeutsame Wirksamkeit entfaltete die gleichfalls 1817 auf Initiative des Königs gegründete Zentralstelle des landwirtschaftlichen Vereins (seit 1848 Zentralstelle für die Landwirtschaft). 1848/49 fielen die noch auf Grund und Boden ruhenden bäuerlichen Lasten. Damit war für eine moderne Landwirtschaft endgültig der Weg frei.

Wesentlichen Anteil hatte Wilhelm I. an der Schaffung eines länderübergreifenden deutschen Zollgebiets, eine wirtschaftspolitische Maßnahme von zukunftsweisender Bedeutung: 1824 Zollverträge mit den beiden hohenzollerischen Fürstentümern, 1828 mit Bayern (Süddeutsche Zollvereinigung), 1834 Beitritt zu dem seit 1828 zwischen Preußen und Hessen-Darmstadt bestehenden Zollverein (Deutscher Zollverein). Große Verdienste erwarb er sich auch um die Entwicklung der Industrie. Diese steckte in den 1830er Jahren in Württemberg noch in den Kinderschuhen. Es gab damals im Land erst wenige Industriebetriebe. Württemberg war ein Agrarstaat, fern der verkehrsreichen Handelsstraßen und der großen schiffbaren Flüsse. Immerhin ermöglichte der 1819/21 erbaute Wilhelmskanal in Heilbronn die Aufnahme eines regen Frachtschiffverkehrs auf dem Neckar bis Cannstatt. Dampfschiffe fuhren seit 1824 auf dem Bodensee, wo sich Württemberg in Friedrichshafen eine moderne Hafenanlage geschaffen hatte, und seit 1841 auf dem Neckar. Indes bewirkte erst der Bau der Eisenbahn seit der Mitte der 1840er Jahre für das kleine Königreich einen tiefgreifenden Wandel. Die Verkehrsungunst des Landes konnte gemildert, Verbindungen zu fernen Märkten geknüpft, Kohle und andere Rohstoffe aus weit entfernten Gebieten herangeschafft werden. Das Tor zur Welt öffnete sich, die Industrialisierung kam langsam auf Touren. Eine

Reihe technisch und wirtschaftlich hochbefähigter Männer trug hierzu entscheidend bei. Hervorragende Verdienste um die technisch-industrielle Entwicklung seiner württembergischen Heimat erwarb sich Ferdinand Steinbeis, der langjährige Leiter der 1848 errichteten Zentralstelle für Gewerbe und Handel. Wilhelm I. tat, nachdem er die immensen Vorteile der Industrialisierung für sein Land erkannt hatte, alles, um diese voranzubringen. Nach der schwierigen wirtschaftlichen Phase von der Mitte der vierziger bis zur Mitte der fünfziger Jahre erlebte er noch den Aufschwung zu Beginn der sechziger Jahre. Mit Genugtuung konnte er registrieren, daß die Massenauswanderung abzuebben begann, seitdem sich in Württemberg die Erwerbsmöglichkeiten vor allem auf industriellem Gebiet stetig verbesserten. Der Landeshauptstadt Stuttgart, lange eine Königsresidenz ohne nennenswerte wirtschaftliche Auftriebskräfte mit nahezu stagnierender Einwohnerzahl, fiel bei der Industrialisierung des Landes eine führende Rolle zu. Ihre Bevölkerung wuchs seit der Jahrhundertmitte stürmisch.

1851 konnte das Postprivileg der Fürsten von Thurn und Taxis abgelöst und die Post in staatliche Regie übernommen werden. Der Auf- und Ausbau des königlich württembergischen Postwesens, teilweise in Verbindung mit dem in stetiger Ausweitung begriffenen Eisenbahnnetz, kam der verkehrsmäßigen und wirtschaftlichen Entwicklung des Landes sehr zustatten. 1862 räumte die Einführung der Gewerbefreiheit der fortschreitenden Industrialisierung hemmende Barrieren hinweg.

Auf kulturellem Gebiet galt die besondere Liebe Wilhelms I. Oper und Schauspiel. Das Stuttgarter Hoftheater behielt unter ihm sein hohes künstlerisches Niveau. Auch für die bildende Kunst hatte er viel übrig. Daß der Erwerb der Gemäldesammlung der Brüder Boisserée für die württembergische Landeshauptstadt mißlang, ist weniger ihm als den ihn in Kunstangelegenheiten beratenden Sachverständigen anzulasten. Ohne Zweifel gehörte er zu den Kunstkennern und -sammlern von Format. Viel und gerne betätigte er sich als Bauherr. Stuttgart verdankte ihm eine große Zahl von den Architekten Salucci, Thouret, Barth, Leins und Zanth geschaffener repräsentativer Bauten; sie erst machten die württembergische Landeshauptstadt auch in architektonischer Hinsicht zur Königsresidenz. Diesen herausragenden Rang machte ihr jetzt keine andere Stadt mehr streitig. Ludwigsburg, unter König Friedrich noch Sommerresidenz, hatte sich damit zu begnügen, die wichtigste Garnisonsstadt des Königreichs, das schwäbische Potsdam, zu sein. Den Gedanken, den Wilhelm I. in seinen ersten Regierungsjahren hegte, seinen Lieblingsaufenthalt Cannstatt zur Residenz zu erheben, gab er bald wieder auf. Cannstatt, das seit den 1820er Jahren als Badestadt einen europäischen Ruf erlangte, bot nicht die Möglichkeit, den Hof, die Regierungsbehörden sowie die diplomatischen Vertretungen deutscher und nichtdeutscher Staaten unterzubringen.

Besondere Aufmerksamkeit wandte der König der Hebung des Schul- und Bildungswesens zu. Das Volksschulgesetz von 1836 stellte das Elementarschulwesen auf eine verbesserte Grundlage. Allenthalben entstanden in den Städten neben den traditionellen Lateinschulen Realschulen; sie bezogen die zunehmend an Bedeutung gewinnenden Naturwissenschaften in ihren Unterrichtsplan ein. Die 1829 in Stuttgart gegründete Gewerbeschule wurde 1840 in das Polytechnikum umgewandelt, die Vorläuferinstitution der späteren Technischen Hochschule.

Um die Pläne Napoleons zu durchkreuzen, ihn durch eine Heirat an dessen Familie zu binden, ging der damalige württembergische Kronprinz die Ehe mit Charlotte Auguste von Bayern ein. Diese offenbar nie vollzogene Ehe wurde nach dem Sturz des Kaisers der Franzosen wieder aufgelöst. Im Januar 1816 heiratete Wilhelm seine Kusine, die russische Großfürstin Katharina Pawlowna, Witwe des Prinzen Georg von Oldenburg. Katharina starb bereits nach drei Jahren. In einer spektakulären Aktion ließ König Wilhelm I. die Stammburg seines Geschlechts auf dem Rotenberg bei Stuttgart schleifen,

seiner Unzulänglichkeiten war jedoch sein Bestreben unverkennbar, das Wohl Württembergs und seiner Bevölkerung zu fördern, und unter seiner Regierung, wenn auch meist nicht auf seine Initiative, wurden auf den verschiedensten Gebieten, so auf denen der Verwaltung, der Wirtschaft, des Verkehrs, des Rechts, bedeutende Fortschritte erzielt, namentlich wurde der Freiheitsraum der Bürger erweitert, erlangte Württemberg den Ruf, ein Land zu sein, in dem Menschen- und Bürgerrechte mehr geachtet, in dem während der Jahre des Sozialistengesetzes (1878 bis 1890) verfolgte Sozialdemokraten und andere Oppositionelle weniger der Polizeiwillkür ausgesetzt waren als anderswo im Deutschen Reich. Einige bedeutsame Marksteine: Ende 1864 gewährte König Karl wieder Presse- und Vereinsfreiheit. Vier Jahre später wurde in Württemberg das allgemeine, gleiche, unmittelbare und geheime Wahlrecht eingeführt. Mit der Begründung des Staatsministeriums 1876 fand das persönliche Regiment des Monarchen, das, wie wir gehört haben, auf die Person Wilhelms I. zugeschnitten gewesen war, ein Ende. Der dem Parlament verantwortliche Ministerrat, an dessen Spitze der Ministerpräsident stand, bestimmte hinfort die Politik des Landes. Aus dem Kulturkampf der 1870er Jahre, der in den anderen deutschen Ländern, so vor allem in Preußen, tiefe, nur langsam vernarbende Wunden schlug, konnte sich Württemberg – und hieran hatte König Karl maßgeblichen Anteil – heraushalten. Zugute kam dem Land das große Interesse, das Karl für Kunst und Musik hatte.

Im Lauf der Jahre wuchs in weiten Kreisen der Bevölkerung die Unzufriedenheit über den König. Sein Verhalten wurde zunehmend schärfer getadelt. Man warf ihm mangelndes Pflichtbewußtsein vor, kritisierte seine Bequemlichkeit, sein geringes Urteilsvermögen. Offenkundig war, daß ihm die Wahrnehmung seiner Regentenpflichten immer lästiger fiel, daß ihn Fragen der Tagespolitik wenig interessierten. Ministerpräsident Mittnacht meinte einmal sarkastisch, es gehe dem König zu gut in Württemberg, er brauche sich, weil alles seinen geregelten Gang gehe und eine ernsthafte parlamentarische Opposition nicht zu befürchten sei, eigentlich um nichts zu kümmern. Monatelang hielt sich Karl von seiner Haupt- und Residenzstadt fern, und dies nicht erst seit den achtziger Jahren, als ihn sein schlechter Gesundheitszustand zwang, häufig fast den ganzen Winter an der Riviera zu verbringen. Depressionen setzten ihm zu. Sehr abträglich waren seinem Ansehen die homosexuellen Neigungen, die mit fortschreitendem Lebensalter zunehmend mehr hervortraten und schließlich sogar einen öffentlichen Skandal auslösten. Die glanzvollen Feiern anläßlich seines 25jährigen Regierungsjubiläums 1889, die Karl das Attribut »Württembergs geliebter Herr« beizulegen suchten, hatten etwas abstoßend Byzantinisches an sich. Die Anwesenheit des Kaiserpaares und einiger befreundeter Landesfürsten betonte den einseitig höfischen Charakter des silbernen Regierungsjubiläums. Den Württembergern, obwohl in ihrer überwiegenden Mehrzahl königstreu, stand der Sinn weniger nach großen Feiern. Karl war ihnen recht fern und fremd geblieben. Anteilnahme und Mitgefühl, manche unerfreuliche Erinnerung überdeckend, erweckte erst sein nach längerem Leiden im Oktober 1891 erfolgter Tod. Jetzt endlich vermochte auch der im Amt verbleibende Ministerpräsident Mittnacht seinen Ärger darüber zu unterdrücken, daß der König nicht, wie angekündigt, am Abend seines 25jährigen Regierungsjubiläums die Krone niedergelegt hatte.

Anders als ihr Mann nahm Königin Olga ihre Repräsentationsaufgaben gerne und mit dem Talent der geborenen Fürstin wahr. Wo immer sie in der Öffentlichkeit erschien, waren ihr Respekt und verehrungsvolle Hochachtung sicher. Von dem reichen Privatvermögen, das ihr zu Gebote stand, machte die Zarentochter wahrhaft königlichen Gebrauch. Großzügig engagierte sie sich finanziell in den Bereichen der Sozialfürsorge und des öffentlichen Gesundheitswesens. Ebenso lag ihr die Förderung von Kunst und Wissenschaft am Herzen. Für die Hebung des Bildungsniveaus der damals gegenüber dem männlichen Geschlecht noch arg benachteiligten Mädchen und Frauen setzte sie sich nachdrücklich ein. Eine ihrer Gründungen war das Stuttgarter Olgastift. Königin Olga erlag bereits ein Jahr nach dem Tod ihres Mannes im Oktober 1892 einem Krebsleiden.

König Wilhelm II. (1891–1918)

Da Karl und Olga keine Kinder hatten, ging die Thronfolge an den 43jährigen Prinzen Wilhelm, Großneffen und zugleich Enkel Wilhelms I. von Württemberg. Prinz Wilhelm hatte im württembergischen und preußischen Heer seine Ausbildung als Offizier erhalten, an den Kriegen von 1866 und 1870/71 teilgenommen und später in Württemberg hohe militärische Kommandostellen bekleidet. Seine erste Frau, Prinzessin Georgine Henriette Marie von Waldeck und Pyrmont, war bereits 1882 gestorben; sie hatte ihm die Tochter Pauline hinterlassen. Seit 1886 war er mit Prinzessin Charlotte von Schaumburg-Lippe verheiratet. Seine zweite Ehe blieb kinderlos. Das Erbe, das Wilhelm II. übernahm, war schwer. Das Ansehen des Königs, der Monarchie überhaupt, hatte unter Karl erheblichen Schaden genommen; ihm wieder aufzuhelfen, mußte für den Nachfolger eine besondere Herausforderung sein. In der Öffentlichkeit bislang wenig hervorgetreten, fehlten zureichende Urteile über die Befähigung Wilhelms für das Regentenamt. Kritisch-pessimistische Stimmen überwogen. Selbst Ministerpräsident Mittnacht setzte keine allzu großen Erwartungen in den neuen König. Aufhorchen ließ indes schon die Thronrede. In ihr kündigte Wilhelm II. die Förderung »besonnenen Fortschritts auf allen Gebieten des staatlichen Lebens« an. Und er stellte in Aussicht: »Die Pflege der Religion und die Fürsorge für das geistige und sittliche Wohl des Volkes werde ich als eine heilige Obliegenheit betrachten. Die Sicherung und Hebung der volkswirtschaftlichen Interessen – auch die Weiterentwicklung der Verkehrsmittel, die gleichmäßige Förderung der Gewerbe und der Landwirtschaft wird eine besondere Sorge meiner Regierung sein«. König Wilhelm II. erwarb sich rasch in weiten Volkskreisen Respekt, Vertrauen, ja Zuneigung. Seine Sachkenntnis, seine Sachlichkeit wie sein Gerechtigkeitssinn gewannen ihm das Ohr der Minister. Im Volk kam er mit seinem bürgerlichen Lebensstil und seiner warmherzigen leutseligen Art gut an. Bei der Regierungsübernahme hatte er gelobt, die Landesverfassung treu zu wahren, den Armen und Schwachen ein aufrichtiger Freund und Helfer, dem Recht allzeit ein eifriger Hüter zu sein. Schon bald konnten die Untertanen nicht mehr daran zweifeln, daß dieses Gelöbnis Richtschnur seiner Regentenhandlungen war.

Wilhelm II. war reichstreu. Partikularistische Bestrebungen, wie sie sein Onkel noch gehegt hatte, lagen ihm fern. Er sah jedoch darauf, daß die Rechte Württembergs keine Schmälerung erfuhren. Die Landesverfassung gab ihm eine starke Stellung; er schöpfte indes die Möglichkeiten, die sie ihm gewährte, nicht aus, und erst recht hütete er sich davor, seine verfassungsmäßigen Befugnisse zu überschreiten. Auch dies trug ihm in der Bevölkerung viele Sympathien ein. Ministerpräsident Mittnacht und dessen Nachfolgern ließ er weitgehend freie Hand. Seine geringe Einflußnahme auf die Regierungspolitik hat zu dem Schluß verleitet, er habe seine Bequemlichkeit geliebt und sei im übrigen politisch wenig befähigt gewesen. Ein solches Urteil ist nicht gerechtfertigt. Sicher war die Politik nicht sein bevorzugtes Betätigungsfeld, aber er nahm seine Pflichten als Staatsoberhaupt sehr ernst, und er verfügte über ein politisches Grundkonzept: behutsame Reformen des württembergischen Staates in einem zeitgemäßen Sinn.

Bei der längst überfälligen Verfassungsreform von 1906, die zuvor viele Jahre der Zankapfel der politischen Parteien gewesen war, gingen entscheidende Initiativen von ihm aus. Er wollte der Agitation der Demokraten gegen die antiquierten Verfassungsverhältnisse des Landes den Wind aus den Segeln nehmen und zur politischen Befriedung des Landes beitragen. Dies könnte nun freilich den Eindruck erwecken, als seien die Forderungen der demokratischen Linken, der Fortschrittlichen Volkspartei, ohne Maß gewesen. Dem war keineswegs so. Die Demokraten, die seit der Landtagswahl von 1895 die stärkste politische Kraft in Württemberg bildeten, verhielten sich sehr gemäßigt, sie verlangten nicht einmal ein parlamentarisches Regierungssystem. Mit dieser Forderung trat erstmals 1907, kaum ein positiven Echo auslösend, Conrad Haußmann hervor. Die Regierungen waren Beamtenkabinette, doch orientierte sich Wilhelm II. bei der Berufung der Minister an den Mehrheitsverhältnissen der Zweiten Kammer. Seit 1906 hatte Württemberg in seiner Zweiten Kammer eine reine Abgeordneten- oder Volkskammer, die bisherigen Privilegierten, so vor allem die Vertreter der Ritterschaft, waren der Ersten Kammer, der Kammer der Standesherren, zugewiesen worden. Seit 1895 gehörten Sozialdemokraten dem Landtag an: zunächst zwei, seit 1901 fünf. Von Anfang an waren sie, sich den Demokraten anschließend, zu konstruktiver Mitarbeit bereit.

In Berlin beobachtete man die freiheitliche politische Entwicklung, den liberalen Geist in Württemberg mit Mißfallen, ja mit Argwohn. Kaiser Wilhelm II. sah in grotesker Verkennung der tatsächlichen Verhältnisse bereits in den württembergischen Demokraten ein staatsgefährdendes Element, Mittnacht verdächtigte er, ein verkappter Demokrat zu sein, und Wilhelm II. von Württemberg nahm er dessen angebliche Demokratenfreundlichkeit übel. 1895 spielte der preußische Gesandte in Stuttgart mit dem Gedanken, das Reich zum Eingreifen in Württemberg zu veranlassen, damit die in der Schwebe befindliche Verfassungsreform verhindert werde. Auch im letzten Jahrzehnt vor dem Ersten Welkrieg blieb das gemäßigte politische Klima in Württemberg Kaiser Wilhelm II. höchst unbehaglich. Wiederholt äußerte er sich recht schulmeisterlich und besserwisserisch. Das überzogene Selbstbewußtsein und die Taktlosigkeit des Kaisers stießen den württembergischen König ab, sein ständiges Säbelrasseln mißfiel ihm, doch er wahrte stets korrekt-verbindliche Formen. Seine kritischen Vorbehalte gegenüber dem Reichsoberhaupt ließ er nicht nach außen dringen.

Als Monarch eines kleinen Landes, das fest in den Bundesstaat Deutsches Reich eingegliedert war, sah König Wilhelm II. seine Hauptdomäne in einer eigenständigen Kulturpolitik. Seine Förderung galt in gleicher Weise bildender Kunst, Architektur, Theater, Schulwesen und Wissenschaft. Hierbei lag ihm fern, persönlichen Liebhabereien, die er zweifellos hatte, den Vorrang einzuräumen oder eigene Vorstellungen durchzusetzen. Ihm ging es darum, dem geistig-kulturellen Leben günstige Entfaltungsmöglichkeiten zu schaffen. Hierfür brachte er selbst beträchtliche finanzielle Opfer. Zu bedeutsamen Projekten steuerte er namhafte Beträge aus seiner Privatschatulle bei. Sein Mäzenatentum kam vor allem der Landeshauptstadt Stuttgart zugute; sie entwickelte sich unter seiner Regierung zu einem weitausstrahlenden kulturellen Zentrum.

Den Fortschritten in Wissenschaft und Technik stand Wilhelm II. aufgeschlossen gegenüber. Die Universität Tübingen bekam zusätzliche Lehrstühle, Institute und ein imposantes Bibliotheksgebäude. Das zum Industrieland aufsteigende Württemberg wurde durch Gottlieb Daimler und Ferdinand Graf von Zeppelin zum Geburtsland des Automobils und des Luftschiffs. Mit der Errichtung von Instituten und Lehrstühlen für Luftschiffahrt, Flugtechnik und Kraftfahrzeugwesen an der Stuttgarter Technischen Hochschule trug das Land seiner Verpflichtung auf den Gebieten zukunftweisender Technologien Rechnung.

War schon die Hochzeit der sich unkonventionell gebenden Tochter Pauline mit dem Erbprinzen zu

Wied im Jahr 1898 zu einer eindrucksvollen Sympathiebekundung der Württemberger für ihren König geworden – das ganze Land hatte mitgefeiert und die Prinzessin mit Geschenken bedacht –, so wurde dies die Silberhochzeit des Königspaares im April 1911 erst recht. Die einzelnen Volkskreise wetteiferten miteinander, König Wilhelm II. und Königin Charlotte aufrichtige Dankbarkeit, Liebe und Verehrung zu bezeugen. Gedämpfter waren die Feiern aus Anlaß des 25jährigen Regierungsjubiläums des Königs im Jahr 1916. Der Erste Weltkrieg warf seine düsteren Schatten über Deutschland. Doch war auch jetzt bei den zahlreichen Festreden und Huldigungsadressen kein theatralisch falscher Zungenschlag. Die Verbundenheit zwischen König und Volk schien enger denn je zu sein.

Die allgemeine Euphorie beim Ausbruch des Ersten Weltkriegs im August 1914, die auf einen raschen und glänzenden Sieg der deutschen Waffen gerichteten Erwartungen teilte König Wilhelm II. nicht. Die unverhältnismäßig hohen Verluste der Truppen seines Landes bereits in den ersten Monaten des Krieges bedrückten ihn sehr. Bei seinen zahlreichen Frontbesuchen hatte er vor allem das schwere Los seiner Soldaten im Auge; es nach Möglichkeit erträglicher zu gestalten, war ihm ein besonderes Anliegen. Der Thronfolger, Herzog Albrecht von Württemberg, erwarb sich als Heerführer bei Freund und Feind hohes Ansehen. Für einen schwerwiegenden politischen Fehler hielt König Wilhelm II. ebenso wie sein langjähriger Ministerpräsident Carl Freiherr von Weizsäcker die Erklärung des unbeschränkten U-Bootkriegs im Februar 1917. Deutschland, so erklärte er, könne sich doch nicht die ganze Welt zum Gegner machen. Der sich im Herbst 1918 abzeichnende militärische Zusammenbruch erfüllte ihn mit tiefer Sorge. An einen Sturz der Monarchie dachte er nicht. Gegen die Einführung des parlamentarischen Regierungssystems hatte er keine Einwendungen. Bereitwillig bot er die Hand dazu. Am Vormittag des 9. November 1918 vereidigte er die neuberufene parlamentarische Regierung. Unterdessen aber hatte die revolutionäre Bewegung nach Stuttgart übergegriffen. Unabhängige Sozialdemokraten und Mehrheitssozialdemokraten erkannten das königliche Ministerium nicht mehr an. Sie bildeten eine provisorische Regierung und proklamierten die Republik. Wilhelm II. mußte seine Hauptstadt verlassen. Am 30. November 1918 erklärte er, ohne von den neuen Männern in Stuttgart dazu gedrängt worden zu sein, seine Abdankung. »Meine Person soll«, so ließ er das »Württemberger Volk« wissen, »niemals ein Hindernis sein für die freie Entwicklung der Verhältnisse des Landes und dessen Wohlergehen«. Er dankte allen, die ihm 27 Jahre treu gedient und Gutes erwiesen hatten. Die durch Vertreter bürgerlicher Parteien bereits am 11. November erweiterte Revolutionsregierung versagte ihrerseits dem seitherigen Landesherren Dank und Anerkennung nicht. Selbst im Lager der Sozialdemokraten empfand man, daß König Wilhelm II. das bittere Los der Abdankung nicht verdient hatte. Die Monarchie hatte unter ihm in Württemberg an Ansehen gewonnen; sie war als Institution gefestigt worden. Wenn jedoch in ganz Deutschland die Throne umgestoßen wurden, konnte das Königtum in Württemberg allein nicht aufrechterhalten werden. »S'ischt wege dem Syschtem«, erklärte der Spartakist Seebacher bedauernd, und der Demokrat Friedrich Payer äußerte insbesondere mit Blick auf den letzten Deutschen Kaiser, wenn alle deutschen Fürsten gewesen wären wie Wilhelm von Württemberg, hätten sie es nicht nötig gehabt, von der Bildfläche zu verschwinden. Am 2. Oktober 1921 starb in Bebenhausen der letzte württembergische König nach kurzer schwerer Krankheit. Auf dem Alten Friedhof in Ludwigsburg fand er an der Seite seiner ersten Frau und seines frühverstorbenen Sohnes Ulrich die letzte Ruhestätte.

◀ König Friedrich (1797–1816) im Krönungsornat. Eine Krönung Friedrichs nach der Annahme der Königswürde am 1. Januar 1806 fand nicht statt. Dennoch ließ sich der König von Napoleons Gnaden gerne mit den Attributen seiner neuen Würde darstellen. Das prachtvolle Gemälde sollte den Untertanen einen Eindruck von der erhabenen Stellung ihres Herrschers, dem Glanz des Königtums, vermitteln.

Erbprinz Friedrich, der spätere König, um 1797, vermutlich kurz vor seinem Regierungsantritt als Herzog.

König Friedrich mit stattlichem militärischem Gefolge vor Schloß Monrepos um 1806.

Charlotte Auguste Mathilde von Großbritannien (1766–1828), die zweite Frau König Friedrichs von Württemberg.

Auguste Karoline Friederike Luise von Braunschweig-Lüneburg (1764–1788), die erste Frau von König Friedrich und Mutter von König Wilhelm I. von Württemberg, Königin Katharina von Westfalen und Prinz Paul von Württemberg.

Reichsgraf Johann Karl von Zeppelin (1767–1801), der langjährige Freund und engste Vertraute Friedrichs. Zeppelin begleitete Friedrich bereits 1782 nach Rußland und teilte von da an das Schicksal des Herzogs. Er war dessen Brautwerber in England 1796 und als erster Staats- und Kabinettsminister sowie als Wirklicher Geheimer Rat dessen wichtigster politischer Berater in den ersten Regierungsjahren. Als er im Juni 1801 36jährig einem schweren Nervenleiden erlag, ließ ihm Friedrich auf dem Ludwigsburger Friedhof durch den Hofbaumeister Nikolaus Thouret ein Mausoleum errichten. Hofbildhauer Johann Heinrich Dannecker schuf aus carrarischem Marmor eine Statue, »die trauernde Freundschaft«. Friedrich hat den frühen Tod des Freundes nie ganz überwunden.

Eberhard Friedrich Georgii (1757–1830), Konsulent des Reformlandtags von 1797 bis 1799, Vorkämpfer des alten, guten Rechts während der Verfassungskämpfe in den Jahren 1815 bis 1819. Nach der Aufhebung der altwürttembergischen Verfassung durch König Friedrich Ende 1805 verweigerte er den unbedingten Eid auf den König; er wurde daraufhin als Kirchenkastenadvokat pensioniert. Seine unbeugsame Haltung trug ihm die respektvolle Bezeichnung »der letzte Württemberger« ein.

Huldigungsfeier der seitherigen Reichsstadt Schwäbisch Hall nach der Mediatisierung durch Württemberg 1803. Darstellung auf einer Schützenscheibe.

Graf Philipp Christian Friedrich von Normann-Ehrenfels (1756–1817). Der ehemalige Carlsschüler erlangte schon früh das besondere Vertrauen Friedrichs. Er vertrat die Interessen Württembergs bei der Regensburger Reichsdeputation (1801/02) und übernahm Ende 1802 als »dirigierender Staatsminister« die Leitung der Verwaltung der neuwürttembergischen Gebiete. Nach der Erhebung Württembergs zum Königreich bekleidete er die Funktion des Ministers des Innern, vorübergehend auch die des Ministers der auswärtigen Angelegenheiten.

Begegnung zwischen Napoleon und Kurfürst Friedrich in der Nähe des Ludwigsburger Schlosses am 2. Oktober 1805. Napoleon war mit großem Gefolge nach Ludwigsburg gekommen, um den württembergischen Kurfürsten in eine Militärallianz gegen Österreich zu zwingen. Friedrich fügte sich indes der Forderung des übermächtigen Kaisers der Franzosen erst, nachdem ihm dieser am folgenden Tag in einem langen und sehr freimütig geführten Gespräch umfassende Zusicherungen, namentlich auch beträchtliche territoriale Vergrößerungen, in Aussicht gestellt hatte.

Kapitulation der österreichischen Garnison der Festung Ulm unter Feldmarschall-Leutnant Karl Mack. Drei Tage nach der am 17. Oktober 1805 unterzeichneten Kapitulation ein vom Sieger inszeniertes makabres Schauspiel: Etwa 25 000 österreichische Soldaten marschierten durch das Frauentor aus der Stadt, zogen an Napoleon und den auf dem Michelsberg aufgestellten französischen Korps vorbei, gaben Waffen und Pferde ab und kehrten als Kriegsgefangene nach Ulm zurück.

Auch in der zeitgenössischen Medaillenproduktion fand die erste große militärische Auseinandersetzung des dritten Koalitionskriegs, die mit der Kapitulation der Österreicher bei Ulm am 17. Oktober 1805 endete, ihren Niederschlag. Eine Prägung aus der von Napoleon selbst initiierten »Histoire Metallique« seiner Taten zeigt auf der Vorderseite den Kopf des Kaisers mit Lorbeerkranz (links), während er auf der Rückseite in antikisierendem Gewand als Lenker eines von zwei Pferden gezogenen Streitwagens erscheint (rechts). Darüber fliegt eine Siegesgöttin mit Kranz und Palmzweig auf ihn zu. Unter den Pferden knien die Stadtgöttinnen von Ulm und Memmingen, die die Stadtschlüssel emporstrecken. Im Abschnitt nennt eine vierzeilige Inschrift das Datum, das Ereignis und die Zahl der Gefangenen. Auf der Einlage einer Dosenmedaille, die mit einem achtzehnteiligen Faltband aus runden Kupferstichen die Siege Napoleons aus den Jahren 1796–1800 und 1805–1807 Revue passieren läßt, ist die Kapitulation der Österreicher vor den aufmarschierten Franzosen ganz konkret dargestellt (Mitte).

Bald nach Annahme der Königswürde am Neujahrstag 1806 wurde, offenbar in großer Eile, eine Krone angefertigt und mit Perlen, Smaragden und Diamanten aus der Edelsteinsammlung Herzog Carl Alexanders reich geschmückt. Getragen wurde sie freilich nie, sondern nur bei feierlichen Anlässen zur Schau gestellt.

Das berühmteste und zugleich letzte der großen Jagdfeste König Friedrichs, bei denen das Wild zusammengetrieben und zu Hunderten abgeschlachtet wurde, war das 1812 in der Nähe des zum Jagdschloß umgebauten Klosters Bebenhausen abgehaltene.

Aus dem herzoglichen Schloß Carl Eugens in Stuttgart wurde unter König Friedrich das „Königliche Residenzschloß“, dessen Inneneinrichtung 1805–1807 von Nikolaus von Thouret im Empirestil neu gestaltet wurde.

Für die triumphale Rückkehr Napoleons aus Wien nach Frankreich wurden im Januar 1806 in Stuttgart und an den Grenzen zu Bayern und Baden gewaltige Triumphbogen aus Holz und Leinwand aufgestellt, um den Kaiser der Ergebenheit des Königs zu versichern.

Die territorialen Veränderungen, die sich in napoleonischer Zeit in Württemberg abspielten, lassen sich in groben Zügen auch anhand der Münzprägung veranschaulichen. Von den münzberechtigten Souveränen, deren Gebiete später wenigstens zu einem wesentlichen Teil an Württemberg gekommen sind, gaben zwischen 1765 und 1802 außer Württemberg selbst noch 9 Stände eigenes Geld aus. Im einzelnen waren es das Erzhaus Habsburg-Österreich für Vorderösterreich, das Fürstentum Hohenzollern-Hechingen, die Fürstentümer Hohenlohe-Ingelfingen, Hohenlohe-Neuenstein (-Öhringen) und Hohenlohe-Kirchberg, die Fürstpropstei Ellwangen, der Deutsche Orden sowie die Reichsstädte Ulm und Schwäbisch Hall. Eine wichtige Rolle in der Versorgung Süddeutschlands mit Kleingeld spielte damals besonders auch die vorderösterreichische Münzstätte Günzburg, in der unter anderem Auftragsprägungen für Ulm, das Fürstentum Fürstenberg sowie die Hochstifte Konstanz und Augsburg hergestellt wurden. ▶

Jérôme Napoleon, König von Westfalen (1807–1813), der jüngste Bruder Kaiser Napoleons, und seine Frau Katharina (1783–1835), Tochter König Friedrichs von Württemberg. Nach dem endgültigen Untergang des Kaisertums Napoleons im Sommer 1815 nahm der württembergische König Tochter und Schwiegersohn vorübergehend in seinem Land auf; er verlieh ihnen den Titel einer Fürstin und eines Fürsten von Montfort. Jérôme und Katharina sind die Stammeltern des heute noch blühenden Zweigs der Familie Bonaparte.

Die territoriale Gliederung Württembergs beim Übergang vom Herzogtum zum Königreich am Beispiel der Münzen

1. Die Münzprägung zwischen 1765 und 1802

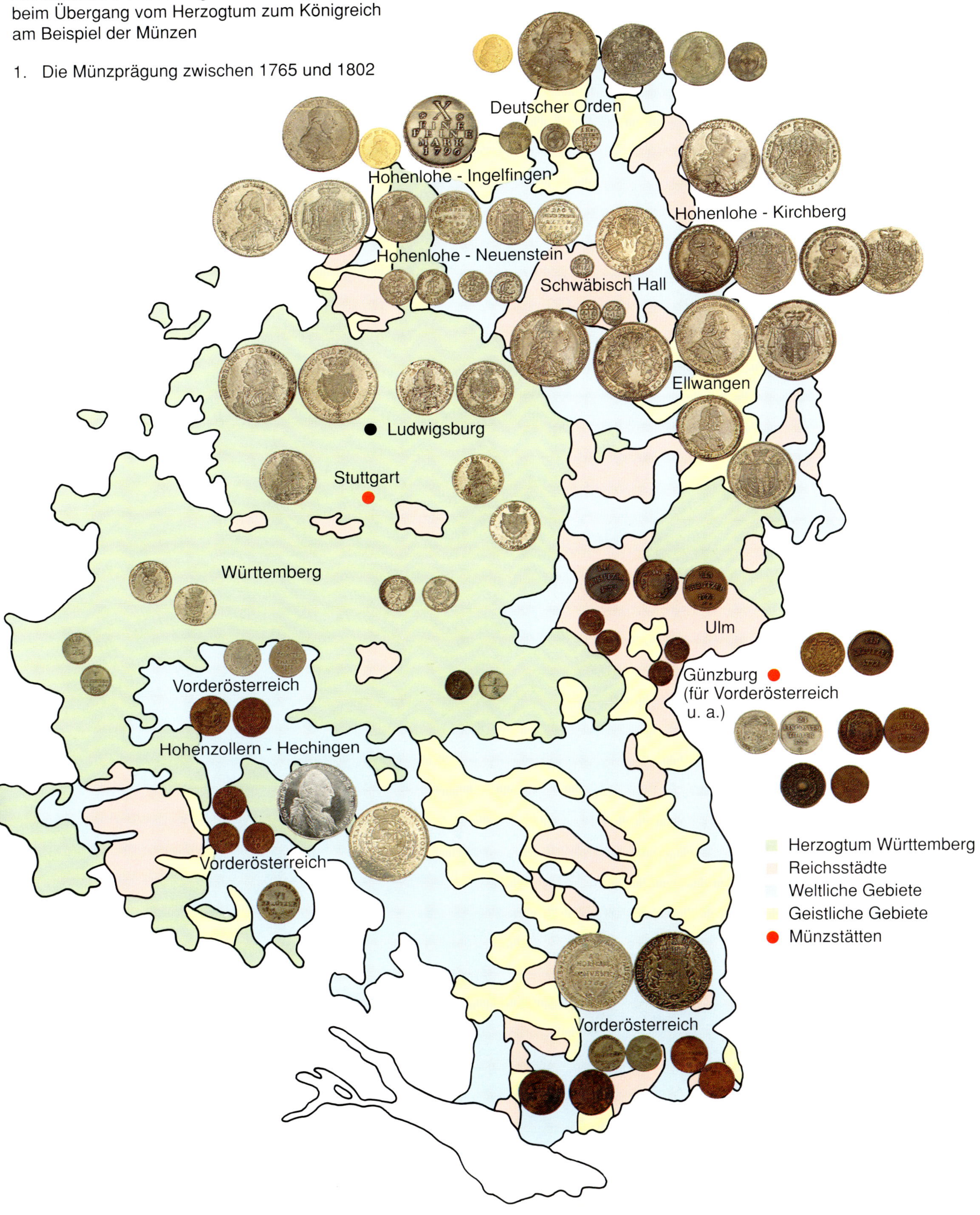

Die territoriale Gliederung Württembergs
beim Übergang vom Herzogtum zum Königreich
am Beispiel der Münzen

2. Die Münzprägung zwischen 1802/1803 und 1805/1806

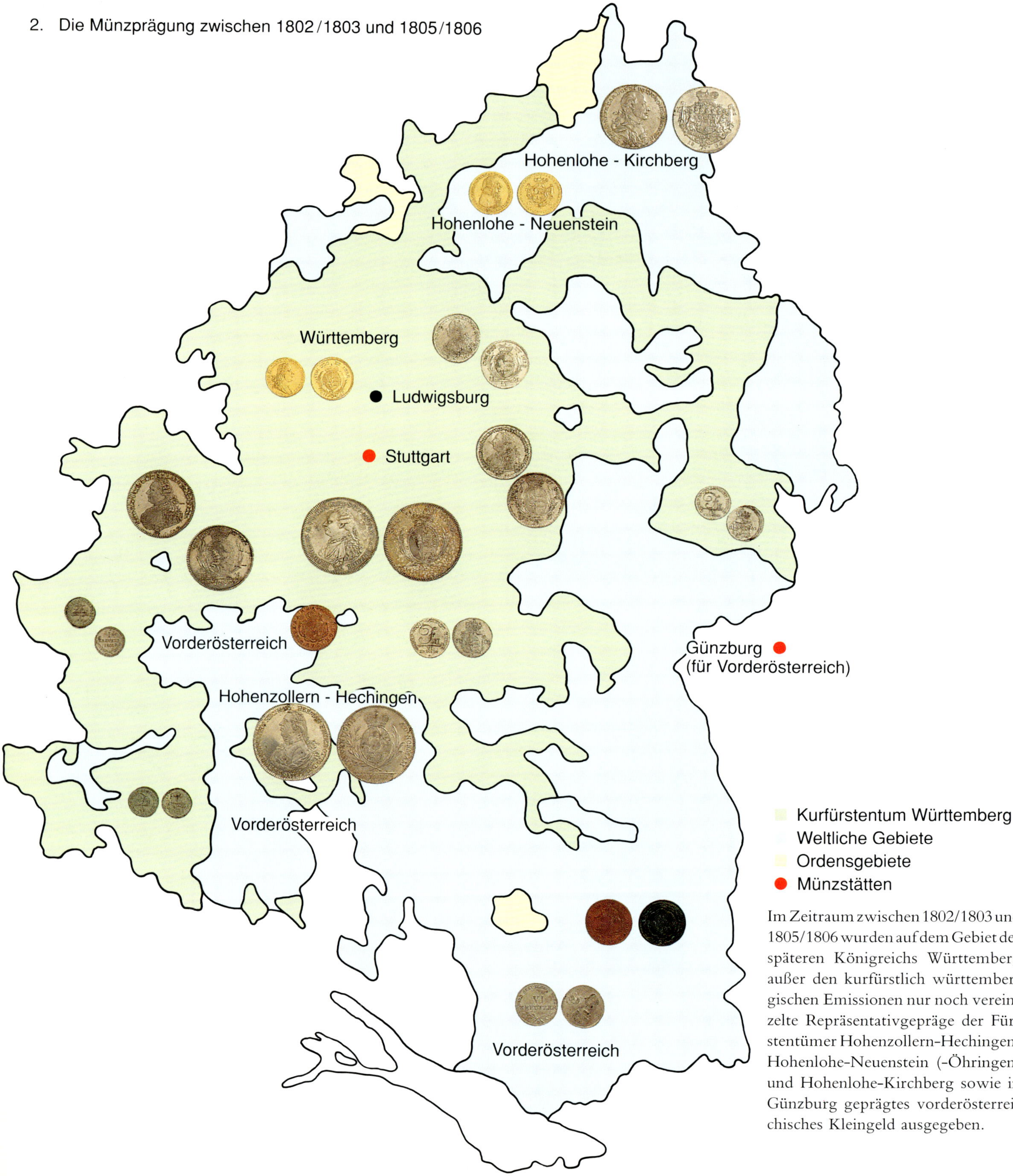

Im Zeitraum zwischen 1802/1803 und 1805/1806 wurden auf dem Gebiet des späteren Königreichs Württemberg außer den kurfürstlich württembergischen Emissionen nur noch vereinzelte Repräsentativgepräge der Fürstentümer Hohenzollern-Hechingen, Hohenlohe-Neuenstein (-Öhringen) und Hohenlohe-Kirchberg sowie in Günzburg geprägtes vorderösterreichisches Kleingeld ausgegeben.

Die territoriale Gliederung Württembergs
beim Übergang vom Herzogtum zum Königreich
am Beispiel der Münzen

3. Die Münzprägung nach 1806

Königreich Württemberg
Fürstentümer Hohenzollern
Münzstätte
Sonstige Orte (Residenzen)

Nach der Mediatisierung und der Proklamation des Königreichs ist die »numismatische Flurbereinigung« auf dem Gebiet von Württemberg abgeschlossen. Während auf den ersten Ausgaben des Königreichs noch das »kurfürstliche« Wappen mit der Reichssturmfahne und den Hirschstangen erscheint, wird es dann bald von den Hirschstangen und den Löwen abgelöst.

Württembergische Soldaten auf dem Rückzug aus Rußland 1812.

Die Erstürmung der französischen Stadt Sens durch württembergische Truppen am 11. Februar 1814. Unter Kronprinz Friedrich Wilhelm Karl, dem späteren König Wilhelm I., nahmen die Württemberger ruhmreichen Anteil an der Niederringung Napoleons. Sie taten sich in mehreren Schlachten hervor. Die Eroberung von Sens war allerdings keine militärisch besonders spektakuläre Aktion. Dem Maler kam es offenbar vor allem darauf an, die Hauptakteure des Unternehmens ins Bild zu bringen: Kronprinz Friedrich Wilhelm Karl, Feldzeugmeister Graf von Franquemont und andere hohe Offiziere.

Zu Beginn des 19. Jahrhunderts wurde das württembergische Ordenswesen grundlegend neu organisiert. Nachdem schon König Friedrich verschiedene Umwandlungen vorgenommen und einen Zivilverdienstorden neu gestiftet hatte, erhielten die württembergischen Orden 1818 durch König Wilhelm I. in Form des Ordens der Württembergischen Krone und des Militärverdienstordens ihre endgültige Gestalt. Zu diesen beiden Orden trat 1830 noch der Friedrichsorden.

Der Philosoph Georg Wilhelm Friedrich Hegel (1770–1831).

Der Dichter Friedrich Hölderlin (1770–1843).

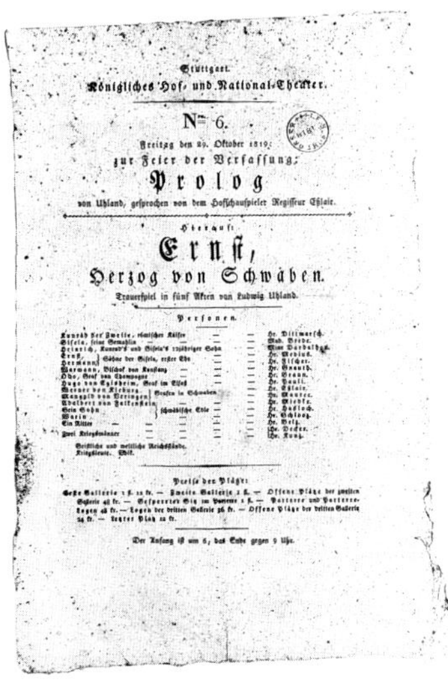

Stuttgart.
Königliches Hof- und National-Theater.

N= 6.

Freitag den 29. Oktober 1819:
zur Feier der Verfassung:
Prolog
von Uhland, gesprochen von dem Hofschauspieler Regisseur Eßlair.

Hierauf:
Ernst,
Herzog von Schwaben.
Trauerspiel in fünf Akten von Ludwig Uhland.

Personen.

Geistliche und weltliche Reichsstände.
Kriegsleute. Volk.

Preise der Plätze:

Der Anfang ist um 6, das Ende gegen 9 Uhr.

Ludwig Uhland: »Ernst, Herzog von Schwaben«. Theaterzettel des Stuttgarter Königlichen Hof- und Nationaltheaters zur Aufführung dieses historischen Dramas anläßlich der Feier am 29. Oktober 1819 zum Zustandekommen der Verfassung. Nachdem die Verfassungskämpfe der Jahre 1815 bis 1819 die Öffentlichkeit in Alt- und Neuwürttemberg tief aufgewühlt hatten, wurde der Abschluß des Verfassungsvertrags am 25. September 1819 in allen Volksschichten begeistert gefeiert. König Wilhelm I. veranlaßte die Aufführung des Dramas »Ernst, Herzog von Schwaben« von Ludwig Uhland, einem der berühmtesten »Altrechter«.

Jugendbildnis des Philosophen Friedrich Wilhelm Joseph Schelling (1775–1854).

Nicht ohne Ironie ist auf dieser, auf ein Aquarell von Joh. Bapt. Pflug (1785–1866) zurückgehende Lithographie, dem kümmerlichen, durch die im Lande übliche Realteilung verarmten altwürttembergischen Landbesitzer der zwar „lehensabhängige", aber wohlgenährte und offensichtlich wohlhabende oberschwäbische Bauer mit seinem stattlichen Metzgerhund gegenübergestellt.

Bildnis des späteren Königs Wilhelm I. (1816–1864) als württembergischer Offizier um 1810.

1838 wurde mit dem Bau des »Museums der Bildenden Künste«, der heutigen Staatsgalerie, an der Neckarstraße in Stuttgart begonnen. 1843 wurde das nach Plänen von Gottlob Georg Barth (1777–1848) errichtete Museum eröffnet, 1884 das von Ludwig Hofer geschaffene Reiterdenkmal des Königs aufgestellt.

König Wilhelm I. um 1860.

Die Erinnerung an die früh verstorbene Königin Katharina (1788–1819), die zweite Gemahlin König Wilhelms I., Tochter von Zar Paul und Schwester des Zaren Alexander, wird durch ihre wohltätigen Stiftungen, durch das von ihr 1818 als »Öffentliche Erziehungs- und Unterrichts-Anstalt für Töchter aus den gebildeten Ständen« gegründete Katharinenstift und das auf ihre Pläne zurückgehende, jedoch erst nach ihrem Tod 1828 eröffnete Katharinenhospital wachgehalten.

unten links
1820 heiratete Wilhelm I. seine Kusine Pauline von Württemberg (1800–1837), die ihm 1823 den Thronfolger Karl gebar.

unten rechts
Prinzessin Sophie, eine Tochter König Wilhelms I. aus der Ehe mit Katharina, wurde als Gattin König Wilhelms III. (1817–1890) Königin der Niederlande.

Die Hofschauspielerin Amalie Stubenrauch (1805–1876) war die langjährige Geliebte Wilhelms I.

Nachdem König Wilhelm I. am 25. Juni 1864 auf dem Rosenstein gestorben war, wurde er in aller Stille bei Nacht auf den Rotenberg gebracht und in der 1820–1824 von Giovanni Salucci an der Stelle der ehemaligen Stammburg erbauten Kapelle an der Seite seiner Gemahlin Katharina beigesetzt.

Stuttgart von der Nordseite im Jahre 1812 mit dem Opernhaus links, den beiden Schlössern und dem Königin-Katharinenstift in der Bildmitte.

Infolge der Kriegslasten und infolge von Mißernten kam es in der Zeit von 1811 bis 1816 in Süddeutschland und so besonders auch in Württemberg zu einer enormen Steigerung der Lebensmittelpreise und einer dadurch bedingten großen Hungersnot. Die Krise wurde erst im Laufe des Jahres 1817 durch allmählich einsetzende staatliche Maßnahmen und eine wieder gut ausgefallene Ernte überwunden. Dies war der Anlaß zur Anfertigung und weiten Verbreitung der verschiedensten populären Erinnerungsstücke und Erinnerungsbilder. Zu ihnen gehören auch die abgebildeteten Zinnmedaillen, die anspruchslose bildliche Motive mit Preisangaben aus der Zeit der höchsten Teuerung kombinieren.

Württembergische Kammer der Abgeordneten 1833, Blick in den berühmten Halbmondsaal, den Ort vieler bedeutsamer Reden und Debatten, erbaut 1819 von Gottlob Georg Barth (1777–1848).

Das Gemeindehaus mit dem Versammlungsraum, der Mittelpunkt der 1819 gegründeten evangelischen Brüdergemeinde Korntal.

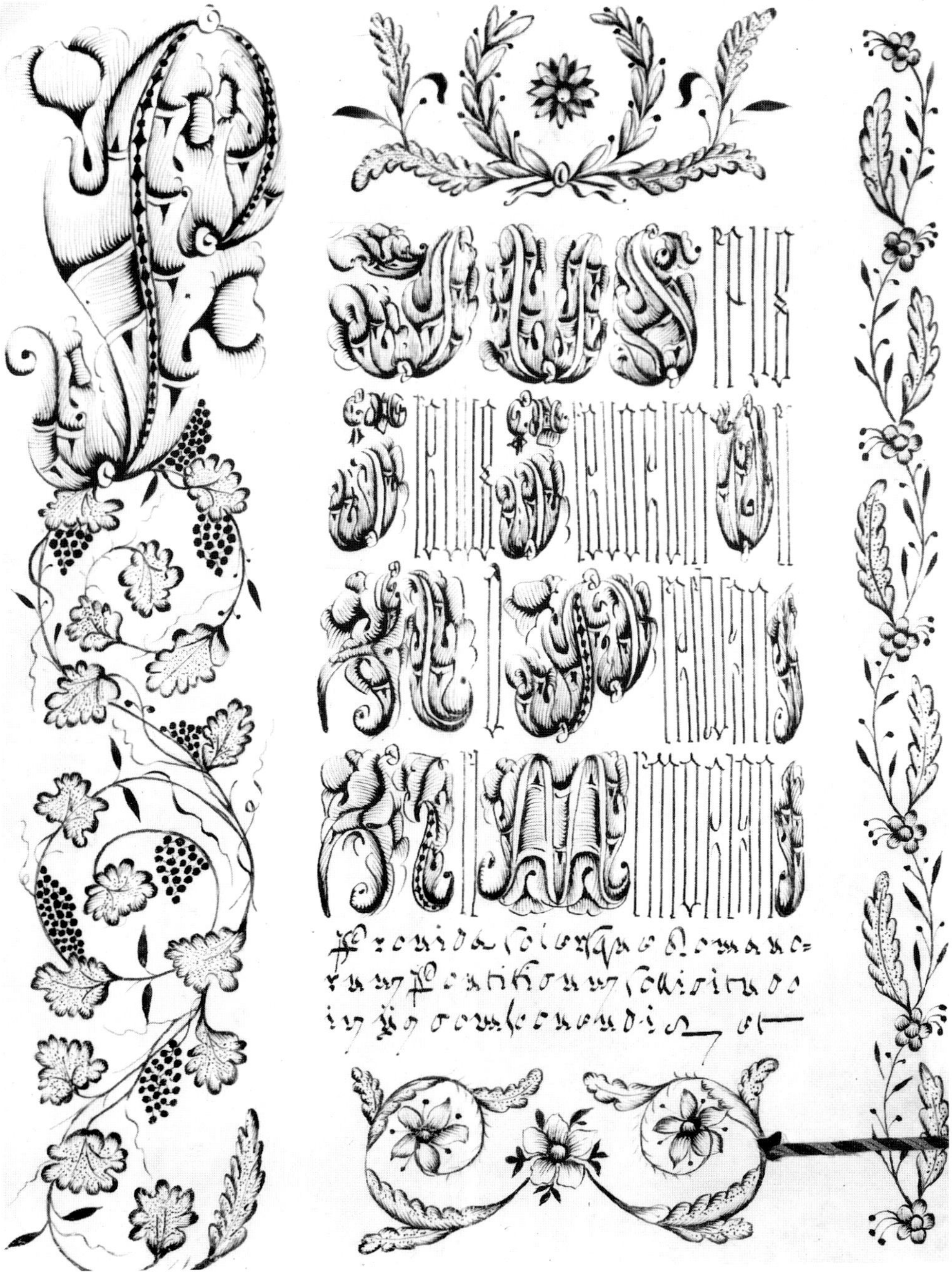

Bulle Papst Pius VII. »Provida solersque« über die Errichtung der Erzdiözese Freiburg sowie der Bistümer Rottenburg, Mainz, Limburg (Lahn) und Fulda vom 16. August 1821. Seit 1817 bestand das Generalvikariat Rottenburg. Es umfaßte die katholischen Gebietsteile des Königreichs Württemberg. Nach der Errichtung des Bistums Rottenburg durch die Papstbulle vom 16. August 1821 dauerte es noch mehr als sechs Jahre, bis Papst Leo XII. am 28. Januar 1828 den seitherigen Generalvikar Johann Baptist von Keller als ersten Bischof bestätigte. Am 20. Mai 1828 wurde Keller in Rottenburg feierlich inthronisiert.

Wir
die unterzeichneten sæmtlichen
MITGLIEDER
DER
zu gemeinschaftlicher Vollendung
des
Verfassungs Werks
für das
Königreich Württemberg
einberufenen
Stände Versammlung
bekennen hiermit.

Wilhelm
von GOTTES Gnaden
König von Württemberg

Verfassungsvertrag für das Königsreich Württemberg vom 25. September 1819.

Das Wappen König Friedrichs: Ausdruck monarchischen Selbstgefühls nach den territorialen Vergrößerungen des Landes durch die Gunst Napoleons: In einem mit der Königskrone geschmückten, unten mit dem Goldenen Adlerorden und dem Militärverdienstorden verzierten Wappenzelt, gehalten von einem gekrönten Löwen und einem Hirsch, die beide mit der Reichssturmfahne ausgestattet sind, ein dreimal geteilter sowie einmal, in der untersten Reihe jedoch fünfmal gespaltener Schild. Dieser ist mit einem gespaltenen Herzschild mit der Königskrone belegt, der vorne das württembergische Stammwappen, die drei Hirschstangen, hinten das Emblem für Schwaben, drei schreitende Löwen, zeigt. Der Schild zeigt in seinen elf Feldern Wappen alt- und neuwürttembergischer Herrschaftsgebiete sowie Herrschaftsattribute: Teck (1), Tübingen (2), Ellwangen (3), Mömpelgard (4), Reichssturmfahne (5), Justingen (6), Limpurg (7), Heidenheim (8), Bönnigheim (9), Schwäbisch Hall (10, geteiltes Feld), Reichsgebiete und Warteschild (11, geteiltes Feld, unten rechts).

Durch König Wilhelm I. 1817 eingeführtes Staatswappen, das sich im wesentlichen auf den Herzschild im Wappen König Friedrichs beschränkte; es wurde den Verhältnissen des kleinen Königreichs sehr viel besser gerecht als das pompöse Wappen des ersten Königs, das allerdings als großes königliches Wappen fortbestand: Unter einem die Königskrone tragenden Helm ein hoch-ovaler, von einem gekrönten Löwen und einem Hirsch gehaltener Schild, der ebenso wie die beiden Schildhalter auf einem Spruchband mit der Devise »Furchtlos und treu« steht. Der von einem eichenlaubverzierten Bord umgebene gespaltene Schild enthält vorne das württembergische Stammwappen, hinten das Drei-Löwen-Wappen Schwabens.

Enthüllung des von dem dänischen Bildhauer Bertel Thorwaldsen (1768–1844) geschaffenen Schillerdenkmals in Stuttgart am 8. Mai 1839 durch den zwölfjährigen Enkel des Dichters. Diese Denkmalenthüllung im Zeichen der Schillerverehrung des 19. Jahrhunderts war für die württembergische Landeshauptstadt ein großer Tag. Eduard Mörike dichtete eine Festkantate, Peter Joseph Lindpaintner vertonte sie.

Ovation der Stuttgarter Bürgerschaft für König Wilhelm auf dem Friedrichsplatz anläßlich des 25jährigen Regierungsjubiläums des Monarchen 1841.

Das hohe Ansehen, das Wilhelm I. in allen Bevölkerungskreisen genoß, bezeugten eindrucksvoll die Jubiläumsfeierlichkeiten, so der Festzug mit 10 000 Teilnehmern im September 1841.

Das Hoftheater und die zum Gedenken an das 25jährige Regierungsjubiläum König Wilhelms I. 1841 nach Entwürfen von Johann Michael Knapp (1791–1861) errichtete Jubiläumssäule auf dem Schloßplatz in Stuttgart.

Sprengung des »Rumpfparlaments«, des nach Stuttgart geflüchteten Rests der Frankfurter Nationalversammlung, durch württembergische Truppen am 18. Juni 1849. Die württembergische Regierung wollte dadurch verhindern, daß das Königreich in die revolutionäre Erhebung Badens hineingezogen wurde. Das »Rumpfparlament« hatte einseitig für die badischen Republikaner Partei ergriffen und Württemberg aufgefordert, sich diesen militärisch zur Seite zu stellen.

Auffahrt von Kaiser Napoleon III., Zar Alexander II., König Wilhelm I. und Königin Sophie von Holland, der Tochter Wilhelms I., vor dem Stuttgarter Neuen Schloß am 25. September 1857. Das Zusammentreffen des französischen und des russischen Kaisers am württembergischen Hof, das Ausdruck war für eine Wiederannäherung der beiden Kaisermächte nach ihrer militärischen Konfrontation in dem erst im Vorjahr beendeten Krimkrieg (1853–1856), rückte Stuttgart für wenige Tage in den Mittelpunkt des europäischen politischen Geschehens. Es machte zugleich offenkundig, welch großes Gewicht die Stimme des greisen württembergischen Monarchen in der internationalen Politik besaß.

Freiherr Johann Friedrich Cotta von Cottendorf (1764–1832), Verleger, Politiker, Unternehmer. 1787 übernahm Johann Friedrich Cotta den seit 1659 im Familienbesitz befindlichen Tübinger Verlag. Durch Autoren wie Schiller, Goethe, Hölderlin, Jean Paul, Hebel, Uhland, Schelling, Fichte verschaffte er ihm im gesamten deutschen Sprachgebiet hohes Ansehen. 1810 verlegte er den zu einem bedeutenden Unternehmen angewachsenen Verlag nach Stuttgart. Im Jahr 1798 gründete er die »Allgemeine Zeitung«, lange Zeit eines der führenden Presseorgane Deutschlands (Erscheinungsort zunächst Stuttgart, dann Ulm und seit 1810 Augsburg). Auch gab er seit 1807 das »Morgenblatt für gebildete Stände« heraus. An den württembergischen Verfassungskämpfen der Jahre 1815 bis 1819 nahm er aktiven Anteil. Von 1820 bis 1830 gehörte er der Zweiten Kammer der Landstände an. Im Auftrag König Wilhelms I. wirkte er am Zustandekommen der bayerisch-württembergischen Zollvereinigung im Jahr 1828 mit, ebenso war er an den ersten Initiativen für die Schaffung eines preußisch-deutschen Zollvereins beteiligt. Seine besondere Förderung fand die Einführung der Dampfschiffahrt auf dem Bodensee, dem Mittel- und dem Oberrhein. Sehr aufgeschlossen stand er Fragen der technischen Revolution und der Industrialisierung gegenüber.

Friedrich List (1789–1846), Nationalökonom und Wirtschaftspolitiker. Einer Reutlinger Handwerkerfamilie entstammend, wurde List 1817 Professor für Staatsverwaltungspraxis in Tübingen. 1819 gründete er zusammen mit einigen Kaufleuten in Frankfurt am Main den »Deutschen Handels- und Gewerbeverein«. Seine Forderung nach einer Aufhebung der Binnenzölle im Deutschen Bund hatte die Entlassung aus dem württembergischen Staatsdienst zur Folge. Als politischer Oppositioneller wurde er 1822 auf dem Hohenasperg eingesperrt und nach fünfmonatiger Haft zur Auswanderung nach Amerika »begnadigt«. 1832 nach Deutschland zurückgekehrt, propagierte er in zahlreichen Schriften den Bau eines deutschen Eisenbahnsystems. 1841 erschien sein unvollendet gebliebenes Hauptwerk »Das nationale System der politischen Ökonomie«. In ihm vertrat er die Hebung der Produktivkräfte im nationalen Rahmen. Eine wichtige Rolle als industriellem Erziehungsfaktor wies er dem Schutzzoll zu.

Robert Mayer (1814–1878), Heilbronner Arzt und Physiker. Mayer entdeckte 1842 das Gesetz von der Erhaltung der Energie. Er wies die Gleichwertigkeit von Wärme und mechanischer Arbeit nach.

Die schwäbischen Dichterfreunde im gastlichen Kernerhaus in Weinsberg. Von links nach rechts: Theobald Kerner, Nikolaus Lenau, Gustav Schwab, Graf Alexander von Württemberg, Karl Mayer, Justinus Kerner, Friederike Kerner, Ludwig Uhland und August Varnhage von Ense.

Jugendbildnis des Dichters und Vorkämpfers des alten, guten Rechts während der württembergischen Verfassungskämpfe 1815 bis 1819 Ludwig Uhland (1787–1862).

Altersbildnis des Dichters Eduard Mörike (1804–1875).

Friedrich Theodor Vischer (1807–1887), Professor der Ästhetik und der deutschen Literatur, Schriftsteller. Nach dem Studium der evangelischen Theologie und vorübergehender Verwendung im württembergischen Kirchendienst schlug er die Hochschullaufbahn ein: Professor an der Universität Tübingen 1837, am Polytechnikum Zürich 1855, am Polytechnikum (Polytechnische Schule) Stuttgart 1866. Er erwarb sich als Schriftsteller und Hochschullehrer hohe Anerkennung. Gottfried Keller nannte ihn einmal den »großen Repetenten deutscher Nation für alles Schöne und Gute, Rechte und Wahre«.

David Friedrich Strauß (1808–1874), theologischer und philosophischer Schriftsteller. Sein 1835 erschienenes Buch »Das Leben Jesu – kritisch betrachtet« erregte großes Aufsehen. Der junge evangelische Theologe wurde aus dem württembergischen Kirchendienst entlassen. Da auch 1839 die Übernahme einer Professur für Dogmatik und Kirchengeschichte in Zürich an diesem Buch scheiterte, entschied er sich für den Beruf des freien Schriftstellers.

Besuch von König Wilhelm I. auf dem Cannstatter Volksfest. Hauptzweck des 1818 von Wilhelm I. gestifteten Landwirtschaftlichen Fests in Cannstatt war die Förderung der Viehzucht und der Landwirtschaft sowie darüber hinaus die des »Gewerbefleißes« in Württemberg überhaupt. Verbunden mit diesem alljährlich am 28. September zu begehenden Fest war ein Volksfest, bei dem Pferderennen und abwechselnde Volksbelustigungen veranstaltet werden sollten. Das Cannstatter Volksfest erlangte in der Bevölkerung rasch große Beliebtheit . König Wilhelm I. und andere Mitglieder des Königshauses stellten sich gerne auf dem Fest ein. 1857 fanden sich sogar Kaiser Napoleon III. und Zar Nikolaus II. auf dem Cannstatter Wasen ein.

König Wilhelm I. ließ in dem von ihm sehr bevorzugten Cannstatt durch Friedrich Thouret (1825–1827) den Kursaal erbauen, der 1834/35 um die beiden Flügel erweitert wurde.

Am 29. Mai 1840 wurde das königliche Hoftheater in Cannstatt, das »Wilhelmatheater«, das König Wilhelm durch Karl Ludwig Zanth (1796–1857) hatte erbauen lassen, mit der Ballettpantomime »Der Zauberschlaf« feierlich eröffnet.

Die Ansicht aus dem Jahr 1863 zeigt den Stuttgarter Schloßplatz mit dem Residenzschloß zur Linken und dem Königsbau zur Rechten sowie den neugestalteten Schloßplatz mit der Jubiläumssäule von Osten.

Den „Kahlenstein" verwandelte König Wilhelm I. in einen „Rosenstein". Er ließ 1824–1829 durch Giovanni Salucci (1769–1845) das „Landhaus" als klassizistischen, tempelartigen Bau errichten. Die Parkanlagen wurden nach Entwürfen des englischen Architekten John Papworth angelegt. Hier ist König Wilhelm am 25. Juni 1864 gestorben. Heute ist in dem nach dem Krieg wiederhergestellten Bau das Naturkundemuseum untergebracht.

1834 legte König Wilhelm den Grundstein zu dem von Giovanni Salucci (1769–1845) entworfenen „Prinzessinnenpalais", das später nach seinem Erbauer „Wilhelmspalais" genannt wurde. König Wilhelm II. wohnte hier bis zu seiner Abdankung im Jahr 1918. Das Gebäude dient heute als Stadtbibliothek.

»Polytechnische Schule«. Der Hauptbau von 1864 wurde im Renaissancestil von Joseph Egle (1818–1899) erbaut. 1879 wurde von Alexander Tritschler (1828–1902) der Flügelbau an der Seestraße erstellt.

Die Neue Aula in Tübingen, 1841–1845 von Hofbaumeister Georg Gottlob Barth (1777–1848) noch im klassischen Stil erbaut.

Bad- und Brunnenanstalt in Berg. In Berg, wo der Nesenbach mündet und auch die Wasserkraft des Neckars genutzt werden kann, bestanden schon seit dem 17. Jahrhundert mehrere Mühlen und ein Sauerbrunnen. Bereits 1740 wurde ein Badhaus angelegt. Im Anschluß an die Eingemeindung nach Stuttgart im Jahre 1836 errichtete man verschiedene Fabriken und die Kochsche Badeanstalt. 1856 wurde das Mineralbad Berg erbaut. Dabei entfernte man die letzten Fundamente einer 1287 von König Rudolf zerstörten Wasserburg.

Angeregt durch Wilhelm Hauffs Roman, ließ Herzog Wilhelm von Urach (1810–1869), ein Vetter König Wilhelms, das Schlößchen Lichtenstein 1840/41 auf den Grundmauern des mittelalterlichen Baus von Joh. Georg Rupp (1797–1883) nach Entwurf von Karl Alexander Heideloff (1789–1865) in gemäßigter neugotischer Gestaltung errichten.

Die Rauchsche und Schäuffelensche Papiermühlen in Heilbronn. Diese beiden Papiermühlen in der ehemaligen freien Reichsstadt mit ihrem regen gewerblichen Leben nahmen eine industrielle Pionierfunktion wahr. 1825 begann mit dem Anlaufen der ersten aus England gelieferten Papiermaschine, einer Erfindung des Franzosen Robert, in der umgebauten Öl- und Tabakmühle der Gebrüder Rauch auf dem Sektor der Papierherstellung das Industriezeitalter.

Das erste Dampfschiff in Friedrichshafen. Mit dem Stapellauf des Dampfschiffes »Wilhelm« im Jahr 1824 begann die Schiffahrt auf dem Bodensee, für die König Wilhelm I. und der Verleger Freiherr Johann Friedrich Cotta von Cottendorf entscheidende Voraussetzungen geschaffen hatten. Friedrichshafen erhielt in den Jahren 1851 bis 1871 einen modernen Hafen. 1869 wurde für den Güterverkehr zwischen Württemberg und der Schweiz eine Trajektfähre in Dienst gestellt.

Die staatliche Gewehrfabrik in Oberndorf im Jahr 1817. Diese Fabrik hatte sechs Jahre früher König Friedrich im ehemaligen Augustinerkloster eingerichtet. Nachdem 1874 die Brüder Mauser die Leitung des Unternehmens übernommen hatten, erlangte es als Waffenproduktionsstätte Weltruf. 1890 beschäftigte es bereits 2800 Arbeiter.

Maschinenfabrik Esslingen. Bei der Industrialisierung Württembergs nimmt dieses 1846 unter Staatsbeteiligung und persönlicher Mitwirkung von König Wilhelm I., dann auch des Bankhauses Doertenbach gegründete, rasch zu einer der führenden deutschen Lokomotivenfabriken aufgestiegene Werk einen hervorragenden Platz ein. Es zählte 1857 rund 1000, 1880 annähernd 2000 Beschäftigte.

Die »Geislinger Steige« nach ihrer Eröffnung. Der Bau dieser einen beträchtlichen Höhenunterschied überwindenden Eisenbahnstrecke durch Karl Etzel, den späteren Erbauer der Brennerbahn, und seinen Geislinger Mitarbeiter Michael Knoll in den Jahren 1847 bis 1850 galt als technische Meisterleistung; er erregte in ganz Europa Aufsehen.

Der 1852 bei Maulbronn erbaute Eisenbahntunnel der Bahnlinie Mühlacker-Bretten-Bruchsal.

Das 1853 von Karl Etzel errichtete Eisenbahnviadukt bei Bietigheim im Jahr nach seiner Fertigstellung. Es galt als eines der imposantesten Verkehrsbauwerke seiner Zeit in Deutschland.

Das von Georg von Morlok und Adolf Wolff 1863 bis 1867 erbaute neue Empfangsgebäude des Stuttgarter Bahnhofs. Es löste das zwanzig Jahre zuvor von Karl Etzel errichtete Bahnhofsgebäude ab.

Das Haupt- und Landgestüt Marbach/Lauter mit Grafeneck um 1825. Es geht auf Herzog Christoph zurück, sein 1491 gegründetes, nahegelegenes Vorläufergestüt Oberfeld gar auf Graf Eberhard im Bart. Unter Herzog Friedrich I. wurde es als Hofgestüt weiter ausgebaut. Nach dem Niedergang im Dreißigjährigen Krieg erlebte es unter Herzog Wilhelm Ludwig, Herzog-Administrator Friedrich Karl und Herzog Eberhard Ludwig einen neuen Aufschwung; es wurde wesentlich vergrößert, seine Einrichtungen verbessert. König Wilhem I. wandte ihm seine besondere Fürsorge zu; er machte es zum Landesstammgestüt.

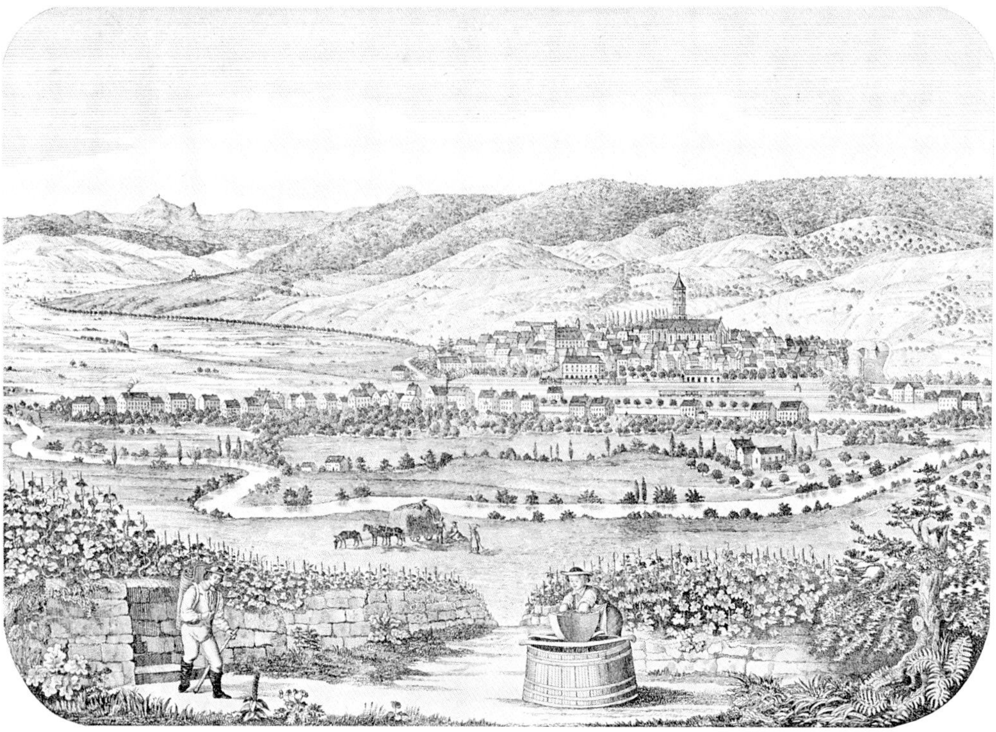

Weinlese vor den Toren Schorndorfs. Der Weinbau war für Stuttgart und die im Bereich des mittleren Neckars und seiner Nebenflüsse wie Rems und Enz gelegenen Städte und Landgemeinden bis herein ins 19. Jahrhundert von existentieller wirtschaftlicher Bedeutung. Der Wein gehörte seit dem Spätmittelalter zu den wichtigsten Exportgütern des Landes.

Kurstadt Wildbad: Kurhaus mit Brunnen, Skizze von Nikolaus von Thouret. Die Thermalquellen Wildbads wurden seit dem Spätmittelalter von den Grafen bzw. Herzögen von Württemberg genutzt. Unter König Wilhelm I. begann ab 1824 der moderne Ausbau des Bades. 1836 entstand die gedeckte Promenade mit Thermaltrinkbrunnen. 1840 bis 1847 erbaute Nikolaus von Thouret das »Große Badgebäude« mit dem »Königlichen Badhotel«. Das auch von Angehörigen fürstlicher Familien gerne besuchte Bad erlangte einen europäischen Ruf.

Kurbetrieb in der Biedermeierzeit in Bad Teinach, gemeinsamer Ausritt der Badegäste. Als Reittiere dienten Esel, die damals noch vor allem von den Müllern für den Korn- und Mehltransport verwendet wurden. Unter Herzog Eberhard Ludwig hatte der alte Badeort bereits einen großen Aufschwung genommen. König Wilhelm I. stattete ihn mit modernen Bade- und Kureinrichtungen aus. So ließ er 1842 durch die Architekten Barth und Thouret ein »Badhotel« errichten. 1864 veräußerte der württembergische Staat das Bad mit Quellen und Anlagen.

Althergebrachter ländlicher Brauch: Sichelhenke(t), ein frohes Fest nach dem Einbringen der Getreideernte.

Kirchgang in Mössingen. Besonders beachtenswert sind die hier getragenen Trachten.

Der Zuffenhausener Vollmondskranz 1855. Allmonatlich am Mittwoch vor Vollmond kam in Zuffenhausen in dem damals im Besitz der Familie Mast befindlichen Gasthaus zum Adler (später Ochsen) eine größere Zahl von Beamten und Offizieren aus Stuttgart, Cannstatt und Ludwigsburg zusammen, um etliche Stunden in geselliger Runde zu verbringen.

Oberschwäbische adlige Jagdgesellschaft mit Jagdpersonal um 1850. Im Hintergrund das Schloß und die Kirche von Erbach (Alb-Donau-Kreis).
Graf Reuttner von Weyl (1), Freiherr Max von Freyberg (2), Fürst von Salm-Reifferscheidt (5), die Freiherren Karl, Max und Baptist von Ulm (6, 13 und 18), Graf Fugger von Kirchberg (8), Fürst Friedrich von Waldburg-Wolfegg (11), Fürst Constantin von Waldburg-Zeil (15), Baron Speth von Zwiefaltendorf (19), Freiherr von Stauffenberg-Rißtissen (20).

Kronprinz Karl entstammte der Ehe König Wilhelms I. mit Prinzessin Pauline von Württemberg. Karl hatte musische Anlagen und ein schwärmerisches Wesen, das voll idealen Strebens, nicht aber von tatenvollem Handeln geprägt war.

König Karl (1864–1891) wurde von seinem Vater zeitlebens von den Staatsgeschäften ferngehalten. Als er am 25. Juni 1864 zur Regierung gelangte, beherrschte die Frage der deutschen Einigung die Politik. König Karl und seine Gemahlin, Königin Olga, haben die deutsche Einigung unter der Führung Preußens nie akzeptiert. Karl überließ die Politik im Reich weitgehend seinem Ministerpräsidenten Hermann von Mittnacht.

Königin Olga (1822–1892), Gemahlin König Karls. Großfürstin Olga von Rußland war die Tochter von Kaiser Nikolaus I. und seiner Gemahlin Alexandra, einer Schwester des späteren deutschen Kaisers Wilhelm I. Sie galt als eine der schönsten Frauen dieser Zeit. Ihre zahlreichen karitativen Tätigkeiten sicherten ihr im Land ein gutes Andenken.

Da dem Königspaar eigene Kinder versagt blieben, nahm Königin Olga 1863 ihre Nichte Wera, eine Tochter des Großfürsten Konstantin von Rußland, bei sich auf. Wera heiratete 1874 Herzog Wilhelm Eugen von Württemberg, wurde aber drei Jahre später Witwe. Karl und Olga sorgten für ihre beiden Töchter wie für eigene Enkelkinder.

Die »Villa Berg« wurde 1846–1853 für Kronprinz Karl und Kronprinzessin Olga nach Plänen von Architekt Christian Friedrich Leins (1814–1892) in Anlehung an Bauten der italienischen Spätrenaissance gebaut.

Aus Anlaß des Jubiläums der 25jährigen Regierung von König Karl wurde 1889 eine ganze Reihe von Erinnerungsgeprägen herausgegeben. Am wuchtigsten und pompösesten war die Huldigungsmedaille der Stadt Stuttgart, deren Stempel nach einem Entwurf des Oberbaurats Karl Weigle von dem damals berühmten Wiener Medailleur Anton Scharff geschnitten wurden. Die in der Stuttgarter Münzstätte geprägte Medaille zeigt eine allegorische Krönung des Königspaars und eine Stadtansicht. Ihre beiden Seiten schmücken auch den Einband einer prächtig ausgestatteten „Festgabe der Königlichen Haupt- und Residenzstadt", die zum gleichen Anlaß erschien.

Eröffnung des Landtags durch König Karl am 5. Juli 1864. Es war dies eine der ersten feierlichen Regierungshandlungen Karls. Wilhelm I. war zehn Tage zuvor gestorben. Man erwartete von dem neuen Herrscher Fortschritte in der seit langem stagnierenden Verfassungsfrage, so vor allem eine den Zeitforderungen besser entsprechende Zusammensetzung der Ständeversammlung und eine Ausdehnung des Wahlrechts. Indes standen andere politische Fragen, namentlich die Lösung des Problems der deutschen Einheit, im Vordergrund. Immerhin stellte Karl die Presse- und Vereinsfreiheit wieder her.

»Am Grab der bei Tauberbischofsheim gefallenen tapferen Württemberger«: Beim Versuch, der preußischen Mainarmee den Übergang über die Tauber und das weitere Vordringen in Süddeutschland zu verwehren, erlitten die württembergischen Truppen am 24. Juli 1866 eine empfindliche Niederlage. Es war dies übrigens das einzige kriegerische Zusammentreffen zwischen Preußen und Württembergern während des sogenannten deutschen Bruderkriegs von 1866.

Freiherr Friedrich Gottlob Karl von Varnbüler (1809–1889). Als württembergischer Außenminister und Leiter des Gesamtministeriums entschied sich Varnbüler 1866 für den militärischen Anschluß an Österreich. Nach der Niederlage Österreichs und der süddeutschen Staaten gegen Preußen schloß er mit diesem ein Schutz- und Trutzbündnis. 1867 befürwortete er gegen erheblichen Widerstand im Landtag den Beitritt Württembergs zum erneuerten Deutschen Zollverein. Sehr wahrscheinlich wegen seiner preußenfreundlichen Politik entließ ihn König Karl nach Ausbruch des Deutsch-Französischen Krieges im Sommer 1870.

Albert von Suckow (1828–1893), Kriegsminister 1870 bis 1874. Suckow war ein Bewunderer des preußischen Heerwesens. Nach dem Krieg von 1866 hatte er zunächst als Oberstleutnant und Adjutant des württembergischen Kriegsministers (1867), dann als Generalquartiermeister und Oberst und schließlich als Generalleutnant und Kriegsminister entscheidenden Anteil an der Übernahme der preußischen Militärorganisation auf Württemberg und am Abschluß der preußisch-württembergischen Militärkonvention vom November 1870.

Freiherr Hermann von Mittnacht (1825–1909). Seit 1868 Justizminister, löste Mittnacht 1870 den Freiherrn Friedrich Gottlob Karl von Varnbüler als Leiter des Gesamtministeriums ab. Von 1876 bis 1900 war er Ministerpräsident.

Kampf des Grenadier-Regiments Königin Olga im Park von Coeuilly am 30. November 1870. Die zeitweise hart bedrängten Württemberger wehrten im Verein mit sächsischen Einheiten unter hohen Verlusten den Ansturm starker französischer Kräfte ab, die den Belagerungsring der Deutschen vor Paris zu durchbrechen versuchten.

Triumphbogen für den Einzug der württembergischen Truppen in Stuttgart, Juni 1871.

Carl Joseph Hefele (1809–1893), Bischof von Rottenburg 1869 bis 1893. Nach dem Studium der Philosophie, Theologie und Mathematik trat Hefele in den Dienst der Katholischen Kirche in Württemberg. Von 1836 bis 1869 war er Professor für Kirchengeschichte, Patrologie und christliche Archäologie in Tübingen. Auf dem Ersten Vatikanischen Konzil gehörte er zu den Wortführern der Minderheit, die sich gegen eine Dogmatisierung der päpstlichen Unfehlbarkeit aussprachen. Ihm ist es wesentlich zu verdanken, daß Württemberg in den 1870er Jahren vom Kulturkampf verschont blieb.

Gustav Werner (1809–1887), in einer Scheune predigend. Dem Theologen und Sozialreformer Gustav Werner, bekannt als »Vater Werner«, Gründer des Reutlinger Bruderhauses, ging es um die Verwirklichung einer christlichen Sozialordnung in der im Entstehen begriffenen Industriegesellschaft. In Besitz und Vermögen sah er Leihgaben Gottes. Arbeit und Kapital wies er denselben Stellenwert zu. Jeder Mensch, so auch das Waisenkind, der Behinderte, die Frau, sollte die Möglichkeit haben, in der Gesellschaft einen adäquaten Platz zu erlangen. Im Gegensatz zur offiziellen Kirche und zum Pietismus verschloß er vor den durch die industrielle Revolution bewirkten tiefgreifenden sozialen Veränderungen nicht die Augen. Mit seinen Anstalten wollte er ein Modell des Reiches Gottes in der modernen Welt verwirklichen.

Die durch den Eisenbahnbau bedingte Staatsverschuldung sowie die wirtschaftliche und politische Krise der Jahre 1848/49 führten zur Ausgabe des ersten württembergischen Papiergelds. Die entsprechenden 2-, 10- und 35 Gulden-Scheine der Königlichen Staats-Haupt-Kasse wurden nach dem Wiener Münzvertrag von 1857 durch neue 10 Gulden-Scheine ersetzt. Zu ihnen traten seit 1871 die Ausgaben der Württembergischen Notenbank, die sich infolge der Ereignisse von 1870/71 konstituiert hatte. Die Gulden-Scheine wurden dann ab 1874/75 vom Papiergeld der Mark-Währung abgelöst.

Durch Vertrag vom 22. März 1851 übernahm das Königreich Württemberg den bisher vom Haus Thurn und Taxis geführten Postbetrieb. Am 1. September 1851 erfolgte der Eintritt in den Deutsch-Österreichischen Postverein und am 15. Oktober desselben Jahres wurden die ersten Briefmarken ausgegeben. Hier sind Einzelstücke der ganzen Serie im Wert von 1, 3, 6, 9 und 18 Kreuzer und zwei entsprechende Ganzsachen abgebildet.

Die König-Karl-Halle im Gebäude der Zentralstelle für Gewerbe und Handel (später Landesgewerbemuseum/Landesgewerbeamt, heute Haus der Wirtschaft). Das repräsentative Gebäude wurde nach Plänen der Architekten Skjöld Neckelmann und August Hartel in den Jahren 1889 bis 1896 im Stil der italienischen Renaissance erbaut. Die Zentralstelle hatte zuvor ihren Sitz in der ehemaligen Legionskaserne (an der Stelle des heutigen Wilhelmsbaus).

Ferdinand von Steinbeis (1807–1893). Der Hüttenfachmann und Bergwissenschaftler wurde 1848 Technischer Rat und 1855 Leiter der Zentralstelle für Gewerbe und Handel in Stuttgart. Er hatte maßgeblichen Anteil am Zustandekommen der württembergischen Gewerbeordnung von 1862, an der Aufhebung des Zunftwesens sowie am Aufbau des gewerblichen Fortbildungs- und Berufsfachschulwesens. Für den Wandel vom Agrar- zum Industriestaat Württemberg schuf er entscheidende Voraussetzungen. Als Verfechter des Freihandels widersetzte er sich der Schutzzollpolitik, zu der das Bismarckreich 1878 überging. 1880 trat er deshalb von seinem Amt zurück.

Münzen aus der Zeit des Königreichs (1806–1918). Die württembergische Münzprägung des 19. Jahrhunderts spiegelt in ihren Nominalen den sich im Zuge der wirtschaftlichen und nationalen Einigung Deutschlands stufenweise vollziehenden Übergang zur Reichswährung wider. Nach Ablösung der Konventionsprägungen (a und c) durch die Kronentalergepräge (b und d) folgen seit 1837 die Gulden (e), zu denen 1857 die Vereinstaler (f) hinzutreten. Genau einem Drittel ihres Werts entspricht dann die Mark der 1871 einsetzenden Reichsprägung (g–i), die hier auch durch eine Probemünze (i) repräsentiert ist. – Alle Münzen sind in Originalgröße abgebildet.

Prinz Friedrich (1808–1870), Vater König Wilhelms II., Neffe von König Wilhelm I. Friedrich war seit 1845 mit Prinzessin Katharina, der Tochter König Wilhelms I. aus der Ehe mit Königin Pauline, verheiratet.

König Wilhelm II. (1891–1918) in Schloß Friedrichshafen. Der letzte württembergische Monarch lebt noch heute in der Erinnerung der älteren Württemberger als der »gute König« fort.

Georgine Henriette Marie von Waldeck-Pyrmont (1857–1882), erste Gemahlin König Wilhelms II., Brautbild von 1877.

Die beiden Kinder aus der ersten Ehe König Wilhelms II.: Prinzessin Pauline (1877–1965), seit 1898 verheiratet mit Fürst Friedrich zu Wied, an der Wiege ihres Bruders Ulrich, der 1880 geboren, bereits mit 5 Monaten verstarb.

unten links

König Wilhelm II. und Königin Charlotte (1864–1946) in Bebenhausen. Nach dem frühen Tod seiner ersten Gemahlin 1882 heiratete König Wilhelm 1886 Prinzessin Charlotte von Schaumburg-Lippe. Diese Ehe blieb kinderlos.

Königin Charlotte (links vorne), die beiden Enkel des Königs, die Erbprinzen Dietrich und Hermann zu Wied, Prinzessin Pauline und König Wilhelm II. (ganz rechts).

Nach dem Brand des Hoftheaters im Jahre 1902 setzte sich Wilhelm II. nach Kräften für einen Neubau ein, der 1909–1912 nach den Plänen des Münchner Architekten Max Littmann in den königlichen Anlagen entstand.

Joachim Gans Edler zu Putlitz (1860–1922), Generalintendant des Hoftheaters in Stuttgart. Unter dem ehemaligen badischen Offizier, den König Wilhelm II. 1893 mit der Leitung seines Hoftheaters betraute, erlangten Schauspiel und Oper in der württembergischen Haupt- und Residenzstadt ein herausragendes Niveau. Stuttgart stieg in den Kreis der ersten Theaterstädte des deutschsprachigen Raums auf.

Das Konzerthaus in Ravensburg. Mit dem auf Initiative von Kommerzienrat Julius Spohn, dem Ravensburger Ehrenbürger, durch den Wiener Theaterarchitekten Ferdinand Fellner 1896/97 errichteten Gebäude, einer eklektizistischen Stilmontage aus Renaissance und Barock, erhielt die Stadt Ravensburg ein für kulturelle Veranstaltungen repräsentatives Haus. Das bedeutendste Bauwerk des ausgehenden 19. Jahrhunderts in Oberschwaben wurde 1968 renoviert.

König Wilhelm II. förderte das geistig-kulturelle Leben der Stadt Stuttgart mit großem Engagement; viele wichtige Projekte unterstützte er mit namhaften Beträgen aus seiner Privatschatulle.
Der bekannte Münchner Architekt Theodor Fischer (1862–1938) folgte 1899 einem Ruf an die Technische Hochschule; u. a. erbaute er das hier abgebildete Kunstgebäude am Schloßplatz.

Ebenfalls von Theodor Fischer stammen das 1912 erbaute Gustav-Siegle-Haus (oben) in Stuttgart und die 1910 errichteten Pfullinger Hallen (unten).

Mit der Aufnahme der Naturwissenschaften als 7. Fakultät 1863 begann die große Erweiterung der Universität Tübingen. Paul Bonatz war der Architekt der 1912 errichteten Universitätsbibliothek, die 1963 nochmals erweitert wurde.

1853 gründete Daniel Straub in Geislingen/Steige, ein Mann mit dem Weitblick des wagemutigen Industriepioniers, der schon drei Jahre zuvor eine Eisengießerei und Maschinenfabrik errichtet hatte, zusammen mit den gelernten Metalldruckern Friedrich und Louis Schweizer die Metallwarenfabrik Straub & Schweizer. Das rasch expandierende Unternehmen, das Tisch- und Tafelgeräte aus silber-poliertem Kupferblech herstellte, schloß sich 1880 mit der Metallwarenfabrik A. Ritter & Co. in Esslingen, seiner schärfsten Konkurrentin, zusammen. Das neue Unternehmen, das unter dem Namen »Württembergische Metallwarenfabrik (WMF)« firmierte, stieg in den folgenden Jahrzehnten zur Weltfirma auf. Es gliederte sich eine eigene Glashütte an und weitete seine Produktenpalette für »Tisch, Tafel und Haushalt« zunehmend aus. Mit seiner Beschäftigtenzahl – allein in Geislingen waren es vor dem Ersten Weltkrieg mehrere tausend Menschen – stand es zeitweise an der Spitze aller württembergischen Industriebetriebe.

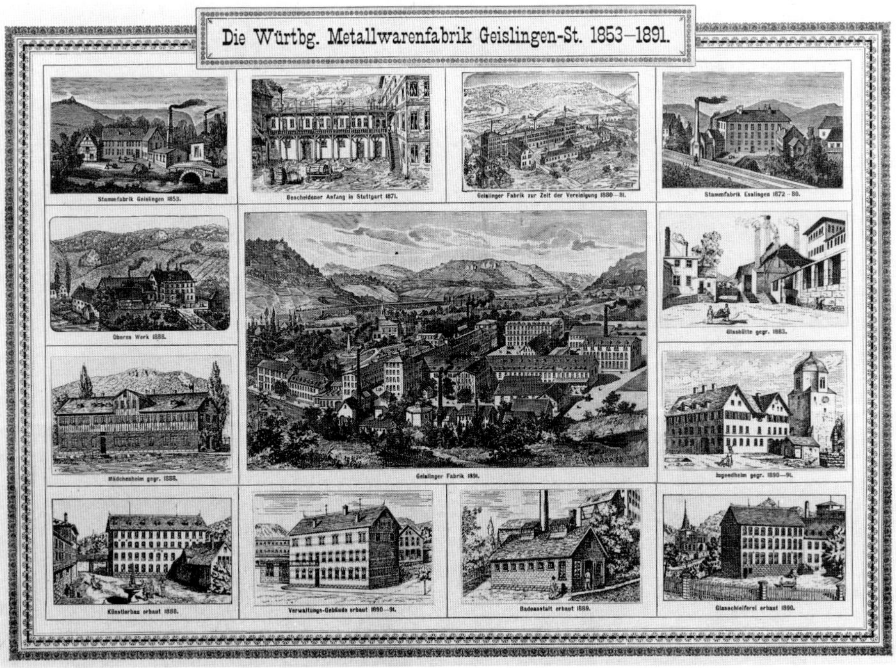

Gottlieb Daimler (1834–1900), Ingenieur und Erfinder. In seiner 1882 in Cannstatt eingerichteten Werkstatt gelang dem schwäbischen Tüftler die Konstruktion eines kleinen, leichten und schnellaufenden, mit Benzin betriebenen Fahrzeugmotors (Patent von 1883). Damit war das Tor zum Automobilzeitalter aufgestoßen. Zunächst konstruierte Daimler 1885 ein Motorrad, im Jahr darauf ein mit einem 1,5 PS-Einzylindermotor ausgestattetes Automobil, das eine Geschwindigkeit von 18 Stundenkilometern entwickelte, sowie ein Motorboot. Die Nachfrage nach Daimler-Motoren stieg rasch an. Der Erfinder entschloß sich deshalb zu ihrer fabrikmäßigen Herstellung. In den neunziger Jahren baute er den Vierzylindermotor. Auf Initiative des Bankiers und Großindustriellen Kilian Steiner kam es 1890 zur Gründung der »Daimler-Motorengesellschaft«, einer Vorläuferin der Daimler-Benz AG. Diesem Unternehmen gehörte Daimler mit kurzer Unterbrechung als technisch führender Kopf neben Wilhelm Maybach bis zu seinem Tod an.

Gottlieb Daimler und sein Sohn Paul auf der 1886 gebauten Motorkutsche.

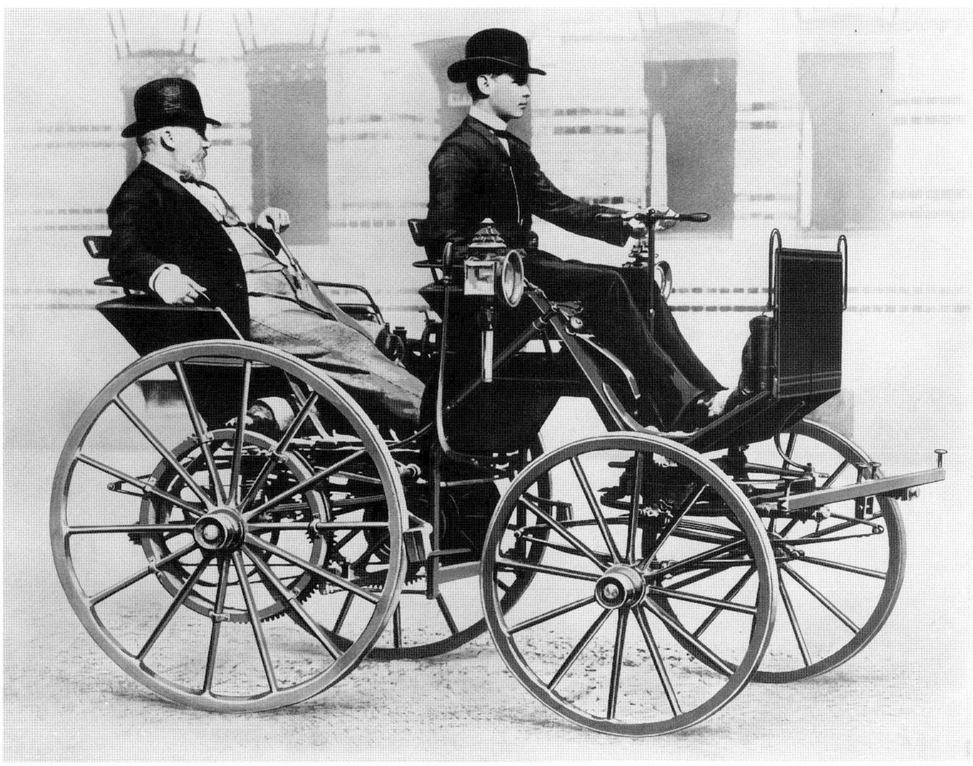

Graf Ferdinand von Zeppelin (1838–1917), Erfinder des lenkbaren Luftschiffs. Der württembergische General fand für seine Ideen schon früh die Unterstützung von König Wilhelm II. Der König stellte ihm in Friedrichshafen-Manzell am Ufer des Bodensees Gelände zur Verfügung, auf dem er die Montagehallen für den Luftschiffbau errichten konnte. 1900 stellte Zeppelin das erste Luftschiff fertig und bewies bei Probeflügen dessen Flugtüchtigkeit. 1905 und 1906 baute er einen zweiten und dritten jeweils verbesserten Zeppelin. Der anfänglich viel verspottete oder belächelte Graf fand jetzt mit den von ihm konstruierten Luftfahrzeugen allgemein Anerkennung; er wurde zu einer der populärsten Persönlichkeiten Deutschlands. Als im August 1908 eine Gewitterbö bei Echterdingen ein Luftschiff vernichtete, ermöglichten ihm Spender aus allen Volkskreisen den Bau neuer »Zeppeline«.

Das erste von Graf Ferdinand von Zeppelin erbaute Luftschiff LZ 1 am 2. Juli 1900 über dem Bodensee.

Robert Bosch (1861–1942), Großindustrieller. Der Anfang des Weltunternehmens Bosch, seit 1937 Robert Bosch GmbH, war ein Handwerksbetrieb, die 1886 in Stuttgart gegründete »Werkstätte für Feinmechanik und Elektrotechnik«. Der Aufstieg dieses Betriebs zum Großunternehmen gelang dem jungen Mechanikermeister mit der Erfindung des »Bosch-Zünders«. 1901 bezog er sein erstes eigenes Fabrikgebäude in der Stuttgarter Hoppenlaustraße. Schon wenige Jahre später reichten indes diese Werkanlagen für die rasch sich vergrößernde Firma nicht mehr aus. 1909 konnte ein neues Fabrikareal in Feuerbach erworben werden. Bis zum Kriegsausbruch war die Belegschaft von 45 im Jahre 1900 auf 4726 angewachsen. Dem demokratisch eingestellten Unternehmer Bosch lag zeitlebens das Wohl seiner Arbeiter am Herzen. Er zahlte Arbeitslöhne, die weit über dem Durchschnittslohnniveau der Zeit vor dem Ersten Weltkrieg lagen. 1906 führte er als einer der ersten Industriellen Deutschlands den Achtstundenarbeitstag ein. Die von ihm geschaffenen sozialen Einrichtungen waren vorbildlich. In großzügiger Weise förderte er auch wissenschaftliche und kulturelle Einrichtungen.

Die Werksanlagen der Firma Bosch in Stuttgart im Jahr 1906.

Das Werk der Daimler-Motorengesellschaft in Untertürkheim 1904. Die Gesellschaft hatte zunächst ihren Sitz in Cannstatt. Nachdem dort schon 1903 ein Großfeuer ihre Montagehalle zerstört hatte, verlegte sie den ständig anwachsenden Produktionsbetrieb in das neuerrichtete Werk nach Untertürkheim. 1914 zählte das Unternehmen 3000 Beschäftigte.

Eduard Pfeiffer (1835–1921). Der einer bekannten jüdischen Familie entstammende Sozialreformer, Industriepionier und Bankier gründete 1866 in Stuttgart den Verein für das Wohl der arbeitenden Klassen und zwei Jahre später nach dem Vorbild englischer Konsumvereine den Konsum- und Ersparnisverein. Im Bestreben, der Arbeiterschaft zu gesunden und preiswerten Wohnungen zu verhelfen, entwickelte er ein Grundkonzept zur Schaffung von Eigentumswohnungen. Mit dem Bau der Siedlungen Ostheim, Südheim und Westheim um die Jahrhundertwende realisierte er dieses Konzept. Auf seine Initiative ging auch die Sanierung der Stuttgarter Altstadt in den Jahren 1906 bis 1909 zurück.

Clara Zetkin, geb. Eißner (1857–1933), Sozialistin, Vorkämpferin der Frauenemanzipation. Die mit dem russischen Revolutionär Ossip Zetkin verheiratete ehemalige Lehrerin kam nach dem Tod ihres Mannes Anfang der neunziger Jahre nach Stuttgart und übernahm die Redaktion der im sozialistischen Dietz-Verlag erscheinenden Frauenzeitschrift »Die Gleichheit«. Von 1899 bis 1929 war sie mit dem Kunstmaler Friedrich Georg Zundel verheiratet. Sie wohnte seit 1903 in Sillenbuch; ihr Haus wurde zu einem Treffpunkt führender Sozialdemokraten. Unter anderen fanden sich dort ein August Bebel, Karl Liebknecht, Rosa Luxemburg, Jean Jaurès und Wladimir Iljitsch Lenin. 1907 wurde sie auf dem Internationalen Sozialistenkongreß in Stuttgart zur ersten Sekretärin der internationalen sozialistischen Frauenbewegung gewählt; sie hatte dieses Amt bis 1917 inne. 1919 gehörte sie als kommunistische Abgeordnete der Württembergischen Verfassunggebenden Landesversammlung an, von 1920 bis 1932 dem Reichstag, zuletzt als Alterspräsidentin. Nach der NS-Machtübernahme in Deutschland emigrierte sie von Berlin, ihrem Wohnsitz seit den zwanziger Jahren, in die Sowjetunion. Dort starb sie bereits im Juni 1933.

Karte zur Erinnerung an den Internationalen Sozialistenkongreß 1907 in Stuttgart. Der Internationale Sozialistenkongreß im August 1907, der erste auf deutschem Boden, war für die württembergische Landeshauptstadt ein großes Ereignis. König, Regierung und Stadtverwaltung zeigten sich entgegenkommend. Wie schon beim Parteitag der deutschen Sozialdemokratie 1898 wurde der Wartesaal erster Klasse für die aus vielen Ländern angereisten Delegierten zur Verfügung gestellt, für die Veranstaltungen des Kongresses die Liederhalle. Bei einer Massenkundgebung auf dem Cannstatter Wasen konnten neben deutschen auch zahlreiche ausländische Delegierte, unter ihnen Jean Jaurès, ungehindert sprechen.

Besuch des greisen Kaisers Franz Joseph von Österreich-Ungarn bei König Wilhelm II. am 31. August 1909 in Friedrichshafen.

Verabschiedung der ins Feld ziehenden Truppen durch das Königspaar am 6. August 1914 auf dem Platz vor der Stuttgarter Rotebühlkaserne.

Carl Freiherr von Weizsäcker (1853–1926). Wie sein Landesherr, König Wilhelm II., war der langjährige Kultminister (1901–1906) und Ministerpräsident (1906–1918) ein Mann des gemäßigten Fortschritts. Er gehörte zu den befähigsten deutschen Politikern seiner Zeit. Württemberg hatte ihm viel zu verdanken. Im Ersten Weltkrieg widerstrebte ihm die Eroberungspolitik, der manche seiner politischen Freunde das Wort redeten, ebenso lehnte er den unbeschränkten U-Boot-Krieg ab. Als Nachfolger von Reichskanzler Bethmann Hollweg schied er wohl deshalb von vornherein aus, obgleich sein Name mehrfach in diesem Zusammenhang genannt wurde.

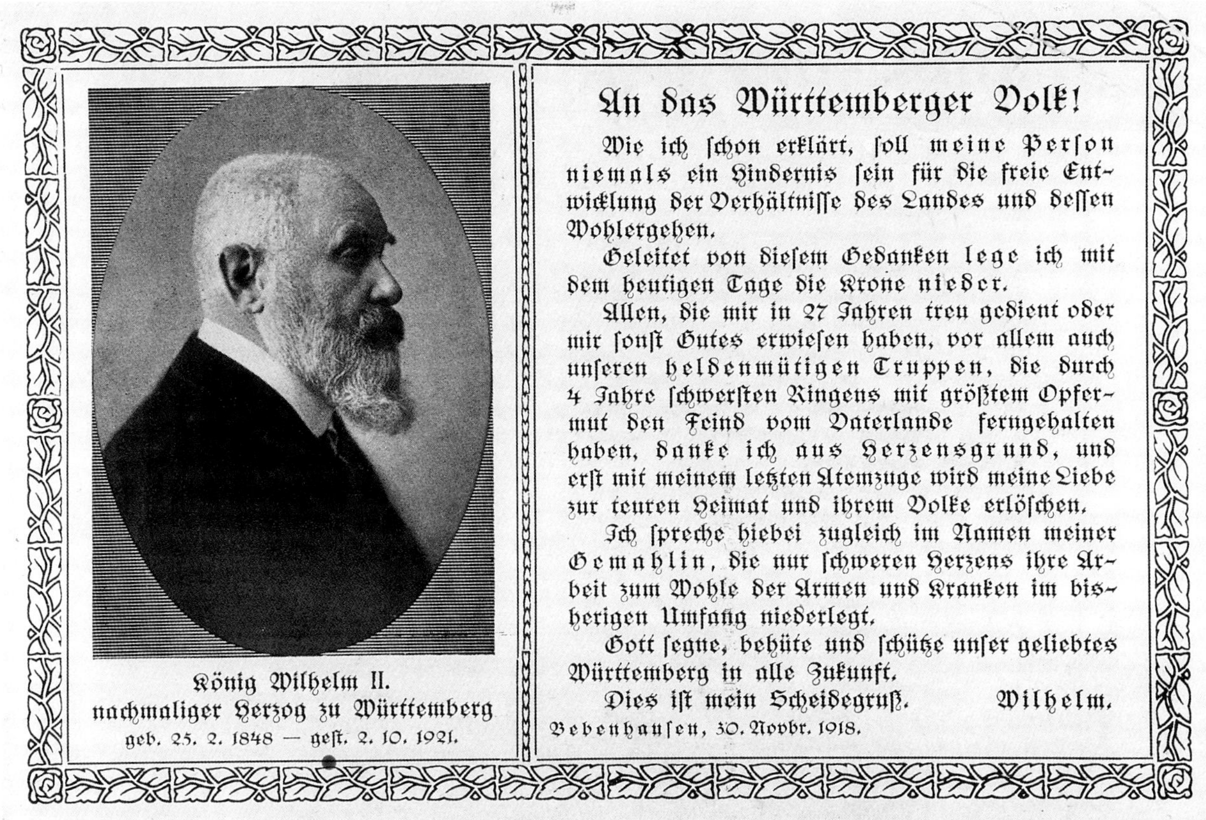

König Wilhelm II.
nachmaliger Herzog zu Württemberg
geb. 25. 2. 1848 — gest. 2. 10. 1921.

An das Württemberger Volk!

Wie ich schon erklärt, soll meine Person niemals ein Hindernis sein für die freie Entwicklung der Verhältnisse des Landes und dessen Wohlergehen.

Geleitet von diesem Gedanken lege ich mit dem heutigen Tage die Krone nieder.

Allen, die mir in 27 Jahren treu gedient oder mir sonst Gutes erwiesen haben, vor allem auch unseren heldenmütigen Truppen, die durch 4 Jahre schwersten Ringens mit größtem Opfermut den Feind vom Vaterlande ferngehalten haben, danke ich aus Herzensgrund, und erst mit meinem letzten Atemzuge wird meine Liebe zur teuren Heimat und ihrem Volke erlöschen.

Ich spreche hiebei zugleich im Namen meiner Gemahlin, die nur schweren Herzens ihre Arbeit zum Wohle der Armen und Kranken im bisherigen Umfang niederlegt.

Gott segne, behüte und schütze unser geliebtes Württemberg in alle Zukunft.

Dies ist mein Scheidegruß. Wilhelm.

Bebenhausen, 30. Novbr. 1918.

Karte zum Gedenken an König Wilhelm II. (1848–1921) mit einem Bild des Monarchen und dem Text seiner Abdankungserklärung vom 30. November 1918.

Herzog Philipp Albrecht (1893–1975), der älteste Sohn Herzog Albrechts, und seine Gattin Herzogin Rosa, geborene Erzherzogin von Österreich (1906–1983).

Der Sohn Herzog Philipp Albrechts, Herzog Carl von Württemberg (geb. 1936), und seine Gattin Herzogin Diane, geborene Gräfin von Paris (geb. 1940), mit ihren Kindern.

Anmerkungen/ Bild- und Quellennachweis

Abkürzungen	Labi	= Landesbildstelle Württemberg, Stuttgart
	HSTA	= Hauptstaatsarchiv Stuttgart
	STA Stgt	= Stadtarchiv Stuttgart
	StG	= Staatsgalerie Stuttgart
	StMLB	= Städtisches Museum, Ludwigsburg
	WLB	= Württembergische Landesbibliothek, Stuttgart
	WLM	= Württembergisches Landesmuseum, Stuttgart

Seite

29	Gemälde von Franz Xaver Odo Müller (1773–1841), um 1820. Original und Foto: WLM
30 oben	Kupferstich von M. Merian nach Vorlage von 1620, jedoch veränderter Vordergrund. Aus: Thesauri Philipolitici oder Politisches Schatzkästlein, Frankfurt bei Eberhard Kieser 1624, 1. Buch, 5. Teil. Original: StG. Foto: Labi
30 unten	Bleistiftzeichnung von August Seyffer, 8. Mai 1819. Original: WLB. Foto: Labi
31 oben	Bleistiftzeichnung von August Seyffer. 4. Mai 1819. Original: WLB. Foto: Labi
31 unten	Foto: Labi
32	Original und Foto: HSTA H 14 Bd. 143
33	Foto: Werner H. Müller, Stuttgart
34	Original und Foto: HSTA A 601 U 1
35 links	Original und Foto: Bayerisches Hauptstaatsarchiv München. Reichsstift Kaisheim Urk. 17
35 rechts	Original und Foto: HSTA B 343 U 145.
36 links	Foto: Foto Ingeborg, Markgröningen
36 rechts	Foto: Hermann Borst, Beutelsbach
37	Foto: Peter Windstoßer, Stuttgart
38	Original und Fotos: HSTA oben links Sign. J 231 b NC 28 oben rechts Sign. Neg. Sammlung 3/6 unten links Sign. Neg. Sammlung 6/14 unten rechts Sign. A 514 U 638
39	Nach Faksimile-Ausgabe. Fotos: Badisches Landesmuseum, Karlsruhe
40	Foto: Volker Himmelein, Karlsruhe
41	Kolorierte Aquatinta von Christian von Martens um 1840 nach einer Zeichnung von C. F. Keller. Original und Foto: STA Stgt
42 oben	Foto: Labi
42 unten	Foto: STA Stgt
43	Foto: Heinrich Ambs, Stuttgart
44 oben	Foto: Historisches Museum der Pfalz, Speyer
44 unten	Foto: Heinrich Ambs, Stuttgart
45	Foto: Wilfried Eschenfelder, Rottenburg/N.
46	Foto: Akademie der Wissenschaften und der Literatur Mainz: Corpus Vitrearum Medii Aevi Deutschland, Freiburg i. Br.
47 oben	Foto: Labi
47 unten	Ansicht der Stadt Wildbad. Federzeichnung von Joh. Math. Fabri um 1607. Original: WLB. Foto: Fremdenverkehrsamt Bad Wildbad/Bernhard Dengler, Bad Wildbad
48 oben	Original und Foto: WLB (Cod. theol. fol. 136 Bl. 151^{b})
48 unten	Foto: Wolfgang Schütz, Weil der Stadt-Merklingen
49	Kiesersches Forstkartenwerk von 1682. Original: verbrannt. Foto: Labi
50	Kiesersches Forstlagerbuch von 1685. Original und Foto: HSTA H 107/15 Nr. 17
51	Karte der Gmünder Freipürsch. Wasserfarben auf Papier (auf Holz aufgezogen). Gemalt von Balthasar Rieger 1572. Original und Foto: Städtisches Museum, Schwäbisch Gmünd
52	Original und Foto: HSTA A 602 WR 32
53	Original und Foto: WLM
54	Lithographie von G. Eberlein von ca. 1850. Ausschnitt. Original: WLB. Foto: Labi
55	Original und Foto: HSTA A 266 U1

56	Foto: Hellmut Hell, Reutlingen
57 oben	Original und Foto: WLB
57 unten	Original und Foto: WLB
58	Flügel eines nicht erhaltenen Altars, entstanden nach 1454 und vor 1479, vielleicht vom Ulmer Maler Ludwig Fries. Original und Foto: WLM
59 oben	Original: Oberhofenkirche Göppingen, Chornordwand. Foto: Foto Dehnert, Göppingen-Jebenhausen
59 unten	Zeichnung von Ferdinand Denis 1763, Stich von J. A. Fridrich. Aus: M. Schaab, Geschichte der Kurpfalz, Bd. 1, Stuttgart 1988, S. 180
60 oben	Ausschnitt aus: „Wahre Abbildung der an dem Juden Joseph Süß Oppenheimer anno 1738, den 4. Febr. vorgenommenen Exekution . . .“ Original: StMLB. Foto: Labi
60 links	Foto: WLM
61	Kopie von Simon Studion 1597. Original und Foto: WLB
62	Aus: E. Munz/O. Kleinknecht, Geschichte der Stadt Marbach, Stuttgart 1972, S. 47
63	Lithographie von C. G. Erhard um 1850. Original: WLB. Foto: Labi
64 oben	Lithographie von C. Schacher um 1850. Original und Foto: STA Stgt
64 unten	Kupferstich von Matthäus Merian, 1643. Original und Foto: STA Stgt
65	Foto: Hellmut Hell, Reutlingen
66	Foto: Giovetti Fotografia, Mantua
67	Aus: Wappenbuch des Hans Ingeram von 1459. Original: Kunsthistorisches Museum, Wien. Foto: Marianne Haller, Perchtoldsdorf
68 oben	Kopie des 16. Jahrhunderts nach einem verschollenen Original von 1477. Original: Universitätsbibliothek Tübingen, Professorengalerie. Foto: Labi
68 unten	Foto: H. D. Ingenhoff, Tübingen
69 oben	Original: Städt. Lapidarium. Foto: STA Stgt
69 unten	Foto: Kurt Gramer, Bietigheim-Bissingen
70	Foto: Foto Holder, Bad Urach
71	Foto: Foto Holder, Bad Urach
72	Foto: Foto Holder, Bad Urach
73	Original: WLB. Foto: WLB/Baumgart Foto, Stuttgart
74 oben	Original: Stadt Calw. Foto: Labi
74 unten	Foto: Gebrüder Metz, Tübingen/Haus der Geschichte, Stuttgart
75	Foto: Frank Luwe, Blaubeuren
76	Aus: Stammbuch des Prinzen Johann Wilhelm von Sachsen-Altenburg (1600–1632), Sohn des Friedrich Wilhelm, verheiratet mit der Tochter von Herzog Christoph von Württemberg. Aquarell um 1616. Original und Foto: WLM
77	Original: Universität Tübingen. Foto: Manfred Grohe, Kirchentellinsfurt
78	Ausschnitt aus: „Anbetung der Könige“ um 1500, Meister der Habsburger. Original: Österreichische Galerie, Schloß Belvedere, Wien. Foto: Fotostudio Otto, Wien
79	Original und Foto: HSTA A 602 U 303
80	Titelholzschnitt des 1493 in Augsburg gedruckten „Liberi feudorum“ von Hans Burgkmair. Original und Foto: Staats- und Stadtbibliothek, Augsburg
81 oben	Kolorierte Federzeichnungen im Skizzenbuch des Nikolaus Ochsenbach, Anfang 17. Jahrhundert. Original und Foto: WLB
81 unten	Foto: Labi
82	Originale: WLM, Münzkabinett und anderer Besitz. Fotos: WLM, Münzkabinett
83	Original: Stiftskirche in Tübingen. Foto: Hellmut Hell, Reutlingen
100	Holzschnitt von E. Schön von 1520 Original: WLB. Foto: Labi
101	Gemälde eines unbekannten Malers um 1540. Im Auftrag von Herzog Ludwig kopiert für Erzherzog Ferdinand II. von Tirol für die Ambraser Sammlung. Original: Kunsthistorisches Museum, Wien Foto: Photobusiness, Leopoldsdorf bei Wien
102	Miniatur eines brandenburgischen Hofmalers 1530. Original und Foto: WLM
103 oben	Originale und Fotos: WLM, Münzkabinett
103 unten	Silberstiftzeichnung von Hans Baldung von Grien 1515. Aus dem Karlsruher Skizzenbuch. Original: Kunsthalle Karlsruhe. Foto: Labi
104	Original und Foto: HSTA A 45 Bü 9
105	Original und Foto: HSTA A 37 U1
106 oben	Original: WLB. Foto: Labi
106 unten	Original und Foto: WLM, Münzkabinett
107 oben	Federzeichnung von Albrecht Dürer von 1519. Original und Foto: Kupferstichkabinett, Berlin Im Vordergrund die Kirche des Dorfes Tamm, links im Hintergrund die ummauerten Städte Markgröningen und Bietigheim.
107 unten	Originale und Fotos: WLM, Münzkabinett
108 oben	Kolorierter Holzschnitt von Christoph Amberger (geb. um 1500–1561) um 1535 in der von Georg III. Truchseß von Waldburg in Auftrag gegebenen Truchsessenchronik. Original und Foto: Fürstl. Waldburg-Zeilsches Gesamtarchiv, Schloß Zeil, Leutkirch
108 unten	Original: Fürstl. Waldburg-Zeilsches Gesamtarchiv Schloß Zeil, Leutkirch. Foto: HSTA
109 oben	Ölmalerei auf Holz, vermutlich von Hans Brosamer um 1540. Original und Foto: Wartburg-Stiftung, Eisenach
109 unten	Original und Foto: HSTA A 107 U4
110	Kiesersches Forstlagerbuch von 1685. Original: HSTA H 107/15 Nr. 7. Foto: Labi
111	Foto: Manfred Grohe, Kirchentellinsfurt. Luftaufnahme, freigegeben vom Regierungspräsidium Tübingen (Nr. 42/2571).
112 oben	Ölgemälde eines unbekannten Malers. Original und Foto: Friedrich-Schiller-Universität, Jena
112 unten	Original und Foto: WLM, Münzkabinett
113	Original: Stadtkirche in Berneck. Foto: Hellmut Hell, Reutlingen

114 oben	Gemälde von Heinrich Füllmaurer (erwähnt zwischen 1526 und 1544). Original und Foto: WLM
114 unten	Anonymer Holzschnitt. Auf der Titelseite von Stöffler, Ephemeridum opus, Tübingen 1533. Original und Foto: WLB
115	Originale und Fotos: WLM, Münzkabinett
116	Miniatur eines brandenburgischen Hofmalers 1570. Original und Foto: WLM
117	Kopie von 1580 für Erzherzog Ferdinand II. von Tirol für die Ambraser Sammlung nach einem Gemälde von Abraham de Hel um 1565. Original: Kunsthistorisches Museum, Wien. Foto: Foto Albrecht, Innsbruck
118	Kolorierter Holzschnitt um 1560. Original und Foto: WLB
119	Kolorierte Federzeichnung um 1550. Original: WLB. Foto: Volker Himmelein, Karlsruhe
120 oben	Ansicht Blaubeuren. Klosterprospekt aus leichter Vogelschau. Die Ansicht entspricht mit nur wenigen Abweichungen dem heutigen Zustand. Federzeichnung aquarelliert, entstanden 1630. Aus: Buzelinus, Constantiae Benedictae. Original und Foto: WLB
120 unten	Kiesersches Forstlagerbuch von 1684 Original und Foto: HSTA H 107/15 Nr. 7.
121	Original: Landeskirchliches Archiv, Stuttgart. Foto: Amt für Information – Bildtechnik S. Kirschner, Stuttgart.
122	Original und Foto: HSTA A 38 Bü 5
123 oben	Aufnahme von 1927 Foto: Labi
123 unten	Foto: Labi
124 oben:	Foto: Foto Dehnert, Göppingen-Jebenhausen
124 unten	Ansicht von 1650. Vorne das 1560–1566 (?) von Herzog Christoph erbaute Schloß. Der wehrhafte Charakter des Schloßbaus ist neben der massigen und schmucklosen Bauweise auch am Wassergraben und der Ummauerung mit Türmen erkennbar. Lavierte Federzeichnung. Anonym, um 1650. Original und Foto: StG
125 oben	Topographia Sueviae von Merian 1643. Original: WLB. Foto: Labi
125 unten	Foto: Armin Dieter, Mössingen
126	Original: Heimatmuseum Ebingen. Foto: Stadtverwaltung Albstadt, Kultur- und Verkehrsamt
127	Radierung von Wendel Dietterlin (um 1550–1599). Original: WLB. Foto: Volker Himmelein, Karlsruhe
128	Original und Fotos: WLM, Münzkabinett
129 oben	Foto: Hellmut Hell, Reutlingen
129 unten	Original und Foto: WLM, Münzkabinett
130 oben	Federzeichnung von Christoph Friedel aus Schwäbisch Gmünd (nachweisbar ab 1575, gest. 1629). Original und Foto: Kunstsammlung Veste Coburg

130 unten	Holzschnitt von Joachim Lederlin. Aus: Cellius, Nuptiae Secundae 1587. Original und Foto: WLB
131 links	Original: Landeskirchliches Archiv, Stuttgart Foto: Amt für Information – Bildtechnik S. Kirschner, Stuttgart
131 rechts	Holzschnitt von Joachim Lederlin. Original: Landeskirchliches Archiv, Stuttgart. Foto: Amt für Information – Bildtechnik S. Kirschner, Stuttgart
132 oben	Lavierte Federzeichnung von Matthäus Merian, 1623/24. Original und Foto: StG
132 unten	Kupferstich von Friedrich Brentel 1619. Original und Foto: StMLB
133	Ölgemälde Hans Steiner zugeschrieben aufgrund der Landesaufnahme von Gadner. Original und Foto: WLM
134	Nachzeichnung des 19. Jahrhunderts nach der Zinngravur des Sarges des 1679 verstorbenen Herzogs Wilhelm Ludwig. Original: WLB. Foto: Volker Himmelein, Karlsruhe
135 oben/ unten rechts	Holzschnitte aus: Cellius, Imagines Professorum Tubingensium 1596. Original und Fotos: HSTA
135 unten links	Holzschnitt aus der Werkstatt des Tobias Stimmer. Aus: Frischlin, Orationes insigniores aliquot, Straßburg 1598. Original und Foto: WLB
136 oben	Foto: Roland Mallo, Straßburg
136 unten	Original und Foto: WLM
137	Gemälde eines unbekannten Malers. Original: WLM, Schloß Ludwigsburg, Foto: WLM
138	Aus: Egbert v. Frankenberg und Ludwigsdorf „Anhaltische Füstenbildnisse", 2 Bde, Dessau 1895–96. Original und Foto: WLB
139 oben	Gemälde von H. U. Alt, 1590. Original: Universitätsbibliothek Tübingen. Foto: Labi
139 unten	Original: Thomasstift, Straßburg. Foto: Archiv Ulrich Klein, Stuttgart
140	Original und Foto: HSTA A 107 U 13
141 oben	Foto: Heinrich Ambs, Stuttgart
141 unten	Original: Straßburg, Cabinet des Estampes. Foto: Photographie Musées de la ville de Strasbourg
142 rechts	Original und Foto: WLB
142 links	Foto: Anneliese Seeliger-Zeiss, Heidelberg
143 oben	Kupferstich von 1603 Original: WLB. Foto: Labi
143 Mitte	Original und Foto: WLM, Münzkabinett
143 unten	Stammbuchblatt von 1605 Original und Foto: WLB
144 oben	Kupferstich aus: „Heinrich Schickhardt, Beschreibung einer Reiß", 1602. Phototypie von J. Royer, Nancy. Original: WLB. Foto: Labi
144 unten	Foto: Harald Schukraft, Stuttgart

145 oben	Aquarell aus dem Stammbuch des Prinzen Johann Wilhelm von Sachsen-Altenburg (1600–1632), Schwiegersohn von Herzog Christoph von Württemberg. Original und Foto: WLM
145 unten	Aquarell aus einem Stammbuch des Andreas Chemnitius vom 24. September 1602. Original: Hamburger Kunsthalle. Foto: Volker Himmelein, Karlsruhe
146	Foto: Volker Himmelein, Karlsruhe
147	Foto: Labi (Foto von ca. 1890)
148 oben	Aus: Baumeisterbuch I des Nürnberger Ratsbaumeisters Wolf Jacob Stromer (1561–1614), fol. 179. Original: Familienbesitz Burg Grünsberg/Altdorf. Foto: Germanisches Nationalmuseum, Nürnberg
148 unten	Entwurf der Fassade mit den mit doppelten Erkern versehenen Ecktürmen von Heinrich Schickhardt 1606. Original: HSTA. Nachlaß Schickhardt N 220. Foto: Labi
149 oben	Tuschezeichnung von Heinrich Schickhardt 1609. Original und Foto: HSTA N 220 A 72, 4
149 unten	Perspektivische Ansicht der Hofseite. Links der Querbau, auf dem Schnittpunkt der Firste der Glockenturm, Blickpunkt in Dachhöhe. Umrißzeichnung von Heinrich Schickhardt 1605, z. T. laviert. Original: HSTA. Nachlaß Schickhardt N 220. Foto: Labi
150 oben	Foto: Labi
150 unten	Foto: Labi
151 oben	Tuschezeichnung von Heinrich Schickhardt um 1600, blau laviert. Original und Foto: HSTA N 220 A 177
151 unten	Aus: „Landtafel der schönen Gelegenheit und Landschaft umb Boll/Anno 1602“, von Philipp Gretter. Original: StMLB. Foto: Labi
152	Original: Kunsthalle Hamburg. Foto: Volker Himmelein, Karlsruhe
153	Originale und Foto: WLM, Münzkabinett
154 oben	Bildnis von 1597 aus einem Stammbuch, Georg Donauer zugeschrieben. Original: WLM. Foto: Volker Himmelein, Karlsruhe
154 rechts	Miniatur eines unbekannten Künstlers. Original und Foto: WLM
154 unten	Ölgemälde unbekannter Maler, um 1628. Original: WLM, Leihgabe Krongut. Foto: WLM
155 oben	Kupferstich von Balthasar Küchler, 1609. Original: WLB. Foto: Labi
155 unten	Original und Foto: HSTA A 90 U1
156 oben	Kupferstich von Jakob von Heyden. Original: WLB. Foto: Volker Himmelein, Karlsruhe
156 unten	Kupferstich von Matth. Merian. Original: WLB. Foto: Labi
157	Gemälde von Georg Nikolaus List 1669/70. Original und Foto: Stadtmuseum Sindelfingen
158 oben	Original und Foto: Schloß Rosenberg, Kopenhagen
158 unten	Originale und Fotos: WLM, Münzkabinett
159 oben links	Miniatur um 1644 von J. Glocker. Original und Foto: WLM
159 oben rechts	Gemälde von G. N. List, 1651. Original und Foto: WLM
159 unten	Kupferstiche von Philipp Kilian 1678 nach einer Vorzeichnung von Johann Andreas Thill (1639–1681). Original und Foto: WLB
160 oben	Original und Foto: HSTA A 66 Bü 3
160 unten	Kopie des Originals von Joh. Anton Schilling von 1717. Original: Rathaus Villingen. Foto: Stadtverwaltung Villingen-Schwenningen
161 oben	Die Schlacht von Nördlingen 1634. Begegnung des Königs Ferdinand von Ungarn mit dem Kardinalinfanten Ferdinand vor der Schlacht. Gemälde von Peter Paul Rubens 1635. Original und Foto: Kunsthistorisches Museum, Wien
161 unten	Gemälde von I. T. Trescher auf dem Epitaph des Bürgermeisters Michael Hirschmann, datiert 24. Juli 1660. Original: Chor der Schorndorfer Stadtkirche. Foto: Labi
162 oben	Belagerung des Hohentwiel 1641. Aus: Theatrum Europaeum 1643. Original: WLB. Foto: Labi
162 unten	Kupferstich von 1659 nach Gemälde von C. Arnold (1598–1667). Original: WLB. Foto: Labi
163	Von links nach rechts: Gemälde von 1632, Conrad Melberger zugeschrieben. Original: Universitätsbibliothek Tübingen. Foto: Labi Kupferstich von Sebastian Furk. Original: WLB. Foto: Labi Ölfarbe, gemalt auf Kupferplatte 1648. Original und Foto: WLM Kupferstich von Ans. von Hülle (1601–1674), 1649. Original und Foto: WLM
164 a, c–e	Originale und Fotos: WLM, Münzkabinett
b	Original und Foto: Geldmuseum der Deutschen Bundesbank, Frankfurt/M.
165	Originale und Fotos: WLM, Münzkabinett
166	Original und Foto: HSTA A 39 Bü 7
180	Original und Foto: HSTA Bibliothek B 1154
181 oben	Kupferstich von Joseph Arnold. Original: WLB Foto: Labi
181 unten	Original und Foto: WLM, Münzkabinett
182 oben	Foto: Plodek, Sontheim/Brenz
182 unten	Kupferstich aus C. Schott, Physica 1689. Original: WLB. Foto: Labi
183 oben	Gemälde eines unbekannten Malers, o. J. Original: WLM, Schloß Weikersheim. Foto: Volker Himmelein, Karlsruhe

184	Foto: Hans-Theodor Beron, Bad Teinach
185 links	Kupferstich um 1675 von Andr. Matth. Wolffgang (1660–1736). Original: WLB. Foto: Labi
185 oben rechts	Ölgemälde um 1680. Original: WLM. Foto: Volker Himmelein, Karlsruhe
185 unten links	Foto: Gerhard Kellenbenz, Stetten
186 links	Gemälde von Joh. Karl Zierl (1679–1744). Original und Foto: Bayerische Staatsgemäldesammlungen, München
186 rechts	Gemälde von Antoine Pesne (1683–1757). Original: WLM, Schloß Ludwigsburg. Foto: Wacker-Fotografie, Ludwigsburg
187 oben	Original: WLM. Foto: Wacker-Fotografie, Ludwigsburg
187 unten	Ausschnitt aus dem Kupferstich von J. U. Kraus nach P. Wille 1683. Original und Foto: Stadtarchiv Ulm
188 oben	Kupferstich von Delaistre (1800–1871) nach einem Porträt von A. Gulleminot. Original und Foto: Bibliothéque Nationale et Universitaire, Straßburg
188 unten	Kupferstich. Original: WLB Foto: Volker Himmelein, Karlsruhe
189 oben	Aquarell von Joh. Jak. Bock. Original und Foto: WLB
189 unten	Anonymer Kupferstich. Original und Foto: Stadtarchiv Heilbronn
190 oben	Original und Foto: Stadtarchiv und Hermann-Hesse-Gedenkstätte, Calw
190 unten	Kupferstich von K. U. Kraus 1698. Original: StG. Foto: Labi
191	Andreas Kieser, Forstlagerbuch 1685. Original und Foto: HSTA H 107/14 Nr. 96 Bebenhausen. Forstlagerbuch Andreas Kieser 1683. Original und Foto: HSTA 107/18 Nr. 52 Calw. Forstlagerbuch Andreas Kieser. Original und Foto: HSTA H 107/3 Nr. 10 Cannstatt. Forstlagerbuch Andreas Kieser. Original und Foto: HSTA H 107/15 Nr. 7
192 oben	Medaille auf die Einweihung des Eberhard-Ludwigs-Gymnasiums 1686. Original und Foto: WLM, Münzkabinett
192 unten links	Foto: Labi
192 unten rechts	Gemälde von 1687 Original: Universitätsbibliothek Tübingen. Foto: Labi
193	Gemälde von August Querfurt, o. J. Original: WLM, Schloß Ludwigsburg. Foto: Wacker-Fotografie, Ludwigsburg
194 oben	Original: Privatbesitz. Foto: Volker Himmelein, Karlsruhe
194 unten	Original und Foto: WLB
195 oben	Original und Foto: WLB
195 unten	Original: StG. Foto: Labi
196	Gemälde zugeschrieben Jan Philipp van der Schlichten, um 1735. Original: WLM, Schloß Ludwigsburg Foto: Wacker-Fotografie, Ludwigsburg
197	Gemälde von August Querfurt, o. J. Original: WLM, Schloß Ludwigsburg. Foto: Wacker-Fotografie, Ludwigsburg
198	Anonymer Kupferstich. Original und Foto: Heeresgeschichtliches Museum, Wien
199 oben	Foto: Oskar Kober, Winnenden
199 unten	Plan zum Ausbau der Festungswerke des Hohenneuffen 1743. Tuschezeichnung von Artillerieleutnant B. Mayer. Original: WLB. Foto: Labi
200 oben	Abgebildet ist die Darstellung von Oppenheimers Lebensgeschichte auf der Einlage einer ihm „gewidmeten" Dosenmedaille. Original und Foto: WLM, Münzkabinett
200 unten	Kupferstich von Elias Baeck, 1738. Original und Foto: WLB
201	Aquarell von F. Peter von 1851. Original und Foto: Stadtarchiv Kirchheim (Nr. 11870)
202 links	Schabkunstblatt von Johann Jakob Haid, 1742. Original und Foto: WLB
202 rechts	Kupferstich von Martin Bernigeroth nach C. Müller, 1704. Original und Foto: WLB
203	Ölgemälde von Pompeo Batoni, 1753–1754. Original und Foto: WLB
204 oben	Gemälde von Peter Krafft d. Ä. (1724–1793). Original: Schwedisches Nationalmuseum, Stockholm. Foto: Allgood Colour Studio, Göteborg
204 unten	Gemälde von Philipp Friedrich Hetsch (1758–1838), um 1790. Original: Freies Deutsches Hochstift, Goethemuseum, Frankfurt/M. Foto: Ursula Edelmann, Frankfurt/M.
205 oben	Original und Foto: HSTA G 30 Bü 26
205 unten	Kupferstich von Jacob Wangner 1749. Original: WLB. Foto: Labi
206 oben	Vogelschauprospekt „Das Neue Schloß zu Stuttgart" mit einem Teil des Hofgartens und dem südöstlichen Teil der Stadt. Aquarell wohl 1760er Jahre. Original und Foto: WLB (Sammlung Nicolai)
206 unten	Wandabwicklung der Bibliothek der Herzogin, Neues Schloß. Kolorierte Federzeichnung von Pierre Louis Philippe de la Guêpière (1715–1773), 17. Mai 1756. Original und Foto: WLM
207 oben	Gouache, Giovanni Nicolo Servandoni (1695–1766) zugeschrieben. Original: WLM. Foto: Labi
207 unten	Topographischer Plan der Solitude von R. F. H. Fischer. Kupferstich von G. F. Abel 1784. Original: WLB. Foto: Labi
208 oben	Umrißradierung von Friedrich Müller 1811. Original: WLB. Foto: Labi
208 unten	Planprospekt von R. H. F. Fischer um 1780. Tusche, laviert. Original: WLB. Foto: Labi

209 oben	Radierung von Viktor Heideloff 1795. Original: WLB. Foto: Labi
209 unten	Aquarell um 1800. Original: StG. Foto: Labi
210 oben links	Original: STA Stgt. Foto: Ulrich Klein, Stuttgart
210 oben rechts	Aus: Krauss, Das Stuttgarter Hoftheater, Stuttgart 1908. Original und Foto: Stadtarchiv Stuttgart
210 unten	Büste von Wilhelm Beyer (1725–1806). Original: WLM, Schloß Ludwigsburg Foto: Wacker-Fotografie, Ludwigsburg
211 oben	Gemälde von Philipp Friedrich Hetsch (1758–1838), 1788. Original: StG. Foto: Labi
211 unten links	Gemälde von Jakob Christian Schlotterbeck (1757–1811), um 1780. Original: WLM. Foto: Labi
211 unten rechts	Aquarell von C. Obach (1807–1865), um 1845. Original: Ehemals Hofbibliothek, Stuttgart Foto: Labi
212 oben	Stahlstich von Conz um 1840. Original: StMLB. Foto: Labi
212 unten links	Foto: STA Stgt
212 unten rechts	Ölgemälde von 1775 von Akademist van de Luke. Original: WLM. Foto: Labi
213 oben links	Original und Foto: WLM, Münzkabinett. Abgebildet ist – der nebenstehenden Urkunde entsprechend – ein Exemplar der Preismedaille für Geschichte.
213 oben rechts	Original und Foto: HSTA Q1/36 Nr. 38. Abgebildet ist eine Preisurkunde für Ulrich Lebrecht von Mandelsloh (1760–1827), den späteren Minister König Friedrichs I., im Fach Geschichte.
213 unten links	Gemälde von Jakob Friedrich Weckherlin um 1780. Original: Schiller-Nationalmuseum, Marbach Foto: Labi
213 unten rechts	Gemälde von August Friedrich Oelenheinz (1745–1804) Original: Schiller-Nationalmuseum, Marbach. Foto: Labi
214 oben	Ölbild, Josua Scotti (1729–1791) zugeschrieben. Original: Schloß Gatschina bei Petersburg. Foto: H. Weizsäcker, Privatbesitz Werner Fleischhauer, Stuttgart
214 unten	Original und Foto: StG
215 oben links	Kupferstich nach dem Gemälde von Andr. Löscher (1693–1762). Original: WLB. Foto: Labi
215 oben rechts	Stich von Jakob Andreas Friedrich 1760. Original: WLB. Foto: Labi
215 unten rechts	Silhouette mit Unterschrift. Foto: Labi
216 oben	Original und Foto: WLM
216 unten	Porzellan bemalt um 1780. Original: Privatbesitz. Foto: WLM

217 oben	Gemälde von Philipp Friedrich Hetsch (1758–1838). Original: WLM, Schloß Ludwigsburg Foto: Wacker-Fotografie, Ludwigsburg
217 unten	Aquarell von F. Dobel 1797. Original und Foto: StMLB
218 links und Mitte	Gemälde von Joh. Lorenz Kreul (1765–1840), um 1791/95, Pastell. Originale und Fotos: WLM
218 oben rechts	Ölgemälde von Johann Baptist Lampi d. Ä. (1751–1830), 1797. Original: WLM, Schloß Ludwigsburg. Foto: Wacker-Fotografie, Ludwigsburg
218 unten	Original und Foto: WLM, Münzkabinett
219 oben	Lithographie um 1830 nach Aquarell angeblich von Maleck. Original: WLB. Foto: Labi
219 unten links	Original und Foto: HSTA
219 unten rechts	Gemälde von Philipp Friedrich Hetsch. Original: WLM. Foto: HSTA
220/221	Originale und Fotos: WLM, Münzkabinett
236	Gemälde von Joh. Bapt. Seele (1774–1814), 1806/08. Original: WLM, Schloß Ludwigsburg. Foto: Labi
237 oben	Gemälde vor 1797. Original: WLM, Schloß Ludwigsburg. Foto: Labi
237 unten	Gemälde von Joh. Bapt. Seele (1774–1814), um 1806. Original: WLM, Schloß Ludwigsburg. Foto: Labi
238 oben links	Gemälde von Karl Jakob Theodor Leybold, 1835. Original: WLM, Schloß Ludwigsburg Foto: Wacker-Fotografie, Ludwigsburg
238 oben rechts	Gemälde von Philipp Friedrich Hetsch (1758–1838), 1799. Original: WLM, Schloß Ludwigsburg Foto: Wacker-Fotografie, Ludwigsburg
238 unten	Büste von Johann Heinrich Dannecker (1758–1841), 1803. Original: Privatbesitz. Foto: StG, Graphische Sammlungen
239 oben	Gemälde von Philipp Friedrich Hetsch (1758–1838), um 1790. Original: WLM. Foto: Labi
239 unten	Gemälde von Philipp Friedrich Hetsch (1758–1838), um 1817. Original: Privatbesitz. Foto: Labi
239 Mitte rechts	Original und Foto: Hallisch-Fränkisches Museum, Schwäbisch Hall
240	Gemälde von Charles Watelet. Original: Schloß Versailles. Foto: Documentation Photographique de la Réunion des Musées Nationaux, Paris
241 oben	Kupferstich nach dem Gemälde von René Theodore Berton in Versailles. Original und Foto: Stadtarchiv Ulm

241 unten	Originale und Fotos: WLM, Münzkabinett
242	Original und Foto: WLM
243 oben	Gemälde von Joh. Bapt. Seele (1774–1814), 1813/14. Original: WLM, Schloß Ludwigsburg. Foto: WLM
243 unten	Kupferstich von Friedrich Müller (1782–1816). Original: StG, Graphische Sammlungen. Foto: Labi
244 oben	Entwurf von Nikolaus F. Thouret. Original und Foto: Staatliche Museen Preußischer Kulturbesitz, Kunstbibliothek, Berlin
244 unten	Gemälde von I. S. Weygandt, 1810. Original: Privatbesitz Foto: Foto Magnus, Friedrichshafen
245–247	Entwurf: Ulrich Klein, Stuttgart. Originale und Fotos: WLM, Münzkabinett
248 oben	Zeichnung von Christian Wilhelm Faber du Faur (1780–1857), 1812. Faber du Faur war Offizier und Teilnehmer am Rußlandfeldzug 1812. Original: Bayerisches Armeemuseum, Ingolstadt Foto: Peter Photo
248 unten	Gemälde von Jos. Joachim von Schnitzer (1792–1877) um 1820, Offizier beim Feldzug 1813–1815. Die Reihe seiner Kriegsbilder führte er im Auftrag von König Wilhelm I. aus. Original: Privatbesitz. Foto: Magnus, Friedrichshafen
249	Originale und Foto: WLM, Münzkabinett
250 oben	Original und Foto: Deutsche Bibelgesellschaft, Stuttgart
250 unten	Pläne Stadt Friedrichshafen. Original und Foto: HSTA E221, Bü 3931
251 oben	Aquatinta-Radierung von C. Doerr um 1825. Original und Foto: WLB
251 unten	Radierung von Friedrich Weber um 1805. Original: WLB. Foto: Labi
252 oben links	Aus: „Das Königreich Württemberg". Bd. 1, 1904, Blatt 2. Original: WLB. Foto: Labi
252 oben rechts	Friedrich Hölderlin im Alter von 16 Jahren. Zeichnung eines unbekannten Künstlers von 1786. Original: Schiller-Nationalmuseum, Marbach a. N., Foto: Labi
252 unten links	Bleistiftzeichnung von Friedrich Tieck. Original: Schiller-Nationalmuseum, Marbach a. N., Foto: Labi
252 unten Mitte	Original und Foto: Schiller-Nationalmusem, Marbach a. N.
253	Kolorierte Lithographie nach einem Aquarell von Johann Baptist Pflug (1785–1866). Original und Foto: StMLB
254 oben	Gemälde von Philipp Friedrich Hetsch (1758–1838), 1810/11. Original und Foto: WLM, Schloß Ludwigsburg
254 unten links	Foto: Kurt Eppler/Stadtarchiv Stuttgart
254 unten rechts	König Wilhelm I., Altersbildnis. Zeichnung von Franz Seraph Stirnbrand (um 1788–1822), wohl um 1860. Original: WLB. Foto: Labi
255 oben	Büste von Johann Heinrich Dannecker (1758–1841), 13. September 1818. Original und Foto: WLM
255 unten links	Gemälde unbekannter Maler. Original: Privatbesitz. Foto: Magnus, Friedrichshafen
255 unten rechts	Original: Gemälde von Franz Xaver Winterhalter (1805–1873). Privatbesitz. Foto: Magnus, Friedrichshafen
256 oben	Miniatur von Emanuel Thomas Peter 1850. Original: WLM, Schloß Ludwigsburg. Foto: Wacker-Fotografie, Ludwigsburg
256 unten	Gemälde eines unbekannten Malers. Original: Privatbesitz. Foto: Magnus, Friedrichshafen.
257 oben	Aquarellierte Federzeichnung von Wilhelm Nilson 1812. Original und Foto: StMLB
257 unten	Originale und Foto: WLM, Münzkabinett
258 oben	Farblithographie 1835, anonym. Original: WLB. Foto: Labi
258 unten	Kolorierte Radierung um 1810. Original: StMLB. Foto: Labi
259	Original und Foto: HSTA E 100 Nr. 489, 1. Seite
260	Original und Fotos: HSTA A 34/35 aus Bü 131 Ph 42
261	Originale und Fotos: HSTA J 251C
262 oben	Litographie von F. Elias/W. Pobuda 1839. Original: WLB. Foto: Labi
262 unten	Gemälde von Franz Seraph Stirnbrand (um 1788–1882), um 1842, der sich am rechten Bildrand selbst darstellt. Original: Privatbesitz. Foto: Labi
263 oben	Aus: Festzug der Württemberger. Original und Foto: StMLB
263 unten	Stahlstich von H. Winckles um 1845. Original: StMLB. Foto: Labi
264 oben	Original und Foto: HSTA J 302 Nr. 5
264 unten	Aquarell von Reinhard (1821–1884) und Louis Braun (1836–1916), 1859. Original und Foto: Galerie der Stadt Stuttgart
265 oben	Litographie um 1830. Original: WLB. Foto: Labi
265 Mitte	Litographie nach Gemälde von Jos. Kniehuber (1800–1876). Original: WLB. Foto: Labi
265 unten	Gemälde unbekannter Herkunft. Original: Rathaus Heilbronn. Foto: Labi
266 oben	Foto nach einem verschollenen Gemälde von Heinrich Franz Rustige (1810–1900). Original: Schiller-Nationalmuseum, Marbach a. N., Foto: Labi
266 unten	Gemälde von Gottlob Wilhelm Morff. Öl auf Leinwand. Original: Schiller-Nationalmuseum, Marbach a. N., Foto: Labi

267 oben links	Gemälde von G. Wörnle um 1860. Original: Schiller-Nationalmuseum, Marbach a. N. Foto: Labi
267 oben rechts	Fotografie um 1880. Foto: Labi
267 unten	Stich von Adolf Neumann um 1870. Original: Schiller-Nationalmuseum, Marbach a. N. Foto: Labi.
268 oben	Aquarell von Louis Braun 1862. Original: Ehemals Hofbibliothek. Foto: Labi
268 Mitte	Stahlstich von Gerstner nach Zeichnung von Friedrich Keller um 1840. Original: WLB. Foto: Labi
268 unten	Stahlstich von F. Abresch nach Zeichnung von Ludwig Zanth. WLB. Foto: Labi
269 oben	Lithographie von Zimmermann nach Christian Abele, 1863. Original und Foto: STA Stgt.
269 unten	Ansicht des Schlosses Rosenstein zwischen den Torhäuschen hindurch. Plan von Giovanni Salucci. Original und Foto: Universitätsbibliothek Stuttgart
270 oben	Lithographie von 1835. Ebnersche Kunsthandlung. Original: StMLB. Foto: Labi
270 Mitte	Foto: Stadtarchiv Stuttgart
270 unten	Litographie von A. Gatternicht. Original: Privatbesitz. Foto: Labi
271 oben	Lithographie von Friedrich Wagner um 1850. Original und Foto: STA Stgt
271 unten	Gouache um 1850. Original und Foto: StMLB
272 oben	Lithographie der Gebrüder Wolff von 1823. Original und Foto: Stadtarchiv Heilbronn
272 unten	Gemälde von Franz S. Stirnbrand um 1840. Original und Foto: Zeppelin-Museum, Friedrichshafen
273 oben	Aquarell vom 23. Januar 1817. Original und Foto: Mauserwerke Oberndorf
273 unten	Original und Foto: STA Esslingen
274 oben	Aquarell von C. Obach 1848. Original und Foto: WLB
274 unten	Lithographie von E. Emminger um 1852 nach einer Zeichnung von C. Obach. Original: WLB. Foto: Labi
275 oben	Lithographie von C. Obach, nach einer Zeichnung von O. Keller 1857. Original: StMLB. Foto Labi
275 unten	Lithographie nach Zeichnung von Zimmermann um 1855. Orignial: WLB. Foto: Labi
276 oben	Lithographie um 1825. Original: StMLB. Foto: Labi
276 unten	Stahlstich von L. Radel um 1855. Original: StMLB. Foto: Labi
277 oben	Lavierte Federzeichnung von Nikolaus F. von Thouret um 1830. Original: Kurverwaltung Bad Wildbad. Foto: Labi
277 unten	Lithographie um 1830. Original und Foto: StMLB
278 oben	Aus der Folge „Ländliche Gebräuche in Württemberg“ von Johann Baptist Pflug um 1826. Radierung von Josef Ignaz Hörmann nach J. B. Pflug. Original und Foto: WLB
278 unten	Aus der Folge „Württembergische Volkstrachten/Württembergisches Volksleben von Reinhold und Louis Braun. Aquarell Reinhold Braun, 1861. Original und Foto: WLB
279 oben	Lithographie von Carl von Ebersberg. Original und Foto: Privatbesitz
279 unten	Lithographie von E. Emminger um 1850 nach Zeichnung von Müller. Original und Foto: Fürstlich-Waldburg-Zeilsches Gesamtarchiv Schloß Zeil, Leutkirch
280 oben links	Gemälde vermutlich von Franz Seraph Stirnbrand 1835. Original: WLM. Foto: Volker Himmelein, Karlsruhe
280 oben rechts	Gemälde von Richard Lauchert (1823–1868). Original: WLM, Leihgabe Krongut. Foto: WLM
281 oben links	Gemälde von Franz Xaver Winterhalter 1865. Original: WLM, Leihgabe Krongut. Foto: WLM
281 oben rechts	Foto ca. 1880. Original: WLM, Leihgabe Krongut. Foto: Labi
282 oben	Lavierte Bleistiftzeichnung von C. Leins 1844. Ansicht von NO. Original: Leinsarchiv Klosterreichenbach. Foto: Labi
282 unten	Original und Foto: WLM, Münzkabinett
283 oben	Aquarell von Louis Braun 1864, Original: Ehemals Hofbibliothek. Foto: Labi
283 unten	Am Grab der bei Tauberbischofsheim gefallenen tapferen Württemberger. Lithographie Original: Tauberfränkisches Landschaftsmuseum, Tauberbischofsheim. Foto: Josef Heer, Tauberbischofsheim
284 oben	Foto: Labi
284 unten links	Aus: Wilhelm Busch (Hrsg.), Rückschau des königlichen Generals der Infanterie und Kriegsministers Albert von Suckow, Tübingen 1909
284 unten rechts	Aus: „Rückblicke“ von Dr. Freiherrn von Mittnacht, Stuttgart und Berlin 1909
285 oben	Gemälde von Otto von Faber du Faur, 1881. Original: StG. Foto: Labi
285 unten	Anonyme Photographie. Original und Foto: WLB
286 oben	Gemälde von Robert Heck, 1888. Original: Universität Tübingen. Foto: Labi
286 unten	Gemälde von Robert Heck, 1862. Original: Bruderhaus, Reutlingen. Foto: Labi
287	Württembergisches Papiergeld. Originale und Foto: WLM, Münzkabinett
288	Württembergische Briefmarken. Originale: WLM. Foto: Ulrich Klein, Stuttgart.

289 oben	Foto: U. Sperling/StA Stgt
289 unten	Gemälde von Karl Magnus Künicke um 1880. Original: Landesgewerbeamt. Foto: Labi
290	Originale und Fotos: WLM, Münzkabinett
291 oben links	Original und Foto: Privatbesitz
291 oben rechts	Fotografie wohl um 1900. Foto: Labi
291 unten	Foto von 1877/78. Original und Foto: WLB
292 oben	Aquarell anonym. Original und Foto: Privatbesitz
292 unten links	Fotografie wohl um 1910. Original: StA Stgt. Foto: Labi
292 unten rechts	Original und Foto: Fürstlich Wiedisches Archiv, Neuwied
293 oben	Originalzeichnung Büro Littmann um 1812. Aus: Das Große Haus der Württembergischen Staatstheater Stuttgart, Stuttgart 1874. Original: Theatermuseum, München
293 unten	Fotografie Kohlhaas ca. 1912. Foto: Labi
294 oben	Foto: StA Ravensburg
294 unten	Foto: StA Stgt
295 oben	Foto: Labi
295 unten	Foto: Atelier Kinold, München
296 oben	Foto: Universitätsbibliothek, Tübingen
296 unten	Sammelbild, Lithographie. Original und Foto: Württembergische Metallwarenfabrik, Geislingen
297 oben	Original: WLB. Foto: Labi
297 unten	Original und Foto: Mercedes-Benz-Archiv, Stuttgart-Untertürkheim
298 oben	Original: Zeppelin-Werke, Friedrichshafen. Foto: Labi
298 unten	Original: Zeppelin-Werke, Friedrichshafen. Foto: Labi
299 oben	Original und Foto: Bosch Pressebild, Stuttgart
299 unten	Reproduktion einer Zeichnung. Original und Foto: Bosch Pressebild, Stuttgart
300 oben	Original und Foto: Mercedes-Benz-Archiv, Stuttgart-Untertürkheim
300 unten	Foto: Labi
301 oben links	Aufnahme 1921 in Stuttgart. Foto: Labi
301 oben rechts	Original und Foto: StA Stgt
302	Foto: Labi
303 oben	Original und Foto: HSTA M 795/1 Album Nr. 13 S. 20
303 unten	Fotografie wohl um 1920. Foto: Labi
304	Original: Privatbesitz. Foto: Presse Seeger
305	Original und Foto: HSTA E 135b Bü 384
306	Foto: Labi
307	Foto: Presse Seeger, Albstadt
	Foto: Magnus, Friedrichshafen

Literaturhinweise

Insgesamt wird für die gesamten Texte auf die ausführliche Literaturauswahl in Robert Uhland „900 Jahre Haus Württemberg". 3. Auflage, Stuttgart 1985, S. 737 ff. hingewiesen.
Die Darstellung der Anfänge des Hauses Württemberg (S. 9 ff) verarbeitet die neuesten Erkenntnisse der Forschungsarbeiten von Herrn Professor Dr. Dieter Mertens, welche dieser in seinem Aufsatz „Zur frühen Geschichte der Herren von Württemberg. Traditionsbildung – Forschungsgeschichte – neue Ansätze" (Zeitschrift für Württembergische Landesgeschichte 49. Jahrgang, 1990, S. 11–95) dargelegt hat.

Die Autoren dieses Werkes

Hans-Martin Maurer, geboren 1929, Dr. phil., Direktor des Hauptstaatsarchivs Stuttgart, Professor an der Universität Stuttgart.

Die Entstehung der hochmittelalterlichen Adelsburg in Südwestdeutschland. In: Zeitschrift für die Geschichte des Oberrheins 117, 1969; Johannes Brenz und die Reformation in Württemberg (zusammen mit Kuno Ulshöfer). 2. Auflage Stuttgart/Aalen 1984; Der Hohenstaufen. Geschichte der Stammburg eines Kaiserhauses. Stuttgart/Aalen 1977; Der Bauernkrieg als Massenerhebung. Dynamik einer revolutionären Bewegung. In: Bausteine zur geschichtlichen Landeskunde von Baden-Württemberg. Stuttgart 1979. Alt-Württemberg in Ortsansichten und Landkarten von Andreas Kieser 1680–1687, 3 Bände. Stuttgart 1985 (zus. mit Siegwalt Schiek); Schriftleitung der Zeitschrift für Württembergische Landesgeschichte seit 1979.

Paul Sauer, geboren 1931, Dr. phil., Professor, Leitender Stadtarchivdirektor, 1962–1986 im Hauptstaatsarchiv Stuttgart, seit 1986 Leiter des Archivs der Landeshauptstadt Stuttgart.

Veröffentlichungen zur Zeit-, Orts- und Familiengeschichte sowie zur Wehrkunde; u. a.: Die Schicksale der jüdischen Bürger Baden-Württembergs während der nationalsozialistischen Verfolgungszeit 1933–1945, Stuttgart 1969; Affalterbach 972–1972; Württemberg in der Zeit des Nationalsozialismus, Stuttgart 1975; Revolution und Volksbewaffnung. Die württembergischen Bürgerwehren im 19. Jahrhundert (1976); Die Entstehung des Bundeslandes Baden-Württemberg 1945–1952 (1977); Demokratischer Neubeginn in Not und Elend. Das Land Württemberg-Baden 1945–1952 (1978); Tamm. Die Geschichte einer Gemeinde (1980); Baden-Württemberg. Bundesland mit parlamentarischen Traditionen (1982); Der schwäbische Zar. Friedrich – Württembergs erster König (1984, 2. Aufl. 1986); Uns rief das Heilige Land. Die Tempelgesellschaft im Wandel der Zeit (1985); Napoleons Adler über Württemberg, Baden und Hohenzollern. Südwestdeutschland in der Rheinbundzeit (1987); Das Werden einer Großstadt. Stuttgart zwischen Reichsgründung und Erstem Weltkrieg 1871 bis 1914 (1988); In stürmischer Zeit. Lebensbild des Menschen und Politikers Reinhold Maier (1889–1971) (1989).

Werner Fleischhauer, geboren 1903, Dr. phil., Professor, Direktor i. R. des Württembergischen Landesmuseums, Stuttgart.

Das Bildnis in Württemberg 1760–1860. Stuttgart 1939; Renaissance im Herzogtum Württemberg, Stuttgart 1971; Barock im Herzogtum Württemberg, 2. Auflage. Stuttgart 1981; Die Geschichte der Kunstkammer der Herzöge von Württemberg in Stuttgart (Veröffentlichungen der Kommission für geschichtliche Landeskunde in Baden-Württemberg. Reihe B, Band 87), Stuttgart 1977; Vier Kunstsammler aus dem Hause Württemberg im 17. Jahrhundert. In: Robert Uhland (Hrsg.), 900 Jahre Haus Württemberg. Stuttgart 1985.

Volker Himmelein , geboren 1940, Dr. phil., Professor, Direktor des Württembergischen Landesmuseums, Professor an der Staatlichen Akademie der Bildenden Künste, Stuttgart.

Burgen und Schlösser im Schwarzwald. Stuttgart 1985; 1000 Jahre Petershausen. 1983; Beiträge zu Kunst und Geschichte der Benediktinerabtei Petershausen. Konstanz 1983; Barock in Baden-Württemberg, zusammen mit Klaus Merten, Wilfried Sekler und Peter Anstett. Stuttgart 1981.

Ulrich Klein, geboren 1942, Dr. phil., seit 1981 Leiter des Münzkabinetts des Württembergischen Landesmuseums Stuttgart.

Der Konstanzer Pfennig in der Stauferzeit. In: Konstanz zur Zeit der Staufer. Konstanz 1983; Die Münzen und Medaillen des Hauses Württemberg. In: Robert Uhland (Hrsg.), 900 Jahre Haus Württemberg. Stuttgart 1984. Die deutsche Münzprägung gegen Ende des 12. Jahrhunderts und der „Barbarossa"-Fund. In: Schweizerische Numismatische Rundschau 65, 1986. Die Konstanzer Münzprägung vom Ende des 9. bis zur Mitte des 12. Jahrhunderts. In: Freiburger Diözesan-Archiv 109, 1989. Die Münzprägung der Zähringer gegen Ende des 12. Jahrhunderts im Lichte eines neuen Fundes. In: Karl Schmidt (Hrsg.), Die Zähringer. Schweizer Vorträge und neue Forschungen. Sigmaringen 1990.

Die Aufteilung der Legendentexte

Hans-Martin Maurer

Seite 31 unten, 32, 34, 35, 36, 37, 38, 39, 47 oben, 48, 49, 52, 54 unten, 64 oben, 79, 104, 105, 108, 109, 110, 111, 112 oben, 114 unten, 116, 118, 121, 122, 130 unten, 131, 135, 139 oben, 140, 142 unten, 143 unten, 154 oben und Mitte, 155, 156, 157, 160, 161 unten, 162, 163, 166, 180, 182, 183, 184

Paul Sauer

Seite 181 oben, 187 unten, 189 unten, 192 unten links, 193, 198, 199 oben, 200 oben, 201, 205, 210, 211, 212, 213, 214 oben, 215, 216 oben, 219, 237, 238 oben, 239, 240, 241 oben, 244 unten, 248, 250 oben, 251, 252, 258, 259, 260, 261, 262, 263, 264, 265, 266, 267, 268 oben, 272, 273, 274, 275, 276, 277, 278, 279, 283, 284, 285 oben, 286, 289, 293 unten, 294 unten, 296 unten, 297, 298, 299, 300, 301, 302, 303, 304, 305, 306, 307

Werner Fleischhauer

Daten des kunsthistorischen Anmerkungsteils

Volker Himmelein

Seite 30, 31 oben, 33, 40, 41, 42, 43, 44, 45, 46, 47 unten, 50, 51, 53, 54 oben, 56, 57, 58, 59, 60, 61, 62, 64 unten, 65, 66, 67, 68, 69, 70, 71, 72, 74, 75, 76, 77, 78, 80, 81, 83, 100, 102, 103 unten, 106 oben, 107 oben, 113, 114 oben, 117, 119, 120, 123, 124, 125, 126, 127, 129 oben, 130 oben, 132, 133, 134, 136, 137, 138, 139 unten, 141, 142 oben, 143 oben, 144, 145, 146, 147, 148, 149, 150, 151, 152 oben, 154 unten, 155 rechts unten, 158 oben, 159, 161 oben, 185, 186, 187 oben, 188, 189 oben, 190, 191, 192 unten rechts, 194, 195, 196, 197, 199 unten, 200 unten, 202, 203, 204, 206, 207, 208, 209, 214 unten, 216 unten, 217, 218 oben, 238 unten, 242, 243, 244 oben, 250 unten, 253, 254, 255, 256, 257 oben, 268 Mitte und unten, 269, 270, 271, 280, 281, 282 oben, 285 unten, 291, 292, 293 oben, 294 oben, 295, 296 oben

Ulrich Klein

Seite 82, 103 oben, 106 unten, 107 unten, 112 unten, 115, 128, 129 unten, 152 unten, 158 unten, 164, 165, 181 unten, 192 oben, 218 unten , 220, 221, 241 unten, 245, 246, 247, 249, 257 unten, 282 unten, 287, 288, 290

Personenregister

Abel, Konradin, Landschaftskonsulent 219
Abele, Christian 315
Abresch, F. 315
Achalm, Gfn v. 9
Alt, H. U. 311
Altshausen-Veringen, Gfn v. 11
Amberger, Christoph 310
Andreä, Jakob 93, 131, 135
– Johann Valentin 99, 163
Anhalt, Fstn
– Sibylle (s. Württemberg, Hzge)
Apian, Philipp 135
Arnold, C. 312
– Joseph 312
Baden, Mkgfn und Großhzge v. 11, 42
– Bernhard 23
– Hermann V. 14
– Hesso 17, 42
– Karl I. 27, 59
– Karl Friedrich 223
– Mechthild (s. Württemberg, Gfn)
– Rudolf I. 16
– Rudolf VI. 46
Baden-Baden, Mkgfn v.
– Ludwig Wilhelm („Türkenlouis") 170
Baden-Durlach, Mkgfn v.
– Dorothea Ursula (s. Württemberg, Hzge)
– Georg Friedrich 155, 156
– Johanna Elisabeth (s. Württemberg, Hzge)
– Karl 92
Baek, Elias 313
Baldung, Hans v. Grien 103, 310
Barth, Gottlob Georg 229, 254, 258, 277
Batoni, Pompeo 203, 313
Bayern, Hzge, Kurfstn, Kge v.
– Ludwig (s. Deutschland, Kge und Ksr)
– Maximilian II. 193
– Sabine (s. Württemberg, Hzge)
– Wilhelm 86, 87
Bayern-Landshut, Hzge v.
– Elisabeth (s. Württemberg, Gfn)
Bebel, August 301
Beer, Georg 93, 134, 145
Bengel, Johann Albrecht 215
Bernerdin, Franziska (s. Württemberg, Hzge)
Bernigeroth, Martin 313
Berton, René Theodore 314
Bethmann-Hollweg, Theobald v. 303
Beutelsbach, Herren v.
– Bruno (Abt v. Hirsau) 32, 33
– Konrad (s. Württemberg, Anfänge)
Beyer, Wilhelm 314
Biel, Gabriel 27
Bismarck, Otto v. 230, 231
Blarer, Ambrosius 112
Bock, Johann Jakob 189, 313
Böhme, Jakob 215
Bohemus, Albertus 14
Boisserée, Gebr. 229
Bonaparte (s. Frankreich, Kge und Ksr)
Bonatz, Paul 212, 296
Bosch, Robert 299
Brandenburg, Mkgfn und Kurfstn v.
– Barbara 66
– Barbara Sophie (s. Württemberg, Hzge)
– Joachim Friedrich 154
Brandenburg-Ansbach, Mkgfn v.
– Albrecht Achilles 26
– Anna Maria (s. Württemberg, Hzge)
– Georg 116
– Georg Friedrich 92
– Joachim Ernst 155, 156
Brandenburg-Bayreuth, Mkgfn v.
– Christian 155
– Christian Ernst 170
– Elisabeth Sophie Friederike (s. Württemberg, Hzge)
Brandenburg-Schwedt, Mkgfn v.
– Friederike Sophie Dorothee (s. Württemberg, Hzge)
Braun, Louis 315, 316
– Reinhard 315, 316
Braunschweig-Lüneburg, Hzge v.
– Auguste Karoline Friederike Luise (s. Württemberg, Kge)
Brendlin, Bernhard 71
Brentel, Friedrich 311
Brenz, Johannes 90, 91, 118, 131
Brosamer, Hans 310
Burgkmaier, Hans 80, 310
Burkard, Andreas 99
Buzelin, Gabriel 120, 311
Calw, Gfn v. 11
– Adalbert II. 74
Castell, Heinrich, Gf v. 92
Chatillon, Maria v. 54
Chemnitius, Andreas 152, 312
Clairvaux, Bernhard v. 74
Conz, Kupferstecher 314
Cotta, Johann Friedrich, Frhr v. 265, 272
Cranach, Lucas 119
Crusius, Martin 10, 93, 135
Cuvier, Georges 177
Daimler, Gottlieb 234, 297
– Paul 297
Dannecker, Johann Heinrich 177, 238, 314, 315
Decker-Hauff, Hansmartin 10, 14, 36
Delaistre, Kupferstecher 313
Denis, Ferdinand 310
Deutschland, Kge und Ksr
– Adolf v. Nassau 16 f.
– Albrecht I. (Habsburg) 17
– Ferdinand I. (Habsburg) 88, 91
– Ferdinand II. (Habsburg) 96–99, 160, 183
– Franz II. (Habsburg; als Ksr v. Österreich Franz I.) 218
– Friedrich II. (Staufer) 11, 12
– Friedrich III. (Habsburg) 26, 67, 78
– Friedrich der Schöne (Habsburg) 18
– Heinrich IV. (Salier) 9
– Heinrich V. (Salier) 10
– Heinrich VI. (Staufer) 13
– Heinrich (VII., Staufer) 12
– Heinrich VII. (Luxemburg) 17, 18, 42
– Heinrich Raspe v. Thüringen 12
– Irene (v. Byzanz) 12
– Josef II. (Habsburg) 177, 212
– Karl IV. (Luxemburg) 20, 21, 22
– Karl V. (Habsburg) 87, 89, 91, 109
– Konrad II. (Salier) 10
– Konrad IV. (Staufer) 12, 13, 14
– Ludwig der Bayer 18, 19, 20
– Maximilian I. (Habsburg) 28, 78, 84, 85, 86
– Otto d. Gr. 10
– Otto IV. (Welfe) 11
– Philipp von Schwaben 12
– Richard v. Cornwall 13
– Rudolf I. (Habsburg) 15, 16, 17, 36, 40, 130
– Rudolf II. (Habsburg) 140
– Schwarzburg, Günther, Gf v. 30
– Sigismund (Luxemburg) 24
– Wenzel (Luxemburg) 22
– Wilhelm I. (Hohenzollern) 281

– Wilhelm II. (Hohenzollern) 234
– Wilhelm von Holland 13, 15
Dietterlin, Wendel 132, 311
Dobel, F. 314
Dörr, C. 315
Donauer, Georg 312
Dürer, Albrecht 88, 107, 310
Ebbinghaus, Gen. 305
Eberlein, G. 309
Ebersberg, Carl v. 316
Eberstein, Wolf, Gf v. 21, 47
Egle, Joseph 270
Ehingen, Georg Ritter v. 68
Elias, F. 315
Emminger, E. 316
England, Kge v.
– Charlotte Auguste Mathilde (s. Württemberg, Königshaus)
– Elisabeth I. 92
Enzlin, Matthäus 95, 96, 139
Erhard, C. G. 310
Erhart, Michel 75
Etzel, Karl 275
Faber du Faur, Christian Wilhelm 315
– Otto 316
Fabri, Heinrich (Abt von Blaubeuren) 75
– Joh. Math. 309
Fellner, Ferdinand 294
Fichte, Georg 265
Fischer, Reinhard Ferdinand Heinrich 178, 208, 209, 211, 212, 277, 313
– Theodor 294, 295
Flattich, Johann Friedrich 215
Frankreich, Kge und Ksr
– Franz I. 87, 89
– Ludwig XIV. 169
– Napoleon I. 223 f., 225, 229, 237, 240, 241, 244, 248, 261
– Napoleon III. 228, 264
Franquemont, Friedrich, Gf v. 248
Freyberg, Max Frhr v. 279
Fridrich, J. A. 310
Friedel, Christoph 311
Friedrich, Jakob Andreas 314
Fries, Ludwig 310
Frischlin, Nicodemus 93, 135, 311
Frisoni, Giovanni Donato 195
Fuchs, Leonhard 114
Füllmaurer, Heinrich 114, 311
Fürstenberg, Gfn und Fstn v. 223
Fugger v. Kirchberg 279
Furk, Sebastian 312
Gabelkover, Oswald 10, 93
Gallas, Gen. 161
Gatternicht, A. 316
Gemmingen, Herren v. 54
Genf, Katharina v. 54
Georgii, Eberhard Friedrich 239
Geroldseck, Herren v. 26
Gerstner, C. 315
Glocker, J. 312
Goethe, Johann Wolfgang 265
Gonzaga, Mkgfn und Hzge v.
– Barbara (s. Württemberg, Hzge)
– Lodovico 66
Graevenitz, Familie v. 171
– Christiane Wilhelmine Friederike 171, 173, 182, 194
– Wilhelm Friedrich 171
Gretter, Philipp 312
Gruber, Johann Friedrich 184
Grüningen, Gfn v. (s. Württemberg, Gfn)
Grüningen-Landau, Gfn v. 15 f., 36 (s. auch Württenberg, Gfn)
– Eberhard III. 15 f., 20
– Hartmann (s. Württemberg, Gfn)
– Ludwig II. 26
Guêpière, Philippe de la 176, 206, 207, 208, 211, 313
Gültlingen, Balthasar v. 113
Guibal, Nicolas 177, 211
Gulleminot, A. 313
Gunzenhäuser, Elias 150
Habsburg, Haus, Gfn, Hzge, Ehzge, Ks von Österreich (s. auch Deutschland, Kge und Ksr) 87, 88, 89, 95, 99, 140
– Albrecht (Hzg) 20
– Albrecht VI. 67
– Ferdinand (Ehzg) 98, 107, 109, 117, 310, 311
– Franz Joseph 302
– Margarete (s. Württemberg, Königshaus)
– Rudolf 21
– Sigmund 26, 28
Hahn, Philipp Matthäus 216
Haid, Johann Jakob 313
Hardenberg, August v. 176
Hartel, August 289
Hauff, Wilhelm 271
Haußmann, Conrad 234
Heck, Robert 316
Hefele, Carl Joseph, Bf v. Rottenburg 286
Hegel, Georg Wilhelm Friedrich 215, 252, 265
Heideloff, Karl Alexander 271
– Viktor 313
Hel, Abraham de 117, 311
Hemmel, Peter v. Andlau 65
Henneberg-Schleusingen, Gfn v. 20
– Elisabeth (s. Württemberg, Gfn)
– Heinrich (der Reiche) 20
Herbort, Anton v. 199
Hessen, Landgfn v.
– Philipp 88, 91, 109
Hessen-Darmstadt, Landgfn und Großhzge v.
– Magdalene Sybille (s. Württemberg, Hzge)
Hetsch, Philipp Friedrich 177, 214, 313, 314, 315
Heyden, Jakob v. 312
Hirschmann, Michael 312
Hölderlin, Friedrich 252, 265
Hörmann, Josef Ignaz 316
Hofer, Ludwig v., Bildhauer 254
Hoffmann, Gottlieb Wilhelm 226
Hohenberg, Gfn v. 18
– Albrecht 16
– Irmgard (s. Württemberg, Gfn)
– Rudolf 45
Hohenheim, Franziska Reichsgfn v. (s. Württemberg, Hzge)
Hohenlohe, Gfn und Fstn v. 223
– Albrecht 15
Hohenzollern, Gfn und Fstn v. (s. Deutschland, Kge und Ksr)
– Elisabeth, Burggfn v. 54
Hülle, Ans. v. 312
Hutten, Frhrn v. 86
– Hans v. 86, 106
– Ulrich v. 106
Ingeram, Hans 310
Jäger, Melchior 92, 95 f., 130
Jaurès, Jean 301
Jelin, Christoph 129, 147
Jenisch, Philipp Joseph 194
Jörg, Hänslin 62
– Aberlin 62
Jommelli, Niccolo 176, 210
Kärnten, Heinrich, Hzg v. 17
Keller, C. F. 309
– Friedrich 315
– Gottfried 267
– Johann Baptista, Bf v. Rottenburg 259
– O. 316
Kepler, Johannes 135, 139
Kerner, Friederike 266
– Justinus 266
– Theobald 266
Kieser, Andreas 49, 50, 110, 191, 313
– Eberhard 309
Kilian, Philipp 312
Kirchberg, Gfn v. 35
– Hartmann v. 11, 35
Kirchen, Werner v. 34
Knapp, Johann Michael 263
Kniehuber, Jos. 315
Knoll, Michael 274
Kobenhaupt, Hans 158
Koblenz, Peter v. 57
Konstanz, Hug, Bf v. 105
Krafft, Peter 313
Kraus, K. U. 313
Kreul, Joh. Lorenz 314
Küchler, Balthasar 312
Künicke, Karl Magnus 316
Kuhn, C. E. G. 57
Lampi, Johann Baptist 218, 314
Landau, Gfn v. 15, 39 (s. auch Grüningen-Landau)
Lauchert, Richard 316
Lederlin, Joachim 311
Leger, David v. 212
Leiningen, Gfn v. 11
Leins, Christian Friedrich v. 229, 282, 316
Lejéune, Pierre Frânçois 177
Lenau, Nikolaus 266
Lenin, Wladimir Iljitsch 301
Leutrum, Baron v. 204
– Franziska (s. Württemberg, Hzge)
Leybold, Jakob Theodor 314
Liebknecht, Karl 301
Limpurg, Christoph, Schenk v. 105
Lindpaintner, Peter Joseph v. 262
List, Friedrich 265
– Georg Nikolaus 157, 312
Littmann, Max 293, 316
Löffler, Jakob 163
Löscher, Andr. 314
Lothringen, Hzge v.
– Friedrich III. 16

- Johann 20
- Margarethe (s. Württemberg, Gfn)
Lützelburger, Hans 115
Luke, van de 314
Luther, Martin 88, 89, 93, 109, 112, 131
Luxemburg, Rosa 301
Mack, Karl 241
Mästlin, Michael 135
Mainz, Albrecht, Ezbf v. 109
Maleck, Maler 314
Mandelsloh, Ulrich Lebrecht v. 314
Mantegna, Andrea 66
Mantua, Barbara Gonzaga, Mkgfin v. (s. Württemberg, Hzge)
Marlborough, J. Churchill, Hzg v. 193
Martens, Christian v. 309
Mast, Familie 279
Mauser, Familie 273
Maybach, Wilhelm 297
Mayer, B. 313
- Robert 265
- Karl 266
Mélac, Ezéchiel Gf v. 188
Melanchthon, Philipp 29
Melberger, Conrad 312
Merian, Matthäus 30, 64, 132, 309, 310, 311, 312
Mertens, Dieter 10
Mittnacht, Hermann v. 231 f., 233, 234, 280, 284
Mömpelgard, Gfn v. (s. Württemberg-Mömpelgard)
- Henriette (s. Württemberg, Gfn)
- Stephan 23
Mörike, Eduard 262, 267
Montfort, Fstn v.
- Katharina (s. Württemberg, Kge)
- Jérôme (s. Westfalen, Kge)
- Jörg, Graf von 105
Montmartin, Friedrich Samuel, Gf v. 176, 177, 178
Morff, Gottlob Wilhelm 315
Morlok, Georg v. 275
Moser, Johann Jakob 177, 211
Müller, C. 313
- Friedrich 314
- Franz Xaver Odo 309
- Johann Gotthard 177
Multscher, Hans 56
Murer, Jakob, Abt von Weisenau 108
Neckelmann, Skjöld 289
Nellenburg, Gfn v. 39
Nette, Johann Friedrich 194
Neu, Hans 124
Niederlande, Kge v.
- Sophie (s. Württemberg, Kge)
- Wilhelm III. 255
Nilson, Wilhelm 315
Norman-Ehrenfels, Philipp Christian Friedrich, Gf v. 239
Obach, C. 314, 316
Ochsenbach, Nikolaus 310
Österreich (s. Habsburg)
Öttingen, Fstn und Gfn v.
- Maria Dorothea Sophie (s. Württemberg, Hzge)
Oelenheinz, August Friedrich 314
Oetinger, Friedrich Christoph 215
Oldenburg, Hzge v.
- Georg (Prinz) 229
Oppenheimer, Jud (Joseph) Süß 173 f., 220, 310, 313
Osiander, Johann 192
Oxenstierna, Axel, Gf v., schwed. Reichskanzler 164
Päpste
- Benedikt XIII. 24
- Innocenz IV. 13
- Johannes XXII. 18
- Leo XII. 259
- Pius II. (Enea Silvio Piccolomini) 24
- Pius VII. 259
Papworth, John 269
Paul, Jean 265
Payer, Friedrich 235
Pencz, Georg 126
Pesne, Antoine 313
Peter, Emanuel Thomas 315
- F. 313
Pfalz, Gfn und Kurfstn v. 85
- Friedrich I. (der Siegreiche) 25 f., 59
- Friedrich V. (Kg. von Böhmen, „Winterkönig") 96 f., 155
- Ludwig IV. 58
- Mechthild (s. Württemberg, Gfn)
- Otto 27
- Philipp 27
- Philipp Ludwig 155
Pfeiffer, Eduard 300
Pfirt, Gfn v. 19
- Thiebald 19
Pflug, Joh. Bapt. 253, 315, 316
Piccolomini, Enea Silvio (s. Papst Pius II.)
Pirker, Marianne 176 f.
Pobuda, W. 315
Praßberg, Franz Johann v., Bf v. Konstanz 168, 181
Preußen, Kge. v.
- Friedrich II. 175, 205, 222
Putlitz, Joachim Gans Edler v. 293
Querfurt, August 313
Raspe, Heinrich v. Thüringen (s. Deutschland, Kge und Ksr)
Radel, L. 316
Reinhart, Anselm 48
Remchingen, Franz Joseph Frh v. 174
Retti, Leopold 176, 195
Reuchlin, Johannes 69
Reuttner von Wyl, Gf v. 279
Rieger, Balthasar 50, 309
- Philipp Friedrich 177
Rockenbuch, Bernhard, Abt v. Bebenhausen 74
Rodt, Marquard Rudolf v., Bf v. Konstanz 181
Römer, Friedrich 227 f.
Ronsberg, Mkgfn v. 11
Rubens, Peter Paul 161, 312
Rupp, Joh. Georg 271
Rußland, Ksr und Kserinnen, Großfstn und Großfstinnen
- Alexander I. 218
- Alexander II. 228, 230, 231, 255, 264
- Alexandra 281
- Katharina II. (die Große) 178, 222
- Katharina Pawlowna (s. Württemberg, Kge)
- Maria Feodorowna (s. Württemberg, Hzge, Sophie Dorothee)
- Nikolaus 281
- Olga (s. Württemberg, Kge)
- Paul I. 178, 214, 218, 255
- Wera (s. Württemberg, Kge)
Rustige, Heinrich 315
Sachsen, Kurfstn und Kge v.
- Georg 109
- Johann Friedrich 91, 109, 119
- Moritz 91
Sachsen-Altenburg, Hzge v.
- Johann Wilhelm 310, 311
Sachsenheim, Hermann (d. Ä.) 69
- Hermann (Sohn) 69
- Jörg 69
Salb, Hans 71
Salier, Dyn. 10 (s. auch Deutschland, Kge und Ksr)
- Konrad der Rote 10
- Konrad der Jüngere 10
- Konrad der Ältere 10
Salm-Kyrburg, Gfn. v.
- Anna Katharina (s. Württemberg, Hzge)
Salm-Reifferscheidt, Fst v. 279
Salucci, Giovanni 229, 256, 269, 270, 315
Salzmann, Jakob 211
Sattler, Christian Friedrich 210
Sautter, Jonathan 136
Savoyen, Gfn und Hzge v.
- Eugen (Prinz) 172, 173, 193, 197, 198
- Margarethe (s. Württemberg, Gfn)
- Mechthild 54
Schacher, C. 310
Schad, Johann 105
Scharff, Anton 282
Schaumburg-Lippe, Fstn v.
- Charlotte (s. Württemberg, Kge)
Schelling, Friedrich Wilhelm Joseph 252, 265
Schickhardt, Heinrich 47, 94, 125, 141, 144, 146, 147, 148, 149, 150, 151, 311, 312
- Wilhelm 163
Schiller, Familie 185
- Friedrich 177, 178, 213, 262, 265
Schilling, Joh. Anton 312
Schlesien-Liegnitz, Gfn v.
- Agnes (s. Württemberg, Gfn)
Schlichten, Jan Philipp van der 313
Schlör, Sem 93
Schlotterbeck, Jakob Christian 314
Schmid, Joseph 113
Schmitt, Georg 150
Schneider, Eugen 7, 10
Schnepf, Erhard 112
Schnitzer, Jos. Joachim v. 315
Schön, E. 310
Schönborn, Friedrich Karl v., Reichsvizekanzler und Bf v. Würzburg 174

Schott, C. 312
Schubart, Christian Friedrich Daniel 178, 213
Schütz, Familie 171
– Johann Heinrich 171
Schwab, Gustav 266
Schwaben, Hzge v.
– Berthold II. (s. Zähringen)
– Friedrich I. 10, 34
– Friedrich II. 11
– Hermann II. 10
– Konrad 11
– Philipp 12
Schwarz, Hans 103
Schweden, Kge v.
– Gustav Adolf 98, 160, 164
Schweizer, Friedrich 296
– Louis 296
Scotti, Josua 314
Seebacher, Spartakist 235
Seele, Joh. Bapt. 314
Servandoni, Giovanni Nicolo 313
Seyffer, August 31, 309
Speth-Zwiefaltendorf, Baron v. 279
Spitzenberg, Richinsa v. 10
Spohn, Julius 294
Stälin, Christoph Friedrich 10
Staffhorst, Johann Friedrich v. 171
Staufer, Dyn. (s. auch Deutschland, Kge und Ksr) 11
– Friedrich I. 10, 34
– Konradin 14
Stauffenberg, Johann Franz v., Bf v. Konstanz 181
Stauffenberg-Rißtissen, Frhr v. 279
Steinbeis, Ferdinand v. 229, 289
Steiner, Hans 311
– Kilian 297
Steinkopf, Karl Friedrich Adolf 250
Stimmer, Tobias 311
Stirnbrand, Franz Seraph 315, 316
Stockmayer, Friedrich Amandus 219
– Luise 219
Stöffler, Johannes 114, 311
Straßburg, Wilhelm v., Bf 105
Straub, Daniel 296
Strauß, David Friedrich 267
Stromer, Wolf Jacob 148, 312
Stubenrauch, Amalie v. 230, 256
Studion, Simon 310
Suckow, Albert v. 284
Swedenborg, Emanuel 215
Taupadell, schwed. General 161
Teck, Hzge v. 44
Thill, Johann Andreas 312
Thorwaldsen, Bertel 262
Thouret, Nikolaus Friedrich 177, 208, 229, 243, 268, 271, 277, 314, 316
Thurn und Taxis, Fstn v. 223, 229, 288
– Anselm 196
– Maria Augusta (s. Württemberg, Hzge)
Tieck, Friedrich 315
Tilly, Johann Tserclaes, Gf v. 97, 156, 160
Trautmannsdorf, Max, Gf v. 183
Trescher, I. T. 312
Tretsch, Aberlin 123, 124, 125
Trifels, Diemar v. 9
Tritschler, Alexander v. 270
Tübingen, Gfn v. 9, 11, 19
Uhland, Ludwig 47, 252, 265, 266
Ulm, Frhrn v.
– Baptist 279
– Karl 279
– Max 279
Urach, Wilhelm, Gf v. 271
Uriot, Joseph 176 f.
Varnbüler, Friedrich Gottlob Karl 231, 284
– Johann Konrad v. 99, 163
Varnhagen v. Ense, Karl August 266
Vergenhans, Johannes („Nauclerus") 28, 68
Veringen, Gfn v. 11, 15, 18, 35, 39
Vestris, Gaetano 210
Villars, Claude Louis Hector, Hzg v., franz. General 188
Vischer, Friedrich Theodor 267
Visconti, Antonia (s. Württemberg, Gfn)
– Barnabo 52
Volland, Ambrosius 106
Wagner, Friedrich 316
Waldburg, Truchsessen, Gfn und Fstn v. 223
– Georg III. 108, 310
Waldburg-Wolfegg, Friedrich, Fst v. 279
Waldburg-Zeil, Constantin, Fst v. 279
Waldeck-Pyrmont, Georgine Henriette Marie, Fstn v. (s. Württemberg, Kge)
Wallenstein, Albrecht v. 97, 160
Wangner, Jacob 313
Watelet, Charles 314
Weber, Friedrich 315
Weckherlin, Jakob Friedrich 314
Weiditz, Christoph 115
Weimar, Bernhard v. 98, 164
Weinsberg, Konrad v. 17
Weiß, Matthias 190
Weizsäcker, Carl Frhr v. 235, 303
Welcz, Concz 103
Werner, Gustav 286
Westfalen, Kge v.
– Jérôme Bonaparte (Bruder Napoleons I.) 244
Weygandt, I. 314
Widerhold, Konrad 162
Wied, Fstn v.
– Dietrich 292
– Friedrich 235
– Hermann 292
– Pauline (s. Württemberg, Kge)
Wille, P. 313
Winckles, H. 315
Winterhalter, Franz Xaver 315, 316
Wittelsbach, Dyn (s. auch Bayern und Deutschland, Kge und Ksr) 85
Wörnle, G. 315
Wolff, Adolf 275
– Gebr. 316
Wolffgang, Andr. Matth. 312
Woller, Jakob 56
Worms, Adalbert, Bf v. 9, 31
Würben, Christiane Wilhelmine Friederike (s. Graevenitz)
– Johann Franz Ferdinand Gf v. 171

Württemberg, Haus (s. a. Urach) passim

Anfänge
– Bruno 9, 10
– Emicho 11
– Heinrich 11
– Konrad 9, 32, 34
– Konrad (Sohn von 1) 10

Grafen und Gräfinnen
– Agnes v. Schlesien-Liegnitz (∞ Ulrich I.) 14, 37
– Antonia Visconti (∞ Eberhard III.)23, 52, 54
– Barbara Gonzaga (s. Württemberg, Hzge)
– Eberhard (Enkel v. Gf Hartmann) 12
– Eberhard I. (der Erlauchte) 16–18, 20, 36, 40, 41, 42, 44
– Eberhard II. (der Greiner) 20–22, 23, 46, 47, 48, 49
– Eberhard III. (der Milde) 22–25, 28, 52, 53, 54
– Eberhard IV. (der Jüngere) 23 f., 28, 54
– Eberhard V. (s. Hzg Eberhard I. im Bart)
– Eberhard VI. (s. Hzg Eberhard II. der Jüngere)
– Elisabeth v. Bayern-Landshut (∞ Gf Ulrich V.) 24, 58
– Elisabeth v. Henneberg-Schleusingen (∞ Gf Eberhard II.) 20
– Elisabeth Burggfn v. Nürnberg (∞ Gf Eberhard III.) 23
– Elisabeth (Tochter Ks Ludwigs v. Bayern, ∞ Gf Ulrich) 21
– Hartmann 11 f., 14
– Hartmann v. Grüningen (Enkel v. 1) 12, 13, 35, 36
– Henriette v. Mömpelgard (∞ Gf Eberhard IV.) 23, 24, 54
– Irmgard (Tochter Gf Eberhards I.) 45
– Konrad (Gf v. Württemberg und Grüningen) 12, 15, 35
– Ludwig (I.) 10 f.
– Ludwig (II.) 11
– Ludwig (III.) 11
– Ludwig I. (Vater Hzg Eberhards im Bart) 24–26, 54, 56, 57, 70, 75
– Ludwig II. (Bruder Hzg Eberhards im Bart) 25
– Margarethe v. Cleve (∞ Gf Ulrich V.) 24, 58
– Margarethe v. Lothringen (∞ Gf Eberhard I.) 16, 36
– Margarethe v. Savoyen (∞ Gf Ulrich V.) 24, 58
– Mechthild v. Baden (∞ Gf Ulrich I.) 14
– Mechthild v. der Pfalz (∞ Gf Ludwig I.) 24, 54, 56, 57, 67

- Sophie (Tochter Gf Eberhards II.) 20
- Ulrich (Enkel Gf Hartmanns) 12
- Ulrich I. (der Stifter) 13–15, 16, 18, 37, 38
- Ulrich II., 16
- Ulrich III. 18–20, 43
- Ulrich IV. 20 f.
- Ulrich V. (der Vielgeliebte) 24–27, 56–61, 64
- Ulrich (Sohn Gf Eberhards II.) 20, 22, 48

Herzöge und Herzoginnen
- Alexander (Sohn Hzg Friedrich Eugens, Bruder Kg Friedrichs I.) 266
- Anna (Tochter Hzg Ulrichs) 102
- Anna Katharina v. Salm-Kyrburg (∞ Hzg Eberhard III.) 159, 168
- Anna Maria v. Brandenburg-Ansbach (∞ Hzg Christoph) 116
- Antonia (Tochter Hzg Johann Friedrichs) 184
- Auguste Karoline Friederike (s. Württemberg, Kge)
- Barbara Gonzaga v. Mantua (∞ Hzg Eberhard im Bart) 26, 65, 66, 70
- Barbara Sophie v. Brandenburg (∞ Hzg Johann Friedrich) 154, 155
- Carl Alexander 172–174, 175, 196–200, 202, 220, 242
- Carl Eugen 175–179, 196, 200–213, 215–218, 243, 277
- Christoph 87, 89–92, 102, 115–124, 126, 127, 130, 131, 157, 183, 276, 310, 311
- Dorothea Ursula v. Baden-Durlach (∞ Hzg Ludwig) 129, 136
- Eberhard I. (im Bart; bis 1495 Gf) 25–29, 37, 54, 65–68, 70–73, 75, 78–84, 157, 276
- Eberhard II. (als Gf Eberhard VI.) 84, 157
- Eberhard III. 97–99, 157, 158, 162, 166, 167 f., 169, 181, 183, 184, 185
- Eberhard Ludwig 169, 170–172, 173, 181, 182, 185, 186, 187, 188, 189, 192, 194, 276, 277
- Elisabeth (Tochter Hzg Friedrich Eugens, ∞ Ks Franz I. v. Österreich) 218
- Elisabeth Sophie Friederike v. Brandenburg-Bayreuth (∞ Hzg Carl Eugen) 176, 178, 204
- Franziska v. Hohenheim (∞ Hzg Carl Eugen) 178, 201, 204, 209, 212
- Friederike Sophie Dorothee v. Brandenburg-Schwedt (∞ Hzg Friedrich Eugen) 218, 222
- Friedrich I. (Linie Mömpelgard) 93–95, 96, 103, 130, 132, 137, 139–148, 151, 156, 157, 158, 276
- Friedrich II. (s. Württemberg, Kge)
- Friedrich (Sohn Hzg Johann Friedrichs, s. Württemberg-Neuenstadt)
- Friedrich Achilles (Sohn Hzg Friedrichs I.) 183
- Friedrich Eugen 179 f., 196, 200, 214, 217, 218, 219, 222
- Friedrich Karl (Hzg. Adm.) (Begründer der Linie Winnental) 168 f., 170, 172, 186, 189, 191, 192, 276
- Johann Friedrich 95–97, 143, 154, 155, 157 f., 182, 183
- Johanna Elisabeth v. Baden-Durlach (∞ Hzg Eberhard Ludwig) 171
- Julius Friedrich (Hzg. Adm.) (Begründer der Linie Weiltingen) 98, 143, 182
- Karl Friedrich (Hzg. Adm.) (Linie Oels) 175, 202
- Karl Rudolf (Hzg. Adm.) (Linie Neuenstadt) 175, 181, 200, 202
- Ludwig 92 f., 96, 103, 116, 127, 129, 130, 131, 133, 134, 136, 157, 310
- Ludwig Eugen 179, 196, 200, 217
- Ludwig Friedrich (Hzg. Adm.) (Linie Mömpelgard) 97 f., 143, 158
- Magdalene Sybille v. Hessen-Darmstadt (∞ Hzg Wilhelm Ludwig) 169, 170, 185
- Magnus (Sohn Hzg Friedrichs I.) 97, 156
- Maria Augusta v. Thurn und Taxis (∞ Hzg Carl Alexander) 173, 175, 196, 200, 202
- Maria Dorothea Sophia v. Öttingen (∞ Hzg Eberhard III.) 159, 168, 190
- Sabine von Bayern (∞ Hzg Ulrich) 85, 86, 102
- Sibylle v. Anhalt (∞ Hzg Friedrich I.) 138, 149
- Sophie Dorothee (Tochter Hzg Friedrich Eugens, ∞ Ks Paul v. Rußland, „Maria Feodorowna") 178, 214, 218
- Ulrich 84–89, 100, 101, 102, 103–110, 112, 113, 118, 120, 140, 146, 157
- Wilhelm Ludwig 134, 168 f., 185, 188, 276, 311

Könige (Königshaus, Herzöge nach 1918)
- Albrecht (Hzg) 235, 304
- Auguste Karoline Friederike Luise v. Braunschweig-Lüneburg (∞ Kg Friedrich) 222, 238
- Carl (Hzg) 307
- Charlotte v. Schaumburg-Lippe (∞ Kg Wilhelm II.) 233, 235, 292, 303
- Charlotte Auguste v. Bayern (∞ Kg Wilhelm I.) 229
- Charlotte Auguste Mathilde v. England (∞ Kg Friedrich) 222, 238
- Diane, Gfin v. Paris (∞ Hzg Carl) 307
- Friedrich (als Hzg Friedrich II.) 179, 208, 218, 219, 222–225, 227, 229, 236–240, 243 f., 251, 261, 273
- Friedrich (Hzg) (Vater Kg Wilhelms II.) 291
- Georgine Henriette Marie v. Waldeck-Pyrmont (∞ Kg Wilhelm II.) 233, 291
- Karl 230–233, 255, 280–285, 289
- Katharina (Tochter Kg Friedrichs, ∞ Jérôme Bonaparte, Kg v. Westfalen) 222, 238, 244
- Katharina (Tochter Kg Wilhelms I.) 291
- Katharina Pawlowna (∞ Kg Wilhelm I.) 226, 229 f., 255, 256
- Margarete, Ezhzgin v. Österreich (∞ Hzg Albrecht) 304
- Olga, Großfstin v. Rußland (∞ Kg Karl) 230, 231, 232 f., 280, 281, 282
- Paul (Sohn Kg Friedrichs) 238
- Pauline v. Württemberg (∞ Kg Wilhelm I.) 230, 255, 280, 291, 292
- Pauline (Tochter Kg Wilhelms II., ∞ Fst Friedrich zu Wied) 233, 234 f., 292
- Philipp Albrecht (Hzg) 307
- Rosa, Ezhzgin v. Österreich (∞ Hzg Philipp Albrecht) 307
- Sophie (Tochter Kg Wilhelms I., Kgin der Niederlande) 255, 264
- Ulrich (Sohn Kg Wilhelms II.) 235, 292
- Wera, Großfstin v. Rußland (∞ Hzg Wilhelm Eugen) 281
- Wilhelm I. 208, 218, 222, 225–230, 231, 232, 233, 238, 248, 252, 254, 255, 256, 259–265, 268–280, 283, 291
- Wilhelm II. 233–235, 270, 291–294, 298, 302–304, 306
- Wilhelm Eugen 281

Württemberg-Mömpelgard, Gfn und Hzge v.
- Georg I. 93, 103, 141
- Ludwig Friedrich (s. Württemberg, Hzge)

Württemberg-Neuenstadt, Hzge v.
- Friedrich (Sohn Hzg Johann Friedrichs, Bruder Hzg Eberhards III.) 156, 183
- Karl Rudolf (s. Württemberg, Hzge)

Württemberg-Oels, Hzge v.
- Karl Friedrich (s. Württemberg, Hzge)

Württemberg-Weiltingen, Hzge v.
- Friedrich Ferdinand 182
- Julius Friedrich (s. Württemberg, Hzge)

Württemberg-Winnental, Hzge v.
- Carl Alexander (s. Württemberg, Hzge)
- Friedrich Karl (s. Württemberg, Hzge)

Wunnenstein, Wolf v. 21, 47

Zähringen, Gfn und Hzge v.
- Berthold I. 10
- Berthold II. 10, 34

Zanth, Karl-Ludwig 229, 268, 315

Zeppelin, Gfn v.
- Ferdinand 234, 298
- Johann Karl 238

Zetkin, Clara 301
- Ossip 301

Zierl, Joh. Karl 313

Zimmermann, Clemens (?) 315, 316

Zollern (s. Hohenzollern)

Zundel, Friedrich Georg 301

Zwingli, Ulrich 88, 112